終わりなき戦争に抗う

Resisting Eternal War on Terror and Military Intervention:
Ten Chapters for Peace in the Middle East and Islamic Worlds

中東・イスラーム世界の平和を考える10章

中野憲志❖編

新評論

終わりなき戦争に抗う／目次

序章　終わりなき戦争に抗う……中野憲志　13

はじめに　13

一　〈終わりなき戦争〉に正当性はあるか？　16

■国連体制下の国家と武力行使■「テロ」「人道」「人権」の名による武力行使

Column「保護する責任」　20

二　「積極的平和主義」？——湧きおこる戦争の言説　22

■『戦争の条件』？■「やるべきこと」をやらない国家

三　「戦争と平和」の言説と蘇る『知識人の裏切り』　30

■あふれ返る「戦争と平和」の言説■あふれ返る平和の言説■帝国の秩序と「知識人の裏切り」

四　歴史観の転換——いくつもの世界、いくつもの歴史　37

■誰にとっての「世界」史か？■イスラーム史と西洋史の相克

第Ⅰ部　終わりなき戦争・占領・介入に抗う

第1章　「正戦」を超える「非戦」日本の貢献——シリアから考える……平山恵　45

はじめに　45
一　「伝えられるシリア」と「現実のシリア」　47
■「伝えられるシリア」
■「現実のシリア」
COLUMN　シリア支援団体「サダーカ」の活動　50
二　「正戦」を支える「大量のわれわれ」　54
■「正戦」の影■軍産官学複合体――武器輸出という戦争加担■武器がなければ
三　闇の中の小さな光　63
■「闇」を大衆に知らせた米国人記者と映画監督
四　「非戦」の日本社会からできること　65
■アドボカシー活動■日本だからこそ可能な活動■声を聴く活動のために
おわりに――国際社会を動かすために、「非戦」の日本社会ができること　72

第2章　平和なアフガニスタンの国づくりのために、日本に期待されていること……レシャード・カレッド　76
はじめに――日本や欧米人のイスラーム理解　76
COLUMN　イスラームの五行　78

一　アフガニスタンの近現代史　79
■近代史■ソ連軍侵攻と共産主義政権■ソ連撤退後のムジャヒディンの反乱
■タリバーンの登場と政権づくり
二　米国の報復戦争　85
■米軍やISAFの、文化を無視した無情な攻撃と策略
三　カレーズの会の発足　88
■今後のカレーズの会の行方と期待
四　国際社会と日本国政府によるアフガニスタン情勢への対応　94
COLUMN　第2回アフガニスタン東京会合と市民社会組織（CSO）の役割　97
■同志社大学で行われたタリバーンとの対話■シルクロードの掟■日本への期待
おわりに　101

第3章　市民が担うイスラーム／トルコの事例……イヤース・サリーム　105
――社会変革と民主化におけるムスリム市民社会の役割
はじめに　105
一　イスラーム市民社会の起源と慈善活動の役割　108

■ムスリムの社会制度
■慈善活動の社会的意義と役割――ザカート、サダーカ、サワーブ、イフラーフ、ワクフ
二　民主化プロセスにおけるムスリムＮＧＯの役割――トルコの事例から　115
■サイード・ヌルシとフェトゥフッラー・ギュレン
■「人権と自由と人道援助のための財団」（İＨＨ）
■パレスチナ・ガザ地区での活動■キムセヨクム（ＫＹＭ）とİＨＨの差異
おわりに――シリア難民危機とトルコのＮＧＯ　125
■シリアにおける終わりなき殺戮をめぐる補記

第４章　「中東和平」の二〇年と占領経済のネオリベラル化
――イスラエルにおける排外主義の深化と新しいパレスチナ連帯の可能性……役重善洋　129

はじめに――「中東和平」が不可視化してきた占領の現実　129
Column　オスロ合意　130
一　イスラエルにおける戦争・占領経済のネオリベラル化　134
■「経済的和平」のレトリックが隠蔽するイスラエルＩＴ産業の暗部
■入植地ビジネスのグローバル化

Column シオニズム 138
二 イスラエル社会の右傾化と「軍事的ネオリベラリズム」の拡散 141
■占領経済のネオリベラル化とセキュリティ産業の肥大
■深まる宗教右派と市場原理主義との癒着
三 新しいパレスチナ連帯の可能性 146
■BDS運動の広がりと「国際社会」における風向きの変化
■台頭するC地区併合論と非暴力直接抵抗の可能性
おわりに 152
第5章 Dialogue 1 アラブ・イスラーム世界の「サウラ」(反乱)をどう読むか……臼杵 陽 157
一 メディアと現代的オリエンタリズム 158
■遡及的議論の陥穽──オスマン帝国の崩壊と国民国家体制の形成
■「アラブの春」とサウラ
二 「西側」の関与がもたらすもの 163
■オクシデンタリズム■干渉によって実体化される対立の構造
三 武装闘争とイスラーム主義をどう考えるか 170

■イスラーム主義について■イスラームの多様性
四　日本の中東政策と中東研究　176
■イランに対する視点■外務省と中東研究者

第Ⅱ部　国際人権と人道的介入

第6章　戦争を止めることが人権を守ること……藤岡美恵子　187
はじめに　187
一　「人道的」戦争？　191
■戦争を戦争と呼ばない世界■人権団体が戦争に反対しないとき
■「われわれは平和主義者ではない」■違法な死と合法な死
二　「対テロ戦争」――非対称な戦争、軽視される「南」　196
■「対テロ戦争」下の人権の後退■グローバル叛乱掃討としての「対テロ戦争」
三　「人権を守るため」の武力行使　200
■武力行使を推進する人権派■「保護する責任」と責任を取らない戦争

おわりに――戦争は人権を保障しない　207

第7章　人権危機における武力介入――人権運動の対応とジレンマ……リアム・マホニー　212

「はじめに」に代えて（訳者）　212

一　非暴力か正戦か？　215

二　正当性の基準　217

■正当な権威■正当な意図■正当な理由■最後の手段■比例原則と成功の見込み

三　介入がもたらす被害と長期的影響　227

■軍事的要素――意思決定と拡大■被害者、中立性と人道法

■二次的影響■米国の覇権と人権の名によるお墨付き

四　軍事介入に代わる戦略　232

第8章　「テロとの戦い」とNGO――私たちがなすべきこと……長谷部貴俊　241

はじめに　241

一　人道主義の限界　244

二　私自身の中のオリエンタリズム　250
三　支援と文化　252
おわりに――私たちのなすべきことは？　255

第9章　Dialogue 2　国際人権と人道的介入――人権は武力行使を止められるか？……阿部　浩己　259

一　法と人権――「人権の主流化」の中のマージナル化　260
■官僚法学■人権の価値■自民党の改憲草案をめぐって
二　国際法の「西洋中心主義」　264
■大学研究と教育の現実■国際法の多元性
三　国際人権と平和――介入論を疑い、超える　270
■国際経済と人権■イスラーム国家と人権
■武力行使と人権■「平和への権利」――人権と安全保障をつなぐ
四　国際人権運動の今後――ローカルな運動とつながる　279
■大学の現実■組織と運動の「二足の草鞋」

編者あとがき　286

執筆者紹介　292

終わりなき戦争に抗う

——中東・イスラーム世界の平和を考える10章

序章

終わりなき戦争に抗う

中野 憲志

はじめに

シリア、アフガニスタン、パレスチナ…、中東・イスラーム世界の平和は、なぜこんなにも遠いのか？　本書はそれを、対テロ戦争と「保護する責任」に基づく人道的軍事介入を中心に考えようとするものです。

もとより、一説によれば人類の四分の一以上、一八億人にものぼるといわれているイスラーム世界は、今回本書が取り上げる国や地域に限定されない、地球規模で広がり続ける広大な世界です。また、そのすべての国々が戦争や紛争をかかえているわけでもありません。イスラームの世界には、ごくあたりまえの人々の日常の営み、信仰、文化があり、それは「戦争」「内戦」「テロ」などの暗く、否定的な言葉やイメージのみでは描くことも理解することもできない豊饒の世界です。

しかしその一方で、戦争のない世界、国家と武装勢力双方による政治的暴力のない世界はイスラームいます。

世界の平和を抜きに想定することさえできないのも確かです。本書第Ⅰ部「終わりなき戦争・占領・介入に抗う」に収められている国々の恒久的な和平の実現は、そのために欠かせない必須の条件になっています。

本書がテーマとする、米国や各国政府による「テロとの戦い」と、第Ⅱ部「国際人権と人道的介入」で取り上げる人道的軍事介入、そして紛争の政治的解決と和平の早期実現を阻んできた覇権政治などが、中東・イスラーム世界の紛争の永続化をもたらしてきました。とりわけ深刻なのは、たとえばイラクにおける「テロとの戦い」がシリア情勢に重大な影響を与え、さらにそのシリア情勢がパレスチナはもちろん、遠くアフガニスタンやアフリカの国々の「テロとの戦い」に「飛び火」するといったように、一国の状況の推移が国境を超えた連鎖反応を引き起こし、それぞれの国の内戦／紛争の解決をよりいっそう困難かつ複雑なものにしていることです。

気がつけば、いつの間にか中東・イスラーム世界の紛争の根本要因に迫ろうとせず、「問題はテロリストによる自爆テロと、イスラーム内部の宗派間・部族間の対立にある」といった印象のみを残す報道や解説に接する機会が多くなりました。私たちはもう一度、それぞれの国の歴史をさかのぼり、紛争を永続化させ、和平を遠ざけてきた要因を探る必要に迫られています。

この序章では、〈終わりなき戦争〉の時代を「国家による武力行使の自由化」の時代として捉え、戦争のない世界をめざす平和の思想の在り処を考えます。

現在のイスラーム世界

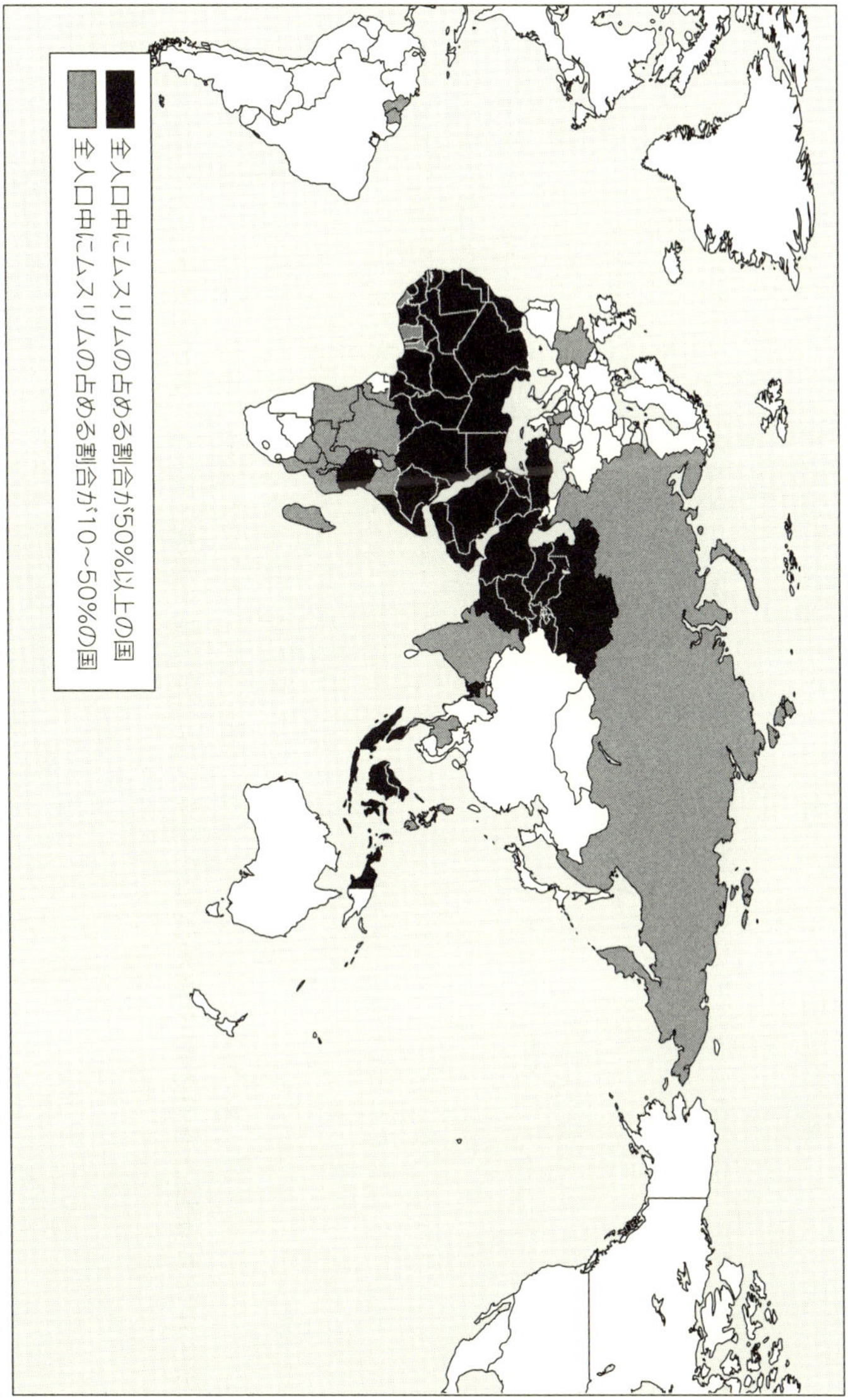

出典：タミム・アンサーリー『イスラームから見た「世界史」』（小沢千重子訳、紀伊國屋書店、2011、16頁）をもとに筆者作成。

一　〈終わりなき戦争〉に正当性はあるか？

戦争を禁じたはずの「戦後」の国際連合（国連）のもとで、なぜこんなにも戦争や内戦がくり返し起こるのか？

■国連体制下の国家と武力行使

国連は、第二次世界大戦の終結の年（一九四五年）に設立されました。「パリ不戦条約」（二八年）で交わした「不戦」誓いの甲斐なく、またも地球規模の戦争をくり返してしまった反省から、今度こそ二度と戦争をしない世界をめざすことがその目的だったとされています。国連憲章はそのために戦争、すなわち国家の武力行使を原則として禁じました。けれども、国連憲章は武力行使を禁じる原則に、二つの例外（抜け穴）を認めてしまったのです。

その一つは、他国の侵略に対する国家の自衛権（「個別的」または「集団的」なそれ）の行使としての武力行使です。もう一つは、侵略を受けた国家が単独ではそれを阻止・排除できない場合に、「国連軍」に参加した国連加盟国が侵略国家に対して集団で武力を行使する場合です。

国際法は二つ目の例外を、「国際の平和と安全」を守る国連による集団安全保障と呼び、一つ目の集団的自衛権の行使（相互的な防衛義務が、国家間で結ばれる条約の中で明記された軍事同盟のもとで行使されるそれ）と形式的に使い分けてきました。

この二つの定義上の違いと、国際法的な区別を押さえておくことがとても重要です。

同じ「集団」という言葉でも、後者のそれは「国連加盟国全体」という意味合いが含まれ、武力行使にあたり国連安全保障理事会（国連安保理）決議が必要とされます。

ただし、正規の「国連軍」は未だに組織されていません。一般に、国連平和維持軍（PKF）と国連平和維持活動（PKO）が事実上のその代替組織として考えられています。武力行使が可能なPKFへの自衛隊の参加については、日本政府はすでに二〇〇一年「九・一一」直後の同年一二月、小泉自公政権下において「国際平和協力法の一部改正」をなし、それまでの「凍結」を解除しています。

また、PKOについては、「紛争当事者間の和平合意の成立による戦闘行為の終結」が自衛隊の「派遣」の大前提とされ、そのミッション（任務）に武力行使は含まれないことが原則とされてきましたが（「PKO参加五原則」）、安倍政権は自衛隊の「駆けつけ警護」時の「武器使用」規制の撤廃をめざす自衛隊法の「改正」を通じ、「武器使用」＝事実上の武力行使を前提としたPKOへの参加をもくろんでいます。

PKOに関し、とりわけ問題なのは「冷戦」崩壊以後、武力不行使原則が破られ、PKOが武装勢力と交戦する事例が増え、「国連軍」的機能をますます担うようになってきていることです。最近では、南スーダンにおけるPKOがこれに該当します。そしてこのことが武力紛争において和平の調停役を果たすべき国連の中立性に対する深い疑念の根拠の一つにもなっています。

国連の集団安全保障に対し、集団的自衛権の「集団」は、「特定の軍事同盟に加盟する二国以上の国家」という意味で、その武力行使に「国際の平和と安全」を司ることになっている国連安保理の決議は必要とされません。軍事同盟国は国連加盟国であるというのに、集団的自衛権の行使に関しては国連に対する「事後報告」で済ますことができる仕組みになっており、どの軍事同盟に対しても国連は武力攻撃を禁じる決定的な権力を行使することができないのです。

このように国連による集団安全保障と、集団的自衛権の行使とはまったく違うものですが、ただ共通点もあります。それは、国連創設以後の戦争がこれら二つを国際法的な根拠として戦われてきたこと、そして両者がともに「国家の主権はいかなる手段を行使しても守られねばならず、時の政府は何ものにも侵されないそのための権利（自衛権）を持つ」という、近代に確立された国家観に貫かれている点です。

第二次大戦後の歴史をふり返ってみると、この〈国家主権の至高性〉という観念と、そこから派生する〈自衛権の不可侵性〉という二つの近代イデオロギーが、国連憲章で謳われた戦争禁止の大原則を有名無実化し、武力行使を正当化する「国家の論理」や「国連の論理」として再三にわたり利用されてきた事実が浮かび上がってきます。現代イスラーム国家が武力を行使する場合も同様です。

残念ながら、人間は凄惨をきわめた「戦後」のおびただしい数の戦争／内戦を経てもなお、「国権の発動」としての武力行使を非人道的なものとする考え方を、共通の価値観とすることができていません。その意味において、私たち現代人も未だに人権や人間の生命よりも、実は国権を優先する、西洋で確立された古い国家イデオロギーに囚われ続けているといえそうです。

■「テロ」「人道」「人権」の名による武力行使

もしかしたら、「冷戦」体制が崩壊局面を迎えた一九八〇年代末期から九〇年代初期にかけてが、国家の武力行使の非人道性を国際的に議論し、それを禁じる何らかの国際ルールを新たに制定する最後のチャンスだったのかもしれません。

しかし、国連はそのチャンスを逃してしまいます。いや、逃すどころかそれとは真逆の方向に進むことになります。一九九〇年代初期から今日までの間に、国家による新たな武力行使のパターンを三つも登場させてしまったからです。国連による人道的軍事介入（一九九三年のソマリア以後）、対テロ戦争

（二〇〇一年のアフガニスタン以後）、そして「保護する責任」の名による武力行使（二〇一一年三月のリビア以後）の三つです。

かくして私たちは、先に見た「二つの例外」、すなわち国連憲章が国家に保障している武力行使に加え、これら「三つのパターン」の武力行使が国際法的に「合法」と解釈される時代を迎えることになります。なかでも問題なのは、これら「三つのパターン」の武力行使が「二つの例外」の論理によって正当化され、特定の国家（有志連合）による武力行使の常態化をもたらしていることです。〈終わりなき戦争〉とは、国際法と国際政治がこの状態に終止符を打つ気配さえ見せない状況のことをいいます。

たとえば、対テロ戦争を開始した米国は、この戦争を、米国が「テロリスト集団」と規定した武装勢力に対する「予防戦争」（外部からの攻撃を未然に防ぐ、予防的な自衛権の行使）と位置づけ、外国での武力攻撃を正当化してきました。今日、米国は民主党オバマ政権のもとで、共和党ブッシュ（子）政権から引き継いだいわゆる「暗殺リスト」に基づき世界各地で武装勢力の指導者を個別的に殺害する軍事作戦や「国家テロ」まで展開していますが、イスラエルもまた同じ論理で自国の主権領域外での武力攻撃や「国家テロ」を正当化してきました。

自国の領域外に対するこのような武力攻撃の合法／正当性をめぐっては、これまで国際法の専門家からさまざまな疑義や批判が表明されてきました。しかし、国連や世界の主要国は何の手も打とうとせず、「国内法的には問題なし」と主張する米国やイスラエルの国際法上の責任は免責され続けています。ロシアや中国などをはじめ、反政府武装勢力を抱えるどの国家も「国権の発動」として「テロとの戦い」を戦っており、多少の「行き過ぎ」は互いに見過ごし合うという、国際法とは無縁な「暗黙の了解」が世界を支配しているかのようです。その結果、「ターゲットを絞り、できるだけ一般市民を殺害しない、

COLUMN

「保護する責任」

「保護する責任」とは、国家がジェノサイド（本書第7章訳注1参照）、戦争犯罪、民族浄化および人道に対する罪から民間人を保護する責任のこと。英語の名称（Responsibility to Protect）の略称からR2Pともいわれる。1990年代のルワンダや旧ユーゴスラヴィアで発生した民間人への大量殺害などを契機に、「介入と国家主権に関する国際委員会」（ICISS）が事態への対応を検討、その報告書「保護する責任」（2001年12月）の中で提唱されたものである。

報告の基本内容については2005年開催の国連世界サミットの「成果文書」の中で確認され、2006年の国連安保理決議1674号においても再確認された。国連事務総長は2009年以来、毎年、「保護する責任の履行」と題された報告書を公表している。

「保護する責任」は次の三つの柱からなる。

（1）国家はジェノサイド、戦争犯罪、民族浄化および人道に対する罪から民間人を保護する主たる責任を負う。

（2）国際社会は各国がこの責任を果たすことができるよう奨励し、援助する義務を負う。

（3）国際社会は上記のような犯罪から民間人を保護するために適切な外交的、人道的手段を講じる責任を負う。国家が保護する責任を果たせないときは、国際社会が国連憲章に従って民間人保護の集団的措置を取る（「集団的措置」とは武力行使を意味する）。

「保護する責任」はジェノサイドなどの人道危機を「予防」する責任、人道的危機に「対応」する責任（強制措置を含む）、人道的危機後に「再建」する責任、の要素を含む。経済制裁などの非軍事的手段が効果を挙げない場合は、武力行使を取ることができるとされる。

「保護する責任」推進論者は、「保護する責任」が「予防」に重点を置き、「再建」に対する国際社会の責任も視野に入れたものであるゆえに、「人道的介入」と同義ではないと強調する。だが、武力行使が含まれる限り、「保護する責任」もまた、「人道的介入」をめぐって過去に指摘されてきた数多くの難題から免れ得ない。内政不干渉や国家主権の尊重、武力不行使という国連体制の基本原則に抵触する恐れがあるだけでなく、過去の介入事例を見れば首尾一貫性に欠け、介入の動機や効果が疑問視されるものがほとんどである。そのため、「保護する責任」は「人道的介入」とともに国際的な正当性を獲得するに至っていない。

こうした理由から、前述のICISSの報告書や2003年の「脅威、課題、変化に関する国連ハイレベル・パネル」の報告書（国連文書A/59/565）は、武力行使を正当化しうる要件を定めるよう、国連に勧告している。それらの要件は、本書第7章のマホニーの論考で検討されている要件とおおむね重なるが、実際上、それらを満たすには数多くのハードルが存在する。そのためか、2006年以降の国連事務総長の「保護する責任の履行」報告書でも、武力行使の要件の問題が取り上げられたことはなく、要件についての国際的な合意は存在していない。

国連安保理内でも、ロシアや中国は反対や懸念を表明しており、「保護する責任」が全会一致で支持されているわけではない。加えて、武力介入した場合の犠牲や被害について考慮されていないという大きな欠陥があることも指摘されている。

できるだけ精確な武力攻撃によってテロ集団の指導者を暗殺し、組織を壊滅する」ことが、自国の領域外で展開される今日の対テロ戦争の「国際基準」になっています。国連についていえば、無辜の犠牲者が大量に出たり、「誤爆」が発覚したりした場合などには「遺憾の意」を表明することはあっても、問題の根本にある「テロ対策の戦争化」を批判することはありません。日本政府にいたっては、沈黙を決めこむことが慣例になっています。

一方、自国領域内での「テロとの戦い」は内戦の別名となり、シリアが全世界に知らしめたように、国家による大量破壊兵器の使用が確証されない限り、たとえ内戦で一四万人以上の人々が殺され一〇〇〇万近くの人々が国内外の難民になろうとも、時の政権による国家の武力行使は〈国家主権の至高性〉と〈自衛権の不可侵性〉によって保障されるというのが国際政治と国際法の原則となっています（「内政不干渉」の原則。この原則を崩し、さらに武力行使の例外を設ける理念として登場したのが「保護する責任」ですが、その検討は後に行います）。

問題は、内戦的事態によってどれだけ無辜の人々が殺され難民になろうとも、大国は覇権政治のパワーゲームに明け暮れ、和平の実現を引き延ばし、さらに軍事援助合戦によって「火に油を注ぐ」ことしかしないという、「国際政治」なるもののリアリズムです。

「保護する責任」に基づく人道的軍事介入についても同様です。大国が自国の覇権圏内の「人道的危機」に際して行う武力攻撃は、必ずしも安保理決議を待たずして実行できる政治的環境が作られつつあります。

米軍や北大西洋条約機構（NATO）軍その他による対リビア武力攻撃（二〇一一年三月）に続く、フランスによるコートジボワール（同上）、マリ（二〇一三年一月）、中央アフリカ（同年一二月）に対する武力介入の場合には、まがりなりにも安保理決議が国際法的根拠とされましたが、先に触れたシリアのアサド政権による化学兵器使用疑惑を契機とした「対シリア武力攻撃危機」（二〇一三年八〜九月）においては、まるで攻撃を主に担う国家（米国、フランスなど）の政治判断と軍事態勢の整備状況如何で、いつでも自由に実行できるかのような武力攻撃キャンペーンが国際的に展開されました。「テロ」に加え、「人道」や「人権」など「普遍的価値」を大義名分とする〈終わりなき戦争と介入の時代〉の本格的幕開けです。

二　「積極的平和主義」？——湧きおこる戦争の言説

では、以上見た国家の武力行使をめぐる国際的な変化と、二〇一三年七月の参議院選挙後、安倍政権のもとで進行する「安全保障」に関わる政治動向は、どのような関係にあるのでしょうか。「積極的平和主義」を語る安倍内閣のもとで、「自衛権」のための武力行使と「国際の平和と安全／安定」のための武力行使を形式的に切り離し、日本の「主権」領域外における「集団的自衛権」の行使を可能にする動きが一気に加速しています。

ここで注意したいのは、「原子力ムラ」ならぬ「日米同盟ムラ」が、「周辺事態法」（一九九九年）や「武力攻撃事態法」（二〇〇三年）に続き、「有事法制」の一環として「集団的自衛事態法」の法制化をも射程に入れて、この動きを強めていることです。

つまり、安倍政権は「日本は国連の集団安全保障に積極的に参加する」（安倍首相、二〇一三年一二月一七日）という論理を持ち出すことによって、明文改憲→自衛隊の「国防軍」化を実現する前に、仮に自衛隊が諸外国の軍隊（米軍を軸としたそれ）とともに武力を行使したとしても、それを明白には憲法違反と解釈できない政治的かつ法的環境を整備しようとしているのです。

その理屈はこうです。日本国憲法が「紛争の武力による解決」を否定しているとしても、その武力行使は「自衛権」ではなく「国際の平和と安全」を守る国連の集団安全保障に関わる事柄である、だから憲法上の制約は受けない、と。「積極的平和主義」とは詰まるところ、この新たな解釈改憲のための隠れ蓑にほかなりません。

すでに述べたように、相互的な防衛義務が規定された軍事同盟のもとで行使される集団的自衛権と、国連の集団安全保障とはまったく別のものです。そもそも「戦力」を持たず、それによって紛争を解決しないと憲法で宣言している国家が、武力行使を排除しない国連の「集団安全保障」（国連ＰＫＯと読め）に「参加」できるはずもありません。

また、見かけの上では軍事同盟条約のように見える日米安保条約ですが、この条約には日米の相互的な防衛義務を規定した条項がありません。なぜならこの条約は、条約改定時（一九六〇年）も今も、「自衛隊は「戦力」ではなく「必要最小限度の自衛のための実力組織」であって、米軍の防衛のためにその「実力」を発揮することはできない」という大前提に立っており、そこでの自衛隊の役割はあくまでも日本の主権と領域保全に限定されているからです。

つまり、もともと日米安保条約は、日本が領域内で武力攻撃を受けていないにもかかわらず、世界のどこかで米軍に武力攻撃を加えた何者か（国であれ武装勢力であれ）に対して武力行使することなど想定もしていないのです。ましてやその米軍の軍事作戦を軸に、軍事同盟関係にない他国の軍隊の武力行使と「一体化」することが集団的自衛権の解釈変更によって可能になるかのように吹聴する議論は、欺瞞の極みだといわねばなりません。

日本が武力行使を前提に国連の集団安全保障に「参加」したり、米軍との関係において「集団的自衛権」の武力による行使ができるようにするためには、日本の「戦力」保持を明記した改憲と同時に、安保条約そのものの抜本的改定が必要不可欠です。「立憲主義に基づく法治国家」たる日本において、いったいなぜこうした法の根本を無視した政治がまかり通ってきたのか？　問題は「戦後民主主義」の制度そのものを問うものへとさらに発展しますが、ここではこれ以上立ち入りません。

いずれにしても私たちは、「戦後」七〇年を迎えようとする今日までの日米安保のグローバル化と、自衛隊の武力行使を法的に可能にする動きが、現行憲法と日米安保条約の枠組みのもとで進展してきた事実に目を向けておく必要があるでしょう。日本は、憲法九条がもはや平和のエンジェルたり得ず、「九条を守れ」というだけでは〈平和〉を守ることができない時代に、実際にはかなり以前から入っているといえそうです。

　とはいっても、どれだけ無辜の外国人が殺されようと、日本全土を震撼せしめるような大量の日本人犠牲者が出ることがなければ、日本社会は「戦後」を形造ってきた二つの神話（「日米安保が平和を守る」／「憲法九条が平和を守る」）から目覚めることはないのかもしれません。実際には、自衛隊員以外の多数の犠牲者がアフガニスタンやイラクで、そしてアルジェリアやシリアなどで出ており、すでに「メルトダウン」に向かう兆候は十分に現れているにもかかわらず、警鐘を鳴らすべき「有識者」の多くはそれに無頓着であるようです。

　その一例として、現代の戦争を論じ、「保護する責任」に基づく人道的軍事介入を肯定的に評価する本を一冊、ここで紹介しておきましょう。藤原帰一著『戦争の条件』（集英社文庫、二〇一三）がそれです。

■『戦争の条件』？

『戦争の条件』は、「戦争の条件を考え抜くことで、逆説的に平和の条件に至る道」を「模索」するために書かれた本です（表紙の裏面にある同書紹介文より）。その「模索」の旅を、藤原氏は「戦争が必要なとき」（同書第一章タイトル）から始めます。

　第一章の中に、「現代の戦争と「保護する責任」」という節があります。藤原氏はその中で、「現代の戦争の多くは、「保護する責任」抜きには説明できない」、そしてこれが「国際機構で叫ばれている理念であるばかりか、すでに国際政治の現実の一部を構成している」と、客観的分析としては正しい認識を示したうえで、次のように述べます。

「保護する責任」に基づいた人道的介入は、各国それぞれの領土、安全、国益などの個別利益ではなく、普遍的人権の尊重を中核とした、優れて普遍主義的な理念によって支えられている。（二七頁）

要するに、藤原氏はここで「国際政治の現実の一部を構成している」「保護する責任」に基づく国家の武力行使を「必要」だといっているのです。そのことは、「［「保護する責任」が］国際政治の現実の一部となったことを私たちは喜ぶべきなのかもしれない」（二八頁）という氏自身の言葉にもはっきりと読み取れます。

藤原氏も指摘するように、「保護する責任」に基づく武力行使は対テロ戦争とともに現代の戦争を考えるにあたり、避けて通ることのできない国際政治の重大問題の一つです。では、なぜ氏はかくもこれを肯定し、読者に対し「私たちは喜ぶべき」とまでいうのでしょうか。

その答えは、この書の「結び」の中に隠れています。藤原氏はそこで、氏がいう「私たち」にとって、「求められるのは暴力への依存を最小限に留めながら平和を実現する方法を具体的な状況のなかで探ること」（二九一頁）と述べ、この書が、「最小限」であれば有志連合や国連による武力行使をあらかじめ容認していることを吐露します。武力行使を「美化」はしないが、それが「平和を実現」し「最小限」であるなら認めるべきなのだと。〈虐殺という大罪の阻止（目的）は、武力攻撃（手段）を正当化する〉という主張です。武力攻撃による犠牲者の数が虐殺によるそれを下回るかどうかがそこでの判断基準になりますが、それは武力攻撃以前には計算不可能なので、藤原氏がいう「最小限」という言葉は修辞的につけ足したにすぎないことがわかります。「模索」の旅の終着点は、どうも出発前から決まっていたようです。

そもそも国家の武力行使が平和の名において正当化される時代において、「戦争」と「平和」は対概念たり得ません。しかも著者の結論は最初から決まっているというのに、これらを両天秤にかけるよう読者に仕向ける問題設定そのものが欺瞞的であり、誤ってもいるのですが、国際政治や国際法が「正当／合法」とする国家による「最小限」の武力行使、これを追認する藤原氏はそのことに気づいていないように見受けられます。

『戦争の条件』は、「結び」の中で氏がいう「戦争の条件」と「平和の条件」が、「表裏のように重なり合う」ことなく、後者が前者によって相対化された後に打ち消され、永遠の彼方に追いやられてゆく「問題設定」になっているのです。というのも、「平和の条件」の「模索」の旅を「戦争が必要なとき」という命題から始めてしまえば、たとえどのような「道」をたどろうと、その先で到達するであろう平和は、常に「最小限」の国家の「暴力」に「依存」したものになってしまうからです。この書の読者が強いられるのは、権威ある国際政治学者、東京大学大学院教授がいうところの「戦争の条件」と「平和の条件」がメビウスの環のように反転し合う、しかし常に「戦争の条件」によって重心が取られそこに還ってゆく、異様な「模索」の旅の随行者になることです。

このような問題設定の中では、藤原氏がいう「逆説」への転換は起こり得ません。なぜなら、その転換が起こる可能性は、国家の武力行使を是認する氏の考え方が旅の途中で氏自身の手によって打ち消されるか、あるいは読者がそのことを示唆するヒントを、たとえ暗号のようなものであれ見つけることができるか、このいずれかの場合しかないからです。しかし残念なことに、読者は最後まで何も発見することができません。これでは戦争のない世界の探求は、永遠にできなくなる。その結果、旅の随行者となった読者はどこか重苦しい、何とも後味の悪い読後感に浸るしかありませんが、まさにそれこそが氏のいう「平和のリアリズム」なのかもしれません。

私たちは本当に、国家が恣意的に判断・決定する、私たちに責任の取りようがない「最小限」の武力行使に「依存」し続けるしか道は残されていないのでしょうか？

■「やるべきこと」をやらない国家

武力を他国の人々にも自国の「国民」にも向けさせない世界、国権よりもそこに生きている人々の生命と尊厳を優先する世界、そんな世界を国家に要求することは「理想主義」「絶対平和主義」だ——このようなレッテルが張られるようになってから、久しい年月が流れました。そのような世界と国家を実現するためには、国際法や国際政治が自明視してきた近代国家の価値観そのものの転換が必要になってくるからです。その世界に到る道はあまりに遠大に見えます。しかし、もし、特殊で歴史的な制約を帯びている国家イデオロギーから解き放たれた価値観への転換を想像するなら、国家やその連合体が定義する「戦争の条件」に打ち消されることのない「平和の条件」が、自ずと見えてくるはずです。

たとえば、人道的軍事介入を考えてみます。国家の武力行使によって虐殺されるかもしれない人々を、別の国家（連合）の武力行使を通じて「保護」するという理念自体が、まったくのナンセンスだとはいえないでしょうか。「テロ」によって殺されるかもしれない人々を、別の人々を殺害する「武力行使という名の国家テロ」を通じて守るという発想も同様です。これらはいずれも、国家の発想であって一市民の発想ではあり得ません。

このような考えから改めて「保護する責任」を見ると、これが藤原氏のいう「普遍的人権の尊重を中核」とするような美しい代物ではないことも見えてきます。これを喜ばしく思う国家は、自国が侵略されていないにもかかわらず、「他国（民）を守る国家の責任」論によって内政不干渉原則を否定し、国連憲章の基本理念であるはずの武力不行使原則のさらなる規制緩和（自由化）を謀ろうとしているのではないか――そのように見るほうが、はるかにリアリズムに即した見方のように思えます。もしも本当に国連安保理常任理事国（P５）や日本、ドイツ、イタリア、カナダなどの世界の大国が「人々を虐殺から守る国家としての責任」を果たそうとするなら、武力行使以外にやるべきことが山ほどあるからです。思いつくものをざっと挙げてみましょう。

●「絶対悪としての核兵器」（松井一実広島市長、二〇一三年八月六日）をはじめとする大量破壊兵器の早期廃絶。
●強力な国際法的拘束力を持つ軍縮の推進とそのための新たな国際条約の制定。
●軍事同盟の漸進的解消、およびそれと一体化させた世界的な脱軍事化。
●「抜け穴」のない武器貿易・軍事援助規制のいっそうの強化。
●無人攻撃機など、これまでの武器概念では武器扱いされていないロボット・遠隔操作兵器の製造廃止。
●国家の領域内の先住民族およびマイノリティ（少数者）の自決権を含む権利保障。

これらはほんの一部にすぎず、政治・経済・法律・社会政策全般におよぶ国家の政治的・行政的責任を数え上げれば切りがありません。P5を構成する核軍事大国や世界の主要国は「冷戦」崩壊以後も、ずっと、これらの国家の責任から逃げながら人道的軍事介入や「保護する責任」を云々してきたわけです。

現代に生きる人間が、先に述べた価値観の転換を模索し、国家による武力行使の自由化を阻むためには、核兵器はもちろん、古典的武器概念ではもはや捉えきれない兵器体系によって実行される現代の武力行使の非人道性をまず理解しなければ、話は先に進みようがありません。それを学生とともに考え、非人道的な武力行使をくり返そうとする国家の価値観に抗いうる、〈知〉の在り処を模索することが、大学で教える「知識人の責任」ではないかと私には思えるのです。

三　「戦争と平和」の言説と蘇る『知識人の裏切り』

〈終わりなき戦争〉のロジックは、人間が一度は歴史の屑かごに捨てたはずの廃れた論理を、現代風に都合よく仕立て直したような代物にすぎません。その意味では、これまで平和のために編み出されてきた言説は、戦争を正当化する言説の核心を捉え、それらを無力化することができず、後退に次ぐ後退を強いられてきたといえそうです

近代国家はどのような論理をもって全世界を巻き込む戦争を何度もくり返してきたのか、そして世界の平和運動はなぜそれを止めることができなかったのか？　ジュリアン・バンダ（一八六七〜一九五六）の『知識人の裏切り』（宇京賴三訳、未來社、ポイエーシス叢書5、一九九〇）の世界に分け入り、検証してみましょう。

■あふれ返る「戦争と平和」の言説

『知識人の裏切り』は、第一次と第二次の世界大戦の狭間、一九二〇年代半ばに書かれ、「パリ不戦条約」（一九二八年）の前年に出版されました。一九四一年には『知識人の反逆』（木田稔訳、小山書店）の題名で本邦初の翻訳本が出版されています。

世界が再びの全面戦争に向かおうとしていた両大戦間期のヨーロッパを、「あらゆる征服の企てを正当化するためだけに都合よく解釈された」戦争の言説が席巻していた時代、とバンダはいいます（一九三頁）。アジア大陸でも同じだったわけですが、それらは現代の私たちにもとても馴染みの深い、次のような言説です（同頁）。（本節では以下、「　」と傍点はバンダのもの、〈　〉［　］および太字は引用者のもの）

●共通の利益や**公共の平和**を守る
●不当に奪われたものの奪回、反乱者の鎮圧、**無実の人々の保護**
●侵略に対する防衛
●国権の行使に反する障害物の除去

右の四つを見ると、近代以降の〈戦争の言説〉がほとんど進化していないことがわかります。そこで使われる「平和」は、甘ったるいポエムのように何の実質もともなわない空虚感を漂わせます。たとえば、「公共の平和」は〈公共の秩序〉に置き換えられるし、〈公共の秩序〉はさらに〈治安の維持〉や〈国家の統治〉など、国家にとってより実質を持つ都合のよい言葉へと転じていきます。つまり、「平和を守る」という言葉によって国権の武力による行使が正当化されるわけです。

また、「無実の人々の保護」は、昔も今も、実は「反乱者の鎮圧」という戦争の目的を覆い隠すイチジクの葉なのかもしれません。

バンダは、近代以降に登場したこのような戦争の言説の思想的源泉を「政治的現実主義」と定義します（一九二頁）。問題は、その中に〈帝国主義〉の戦争に反対し、平和を唱え、「労働者階級」の革命を導こうとした、当時の「現代知識人」としてのマルクス主義者の言説も含まれていたことです。

> この現実主義、現代知識人はこれをたんに国民だけでなく、階級にも説いた。労働者階級にも、ブルジョア階級にも、彼らはこう言った。団結して、最強者になり、権力を奪取するか、またはすでに権力を有するなら、これを守るべく努めよ［と］。（二九四頁）

バンダがいいたいのはこういうことです。「現代知識人」の言説の中には、国家の「征服の企てを正当化」する言説と、それに反対しつつも革命戦争によって国家権力を打ち破り、その後は革命の防衛戦争を「階級」に説く言説の二種類があり、そのいずれもが戦争を説いた点では同じだったと。それを「政治的現実主義」の現れとしてバンダは捉え、ここで批判しているわけです。

かくして、「あらゆる征服の企てを正当化する」言説を生み出す「現代知識人」（聖職者、科学者、哲学者、文学者、学者、リベラル派、保守派、マルキスト…）は、「国民だけでなく」「階級」をも「裏切」り、そうすることで「政治的現実主義」に毒されない人間の「理性」を「裏切」ります。

時代を超絶した「理性」や〈普遍的真理〉に価値を置くバンダは、その意味で最も典型的な西洋近代思想を体現する知識人の一人でもあったわけですが、しかし歴史的事実は彼の予言どおり、この書の発刊後わずか一〇年余りで第二次世界大戦への坂を転げ落ちてゆきます。一説では七〇〇〇万人以上にのぼる人間を殺した、しかもその四分の三近くが一般市民であったという戦争を、またもくり返したのです。少なくとも、〈知識人の責任〉の何たるかを知る人々は戦後、口をつぐむしかなかったのではないでしょうか。

■あふれ返る平和の言説

公正をきすためにいえば、「現代知識人」が平和を説かなかったわけではありません。むしろ戦間期の時代は、戦争の言説と同じくらい平和の言説にも満ちあふれていました。ただしそれらは、「政治的現実主義」の戦争の言説を無力化することはできず、なかには戦争の言説に転じてしまったものもある平和の言説です。バンダによれば、そこには四つの類型が確認できます。（二三八〜二四〇頁）

●科学万能論的主張をする平和主義
●通俗的平和主義（「殺す人間」を弾劾し、愛国主義の偏見を冷笑することしかできないもの）
●神がかり的平和主義（盲目的な戦争憎悪しか知らず、戦争当事者が攻撃しているのか守っているのか、またそれを望んだのか受け身でやっているのか考えようとしないもの）
●愛国的主張の平和主義（人道主義を称揚し、軍国精神や国家的情熱の緩和を説く一方、国益を害さず、外国に対する抵抗力を失わないよう主張するもの）

最初の「科学万能論的主張をする平和主義」の要約を原典に見つけることはできませんが、これは科学の進歩を平和と結びつける言説と理解すればよいでしょう。産業化した国々で共通して確認できる言説ですが、たとえば「戦後」の日本では聞き慣れた「科学技術の発展の成果を軍事に転用し、仮想敵との間の軍事バランスと脅威に対する抑止をはかる」といった、日米安保とセットで米国から輸入された軍事リアリスト的言説も、その類の一つです。

ところで、こうしてあふれ返る戦争と平和の言説を並べ比べてみると、そこには奇妙な対応関係や微妙な共犯関係があることも見えてきます。たとえば、「愛国的主張の平和主義」は、「国」を「愛」するあまり、いつでも外部からの「侵略に対する防衛」や「国権の行使」論に回収され、〈武力による平和〉＝〈平和のための戦争〉論に化けてしまいます。これが〈平和のリアリズム〉の究極のリアリズムなのかもしれません。

ユダヤ人でもあるバンダは、「愛国心」が知識人に与える影響を敏感に察知し、その特徴を「攘夷」という言葉で要約します。

これは、「外部の人間」（**le horsain** よそ者）に対する人々の憎悪、「身内で」ない者に対する追放と侮辱である。こうした傾向は民衆のなかにはつねにあり、またおそらくその生存に必要なものであろうが、これが現代では、いわゆる思想家に採用されている。［…］。知識人がこの愛国主義を採用して、世俗人の情熱をいかに煽ったか、言う必要があるだろうか？（一五五頁）

反省することを知らない「思想家」や「知識人」は時代を超えて存在するようなので、何度でも「言う必要」がありそうです。

戦争の言説が平和の衣をまとい、「国家的情熱」を鼓舞し、「外部の人間」に対する憎悪を煽りながら人間を戦争に駆り立ててゆく。その一方で、必ずしも意図的に戦争の言説に与するわけではない「冷笑」好きの「通俗的平和主義」や「神がかり的平和主義」は、民族／人種主義と一体化した国家主義をとても情熱的に鼓舞する「愛国的主張の平和主義」の前では、あまりに頼りなげにみえる。だから、口では平和を語る知識人や政治家が「愛国」を語り出すと、時代は戦争イコール平和、平和イコール戦争に通じる怪しい迷路の罠にはまり、そこからの出口を見失ってしまう。おそらくこれも、一〇〇年前と何ら変わらないでしょう。

■帝国の秩序と「知識人の裏切り」

いったい〈問題〉はどこにあったのか？「問題は、知識人の責務が帝国の支配を支えることにあるのかどうかにある」（一五四頁）。これがバンダの見解です。

『知識人の裏切り』の中に書かれている国家は、すべて帝国を意味します。そこでの帝国とは、主にベルリン会議（一八八四～八五年）以後、アフリカの分割に乗り出し、以降、没落するものと興隆するものに分かれながら第一次大戦にのめり込んで行ったヨーロッパ列強の帝国を指します。「知識人が当時、せっせと裏切り続けていたのは、すべて国家のためだった」（五三頁）とバンダは一九四六年版の序文の冒頭で書いていますが、それは両大戦間期を生きたヨーロッパの知識人のほとんどが「国家のため」に「帝国の支配を支え」、「せっせと裏切り続けていた」からです。誰を？　自らと後に触れる「民衆」をです。

帝国の支配とは帝国の統治のことであり、帝国の統治とは帝国の秩序のことです。次に重要なキーワード、それがこの「秩序」という言葉です。国家の秩序、すなわち帝国の秩序に知識人たちはひれ伏し、「民衆」を「せっせと裏切り続けていた」。だからバンダは、右の序文の第一節を「A．知識人が「秩序」の名においてその職責を裏切る。その反民主主義の意味」としたのです。

なぜ、国家（帝国）の秩序が問題なのか。「秩序の観念は戦争の観念、民衆の貧困の観念につながる」からだとバンダはいいます（五六頁）。帝国とは他の国、人種、民族を征服し、それによって作られた秩序を守りつつ、さらに自己の勢力圏を拡げようとする政体です。その秩序の生成過程では、他の帝国や小国との戦争、また異教徒や他民族の征服（自らの帝国への統合、あるいは迫害）を生み出し、それは民衆の動員と彼／彼女らの貧困をともないます。

ここで注目したいのは、このような「秩序の観念」は決して人間が超歴史的に持つ観念ではなく、帝国の成立以後に国家や知識人によって広められたものだ、とバンダが断言していることです。

秩序の観念は暴力の観念につながること、これを人々は本能的に理解したように見える。わたしは、人間が正義、自由、科学、芸術、慈悲、平和の像は立てたが、秩序の像はけっして立てなかったことは、意義深いと思う。同じく人間は「秩序の維持」にあまり共感を示さない。この語は彼らに、騎兵隊の突撃、無防備の人々に向けられた弾丸、女性と子供の死体を意味するのだ。（五六頁）

私たち日本人の多くも、国家の「秩序の維持」に「あまり共感を示」すことはないでしょう。しかし「秩序の観念」が「暴力の観念につながる」ことを認識している人は、とても少ないのではないでしょうか。バンダ流にいえば、おそらく現代の知識人にとっての問題も、一〇〇年前と同じように、現代の「帝国の支配」を支えることを自らの「職責」とするか、それともそれに抗うことを選択するかにあるのでしょうが、それは知識人それぞれが、現代の「帝国の秩序」の生成過程をどこまで民衆が受ける暴力につなげて思索できるかにかかっています。

私たち日本人は、現代の「帝国の秩序」の生成過程、その軋みの中で生じる暴力の意味をどこまで理解することができるか、そしてそれを「本能的に理解」できる人間の像《かたち》をどこまで取り戻すことができるか――。国家イデオロギーからの「価値観の転換」の実現可能性は、すべてそのことにかかっているといえそうです。

四　歴史観の転換――いくつもの世界、いくつもの歴史

これまでの原発推進政策を改め、脱原発への転換を政策的にめざすことは可能だ――このことが二〇一一年の「三・一一」後の日本でさまざまな議論を通じて明らかになったように、〈終わりなき戦争〉の一つひとつにも国家を代表する政策決定者の意思が介在している以上、それらを終わらせることは現実的に実現可能なはずです。その意味では、〈終わりなき戦争〉の現在は、連綿とした過去の「やるべきことをやらない国家」の失政と、「決めるべきことを決めない国家」の問題解決先送り政治という歴史の中にすでに記されているし、未来にくり返されるであろうこの戦争による惨劇の数々も、現在のそれらの中にすでに映し出されているといえそうです。

■誰にとっての「世界史」か？

〈終わりなき戦争〉を終わらせるためには、このような観点から、戦争をくり返してきた「戦争の言説」とその戦争を止めることができなかった「平和の言説」を同時に見つめ直す、戦争をめぐる歴史認識の転換が求められてきます。そしてそれにあたっては、さらに、近現代の戦争を生み出してしまった世界の歴史を観る、私たち自身の歴史認識の転換も求められてきます。

たとえば、私たち日本人が「近現代の戦争」というとき、その「近現代」とは誰にとってのどのような時代なのか。世界の中でその「私たち日本人」の時代認識を共有している人々がいるとすれば、それはどこに生きる、どのような人々なのか。その私たちは、いま生きているこの「時代」を、どこから来て

どこへ向かうものとして「認識」しているのか。私たちが「世界史」というとき、それは誰にとっての、どのような世界の歴史なのか…。これらを考えてゆくと、「私たち日本人」が中東・イスラーム圏の「戦争と平和」を考えるためには、その戦争を観る私たち自身の歴史認識の転換とともに、中東・イスラームの世界を観る私たち自身の世界史認識の転換も求められてくることが自ずと明らかになるように思います。

その水先案内人としては、大著『イスラームから見た「世界史」』（小沢千重子訳、紀伊國屋書店、二〇一一、全六八五頁）の著者、タミム・アンサーリー（一九四八年〜）が適任です。

アンサーリーはアフガニスタン生まれ、サンフランシスコ在住の作家です。米国に移住してからも「依然として世俗志向」であった彼が、歴史家でもないのになぜ、このような大部の歴史書を書かねばならなかったのか。アンサーリーはこんなことを書いています。

世界史とは常に、いかにして「私たち」が「現在の状況」に到達したかを物語るものであるがゆえに、そのストーリーは必然的に「私たち」とは誰か、「現在の状況」とは何を意味するのか、によって変わってくる。西洋版の世界史は伝統的に、「現在の状況」を民主的で工業化した（ないしは脱工業化した）文明社会と規定している。アメリカではさらに、世界史は自由と平等という建国の理想の実現に向かい、その結果アメリカが地球を未来に導く超大国《スーパーパワー》として興隆する、と想定されている。かかる前提によって歴史の進む方向が決定され、その目的地は私たちが現在歩んでいる道の先にあるとみなされる。そのため、私たちはややもすると、人類はみな同じ方向に向かっていると思いこんでしまう。もっとも、人類の中にはまだたいした道のりを進んでいない人々もいるが、それはスタートが遅かったか、スピードが遅いからだ［と思い込んでしまう］。それゆえ、私たちは

彼らの国を「発展途上国」と称しているのだ。（同書、二七頁、［　］は引用者）

かくして、［［過去数世紀の間］私たちムスリム［イスラーム教徒］はともすればイスラーム世界を――同じ目的地を目指していながら効率的に前進できない――西洋世界の発達の不完全のヴァージョンと思いがち」になり、「二つの衝動」（すなわち、「歴史の流れに合わせてムスリム独自の「文明化」の概念を変えるべきか、あるいは、それ［＝ムスリム独自の「文明化」の概念］に歴史の流れを合わせるために闘うべきか」）の間で「葛藤」することになった、とアンサーリーは述懐します（同書、二八〜二九頁、［　］は引用者）。この書を彼が書かねばならなかった理由がここに読み取れます。

けれども、アンサーリーがここで述べている「葛藤」は、「私たちムスリム」に限ったことではありません。「脱亜入欧」を国策の指針としてきた「明治維新」後の、「発展途上国」に生きてきた「私たち日本人」もまた、同様の「葛藤」を体験してきました。「近代」と私たちが呼んでいる時代に生きた日本の知識人たちも、ムスリムの知識人たちが「二つの衝動」を自らの内にかかえながら「葛藤」したのと同じように、リベラリズムやマルクス主義を含む西洋文明の受容と、それに対する抵抗・反動としてのアジア主義や日本主義への傾斜、という両者の振れ幅の中で「葛藤」してきたのです。

このようにアンサーリーの言葉を読むと、彼が「九・一一」を契機に発した先の問い――「私たち」とは誰か、「現在の状況」とは何を意味するのか――は、「日本史」と西洋中心主義の「世界史」との二項関係の中で人間の歴史を観ることにあまりにも慣れ親しんできた、「私たち日本人」にも向けられた問いであることがわかります。本書第5章（臼杵ダイアローグ）を通じ、読者は「現在の状況」を構成している問題群の歴史的起源に触れ、「歴史をさかのぼる」ことの重要性を再確認することになるはずですが、そこで本当に問われるべきは「歴史をさかのぼる」というときの私たち自身の歴史認識そのものなのです。

たとえば、安倍政権は外交の基本姿勢を「地球を俯瞰する外交」と呼んでいますが、それは安倍首相自身の、また外務・防衛官僚一人ひとりのどのような価値観と歴史観に基づいたものなのか。「地球を俯瞰」できるといい、「積極的平和主義」を語る安倍首相や官僚たちの眼には、シリア、アフガニスタン、パレスチナをはじめ、中東・イスラーム世界の「戦争と平和」の過去・現在・未来の姿がどのように映っているのか。

「戦後民主主義」や「戦後平和運動」の文脈に照らして、安倍政権の「安全保障」政策を批判することは、ある意味でとてもたやすいことかもしれません。より本質的な問題とは、「私たち日本人」それぞれの眼に、私たちとともに在る中東・イスラーム世界の過去・現在・未来の姿がどこまで、どのように映っているのかということです。

■イスラーム史と西洋史の相克

左にあるのは、アンサーリーが「イスラーム史」（上段）と「西洋史」（下段）をそれぞれ一〇区分にしたものの対照表です（必ずしもすべてが年代的に対応するものではない（同書、二七～二九頁））。

1　古代――メソポタミアとペルシア　（文明の誕生――エジプトとメソポタミア）
2　イスラームの誕生　（古典時代――ギリシアとローマ）
3　カリフの時代――普遍的な統一国家の追求　（中世――キリスト教の興隆）
4　分裂――スルタンによる統治の時代　（再生――ルネサンスと宗教改革）

5　災厄――十字軍とモンゴルの襲来　（啓蒙時代――探検と科学）
6　再生――三大帝国の時代　（革命の時代――民主革命・産業革命・技術革命）
7　西方世界の東方世界への浸透　（国民国家の出現――覇権をめぐる闘争）
8　改革運動　（第一次世界大戦と第二次世界大戦）
9　世俗的近代主義者の勝利　（冷戦）
10　イスラーム主義者の抵抗　（民主的な資本主義の勝利）

たとえばこの対照表の3番目と4番目から、私たちは西洋史がいうところの「中世」とそれに続く「再生」の時代が、イスラームの歴史では「カリフの時代」にめざした「普遍的な統一国家の追求」が、やがて「スルタンによる統治の時代」を迎え、イスラーム世界が「分裂」していく時代になるというように、歴史を観る眼の違いによって真逆のベクトルを持つ時代であったことが理解できます。

とりわけ興味深いのは、7番目以降の歴史区分、つまり西洋史でいう一九世紀以降とアンサーリーが想定しているであろう同時代との対照関係です。これによれば、第二次大戦以後の西洋の「私たち」の歴史は、ムスリムにとっては「世俗的近代主義者の勝利」と「イスラーム主義者の抵抗」の歴史であり、以来その「二つの衝動」の間でアンサーリーのような「世俗志向のムスリム」が「現在の状況」に対する己の立ち位置を問い続けてきたことがわかります。また、西洋のメディアが定義してきた「アラブの春」は、ムスリムにとってはさらに歴史をさかのぼり、ちょうど一世紀前の第一次世界大戦前後に始まったイスラーム「改革運動」の、より大きな歴史的文脈の中に位置づけられうることもわかります。

このようにアンサーリーに誘われ、彼の語りを通してイスラームの歴史に触れ、その世界に分け入ってゆくと、もしかしたらアンサーリーは「もう一人の私」であったかもしれないという感覚におそわれます。またムスリムではない「私」には絶対他者としてしか映らない「抵抗を選択したイスラーム主義者」も、どこに生まれ、何をどのように体験したかによっては、同じように「私」であったかもしれないと。

けれども、「私たち日本人」が日常的に接するメディアでは、彼の地の「彼」や「彼女」が「私」になることはありません。「テロ」に走る「抵抗を選択したイスラーム主義者」こそが現代世界とイスラーム圏の諸悪の根源であるかのような印象を刷り込んでしまう報道や解説にあふれ返っています。しかし、アンサーリーの眼を通して世界を観るなら、少なくともそのような報道や解説にいくら触れたとしても、中東・イスラーム圏で実際に起きている「現在の状況」を捉えられないことだけは確かでしょう。だからこそ私たちは、現代トルコのＮＧＯ／市民組織を分析した第3章（イヤース論文）が説くように、「イスラーム的価値」に基づく社会の変革と、戦争の現実の中から平和をめざそうとするムスリムの運動の世界的な広がりに、もっと注目したいと思うのです。世界がこれ以上壊れてしまわないうちに、日本でも広がりつつあるそのような「私たちムスリム」の運動と、より深くつながることを考えたいと思うのです。

〈終わりなき戦争〉を終わらせることを諦めないこと。中東・イスラーム世界の「戦争と平和」の歴史をめぐる理解が深まること。そして「私たち」のつながりがいっそう広がること。これらが本書の期待であり、願いです。

二〇一四年一月一七日　湾岸戦争勃発二三周年の日に

第Ⅰ部

終わりなき戦争・占領・介入に抗う

第1章 「正戦」を超える「非戦」日本の貢献

――シリアから考える

平山　恵

はじめに

私はいま、ヨルダンでこの原稿を書いている。二〇一三年八月二一日、私はシリアから逃げてきた人々を訪問していた。ヨルダンのテレビからは、「シリアのダマスカス郊外県では、シリア政府軍による化学兵器を使った攻撃で六〇〇人が死亡」のニュースが流れていた。画面には私が五年間通ったグータ地域が映し出されていた。翌二二日、事態は悪化し、その日の死者は一三〇〇人と報じられた。シリアのアサド政権を批判するイギリスはそのまた翌日の二三日、今回の毒ガス使用疑惑を国連安全保障理事会に提起すると発表した。この日、アラブ連盟のアラビ事務局長も、国連調査団に対して、即座に現地調査に乗り出すよう求めた。その後、毒ガスを使用したのはアサド政権ではなく反体制派勢力であったという情報も流れたが、真相はわからないままである。「(国際社会の）介入は国連調査団の調査結果を待って判断する」という情報も各国メディアから流れたが、はっきりとした調査結果は何一つ出てこない。結果が明らかになり、欧米諸国などが武力介入すれば、さらに大きな殺戮が引き起こるかもしれず、それゆえに調査の結論を出したくない、そういう判断が国連側に働いていたのかもしれない。

今回の動乱は二〇一一年三月、シリア南部の町ダラアから始まった。勃発から一年経過した頃、このシリアの情勢下で、これ以上何もせずに黙っているわけにはいかないと私は感じていた。しかし、これといってできることはすぐには思いつかなかった。欧米や日本では「シリアは「アラブの春」を迎え、民主化の途上にある」と、良い変化として認識している人々が少なくなかった。ならば現実のシリアの情勢を周囲の人々に説明することから始めてみよう、そう思った。しかし、シリアの状況を理解してもらうのは難しかった。シリアは独裁者による「悪の枢軸国」の一つ、という米国の烙印がこの国のイメージの固定化に余りにも強い影響を及ぼしているからだ。シリアについて説明しても聞く側には複雑だと受け取られ、多くの人たちは理解することを断念してしまう。たしかに動乱の中で入手可能な情報ではシリア国内の真実はわからず、憶測も多くなる。そんな状況の中で日本人ジャーナリスト山本美香さんが政府軍に銃撃されて亡くなったと報じられたことも、さらにシリアへの印象を悪くしている。「不明なことは不明なものとして」受け取ってもらえればよいのだが、そうできない。人々は真偽よりもわかりやすさを求めがちである。

複雑な問題は「どうにもできない」こととして諦め、放置してしまいがちな現在の国際社会。いつまでこんな状況を許し、人殺しに「沈黙」を続けるのか。本章での報告が少しでも役に立ち、泥沼化したシリア情勢に風穴を開けるようなヒントになればと願っている。

一　「伝えられるシリア」と「現実のシリア」

私の中のシリアには「伝えられるシリア」と私が実際に見た「現実のシリア」がある。そして私が見た「現実のシリア」はさらに「シリア人にとっての現実のシリア」と「非ムスリム外国人にとっての現実のシリア」がある。私の頭の中にはこうした複数のシリアが存在している。

まず、「伝えられるシリア」とは、現実のシリアを知らない非ムスリム外国人が自分たちの日常においてイメージしている「ちょっと危険なアラブの国」としてのシリアである。この場合のシリアは、テロやイスラーム原理主義、ビン・ラーディンなどの名詞とともに、オリエンタリズム的言説として、また敵対・攻撃・排除の対象として語られることもある。次に、二つ目の「現実のシリア」のうち、「シリア人にとっての現実のシリア」とは、日々の生活と家族をとても大切にして、挑発的な言動を避けながらバランス良く安定的な生活を送っているしなやかなシリアであり、一方では、クルド人などに対する政府からの差別が厳然と存在しているシリアである。そして、もう一つの「現実のシリア」、すなわち「非ムスリム外国人にとっての現実のシリア」とは、「伝えられるシリア」とは違って、来てみれば過ごしやすい、異教徒にも寛容なほんわかしたシリアである。

そんな「現実のシリア」が炎上した。「伝えられるシリア」は今とばかりにそのネガティブなイメージを拡大させていった。

■「伝えられるシリア」

大半のアメリカ人にとって（一般的にヨーロッパ人にも同じことがいえるが）、イスラムを主として伝えている文化的装置の支柱にはテレビ、ラジオ、日刊新聞、大発行部数のニュース雑誌が含まれる。全体として、このマスメディアの強力な集中こそ解釈集団の核をなしているといえ、それがイスラムの特定の像を提示し、またもちろんマスメディアが奉仕する社会の強力な関心を反映しているのである。（サイード、二〇〇三、七〇～七一頁）

「アメリカ人にとって」を「日本人にとって」という言葉に置き換える、そして「イスラム」を「シリア」という言葉に置き換えてみる。情報化社会によって情報の価値は高まった。しかし、それを支えるマスメディアがエドワード・サイードのいう「解釈集団」の核となり、そこでの解釈が人々の解釈となって、社会の持つイメージを固定化している。中東地域で何か問題が起これば、たとえ政治の問題でも宗教、宗派の問題として取り扱われる傾向が強い。これも「解釈集団」による固定化の一つだ。また、アサド政権下の権力の一極集中化はある意味では社会の亀裂を避け、安定を維持する「良い統治」を実現してきたはずが、国際社会ではそうした側面は評価せず、政治の多様性を認めない面のみが強調されているのもこうした固定化のためだ。

「アサド政権＝悪」「反体制派＝善」、日本を含む「西側」が持つシリア情勢のイメージは単純化されている。日本では、政府関係者でなければシリア情勢に関する公的な会合に参加することは今のところできない。市民が関与できるとすれば、会議の決定に影響を及ぼすべく国内外の世論を喚起することぐらいしかない。しかし、日本の一般市民の間ではもともとシリアへの関心は低い。関心の低さからくる彼の地への一方的なイメージが、シリア市民のいのちを左右することにつながっているなど、知る由もない。二〇一二年に日本政府がシリアの反政府グループを積極的に支援するために東京で会合を開いたこと、翌二〇一三年にはG20（先進八カ国プラス新興一二カ国首脳会議）がアサド政権を打倒するために反体制派勢力への支援を示唆したこと、などを知っている日本人は少数であろう。

メジャーなメディアだけに任せてはおけない。そこで、二〇一二年三月、仲間とともに「サダーカ」（アラビア語で「友情」の意）という任意団体を創ることにした。まずは国際社会の一部である日本社会がシリアを忘れ去らないように、そして「独裁政権による市民の大虐殺」という単純化されたシリア・イメージを払拭し、日本の納税者を間接的な人殺しに加担させないために、行動を始めた。

しかし、活動は困難を極めた。集会に来てくれた人々にシリアの現状を伝えようとしても「イメージの固定化」が壁となり、私たちの説明は複雑だと受け取られた。参加者の困惑した顔に無力感を感じる日々。折角集まってくれた貴重な機会を互いに生かせぬもどかしさ。この感触は一九八〇年代に、紛争地ニカラグアやハイチの人々を支援するために行った集会でも味わったものである。

動乱の始まった二〇一一年三月から約半年は、まだシリアの庶民が主役だった。人々は「民主化」を合言葉に反政府デモに参加した。しかし今、誰が誰とたたかっているのか、動乱の全容を説明できる人が果たして一人でもいるのか、疑問である。もっとも、動乱が始まったときでさえ、皆が皆、真剣に民主化のためにたたかっていたわけではない。シリアにいた友人は「周りの人はお祭りに参加するような気持ちでデモに参加した」と語った。折しも二〇〇七年からの干ばつで、東北部から農民が職を求めて

COLUMN

シリア支援団体「サダーカ」の活動

「サダーカ」は2011年３月以来シリアで続いている動乱を「人道的観点から止める」ことを目的に翌年３月に発足した日本の任意団体。有給スタッフはいない。シリアの人々の日常の声を聞き取り、それを日本の人々に伝える取り組みを中心に、シリアで起きている動乱に終止符を打つための集会や署名活動を続けている。究極的目標は「サダーカ」という組織がその目的を果たし解消することにある。写真はオンライン署名のサイトより。（http://www.sadaqasyria.jp/news.html）

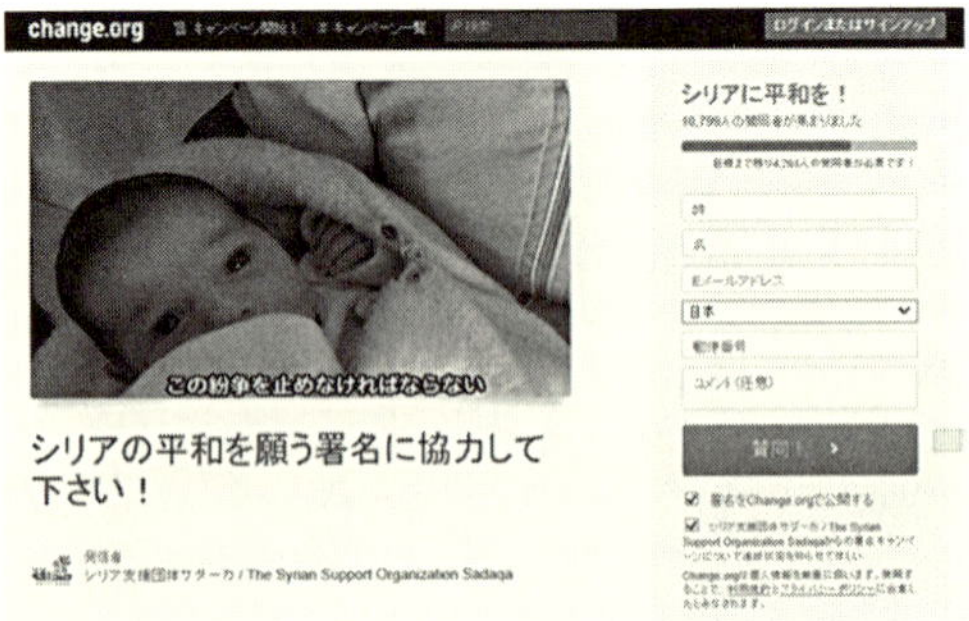

南下し、首都や南部に人が集まり出していた（Food and Agriculture Organisation, 2013）。デモは生活や労働に対する不満の受け皿として機能した側面も大きい。「外が騒がしいので屋外に飛び出したらデモが行われていた。近づくとデモに入ってみたくなった」「チュニジアやエジプトで起きたデモを衛星放送で見て、シリアでのデモを直接見たいと思ったので外へ飛び出したら、自分もデモの中にいた」「こんなに大きな動乱になるとは知らず、話のネタにデモに参加し

た」と振り返るシリア人の知人もいる。シリアの人々は思い思いにデモに参加した。まさにデモクラシーだ。「何となく周りにつられてデモに参加していたら戦争になった」と後日、泣いて話した人もいる。

国連難民弁務官事務所（ＵＮＨＣＲ）の発表によれば、二〇一三年九月現在、シリアの国内避難民は四二五万人、国外避難民つまり難民は二〇〇万人を超えた。難民の数は一年前が二三万人だったので、一年間で一八〇万人も増加するという歴史的動乱となった。毎日約五〇〇〇人がいまもシリアから周辺国に避難し続けており、今後も増加し続けることが予測される。ヨルダンに避難してきたシリア人と話すと、国内に残った人たちは「死を覚悟して生きている」という。現在のシリアの状況を正確に把握することは難しいが、ＵＮＨＣＲが報告するように、物価は三、四倍に高騰し、爆撃で住環境は悪化の一途をたどり、傷病者の治療もままならないというのは簡単に想像できる。そのうえに、今回は化学兵器の使用が加わった。

チュニジアに始まる「アラブの春」の流れで捉えるなら、他のアラブ諸国での動乱は約半年で終息したが、「アラブの春」が遅れてやって来たシリアではいまも戦闘状態が続いており、この状態は三年目に入っている。すでに勃発半年後にはシリアの民衆の革命ではなく、「伝えられるシリア」によって欧米が介入する「代理戦争」の体をなしはじめていたのである。

■「現実のシリア」

私は二〇〇六年から二〇一〇年の五年間にシリアを一二回訪れている。一二回のうち五回は今回化学兵器が使われたダマスカス郊外県の農村、ウタヤ村に学生を連れてホームスティしながら、この村の調査を行っていた。この先一〇年はこのウタヤ村に通い定点観測を予定していた。シリアを学生の研修先として選んだ第一の理由は、物価の安さと、犯罪率の低さにあった。それに、クルド人、パレスチナ人、イラク人など、異なる宗教・宗派、民族の人々が住んでいるため、中東地域の事情を理解するには最適な場所でもあった。学生たちはホームスティを通じてシリア人家族と仲良くなり、研修後も再訪したり、電話でのやりとりを続けてきた。そんな中で今回の動乱が起きた。

学生たちもウタヤ村の人々の安否が心配でホームスティ先に電話をかけた。動乱勃発から約一年後の二〇一二年春の時点ではまだ電話の向こう側で「大丈夫」だと返事をくれるシリア人もいた。しかしそれから半年後には、覚えのあるウタヤ村の農村風景が血塗られた姿に変貌している写真をインターネットで見ることになった。同年六月には、西部ホムス県ホウラ村で子どもを含む一〇〇人余りが政府軍の手で虐殺されたとのニュースも流れたが、政府支持者の多い地域という点から、反政府軍による自作自演だとも報道された。さらに同年八月二〇日にはジャパンプレスのジャーナリスト山本美香さんが政府軍側の戦闘員の発砲に遭い死亡したとのニュースも流れた。英米仏の西側諸国はアサド政権の関与を非難し、中国とロシアはそれを否定する。真相はいまだ闇の中である。

私にも真相はわからない。二〇一二年一一月、私はヨルダンに逃れてきたシリア難民を訪ねる。ヨルダンの砂漠のど真ん中のザータリ難民キャンプでは、多くのNGOが医療から教育まで、生活面でのさまざまな領域を支えていた。避難してきたシリア人もNGOのスタッフも、昼夜の気温の高低差が激しいこの砂漠地帯で暑さ寒さと闘っていた。報道はあまりされていないが、同じように、否それ以上に大変なのは、キャンプ外の難民であった。何一つ保証もなく自分たちで家を借りなければならない人々だ。自力で稼がなければ家賃が払えない。そうした家族の子どもたちを何者かが利用する。ひとりの子どもがかけ寄ってきて携帯電話の画面を見せる。虐待している映像である。他の地域でも同じ場面に繰り返し出くわした。まったく同じ拷問の様子を写したユーチューブを、複数の子どもたちが見せに来て「政府はひどい」という。子どもたちを使って誰かが何かを操ろうとしている。その怖さを観てしまった。真偽のほどはわからないが、一方的な洗脳情報が子どもたちにも確実に浸透してきている。かつて観た紛争地ニカラグアやルワンダ難民キャンプでの子どもたちへの洗脳を思い出し、いまでは携帯電話等の普及によってそれ以上に複製可能な鮮明な映像洗脳ツールが登場していることに震撼した。

シリアの人々だけでなく国際社会もこの「見えない情報戦」に巻き込まれている。いったい何が真実で何が虚偽なのか…。ただ、シリアの友人と話すときだけは確かな声が聞こえてくる。「殺し合いを止めて」「普通の生活に戻りたい」。

ヨルダンに避難しているシリア人の友人が詠んだ一篇の詩がある。

歴史、樹々、バラ、子どもたち、平穏を感じたい。
以前のこんな生活を強く求める。
少し前の懐かしき麗しきシリアを戻して欲しい。
いま、われわれの土地は血で埋められている。
私たちは世界に求める！
私は私の未来を変えたくない。
以前の愛にあふれた国、シリアを返せ。
私は人間の歴史の一部、
われわれは祖国に帰りたい。

私の兄弟たちはシリアに帰るのだ。
そこにこそ、愛と幸福があるのだから。

嘘か本当か分からないことだらけの情報の中で、ホームスティのときに培われた信頼関係によって政治に対する意見も含んだ本音を聞くことができた。しかし、何よりも、彼/彼女らがこの詩のようにシリアを愛し、以前のような「麗しきシリア」を希求していること以上の真実はない。

二　「正戦」を支える「大量のわれわれ」

九・一一事件以降、米国が援用してきた、いわゆる「正戦」（「正しい戦争」「戦争の正義」）には明確なルールがあり、イデオロギーがある。木村正俊（二〇〇三、一一一頁）によれば、それは①正しい原因、②正しい権威、③正しい意図、これらのもとで④戦争の利益が戦争のコストを上回り、⑤戦争以外に他の手段がない最終手段として、⑥究極的目的が平和にある場合に限り認められるものである（本書第7章第二節も参照）。

今回のシリア動乱は欧米、中国、ロシアなどが「武器供与」を行った点で「介入戦争」であり、右のどの項目も不明である点で「正戦」であるとはいえない。「正戦」ではなく、武器売却の利益や政治的な覇権を目的とする戦争であるとしかいえない。

「暴走した時点で正戦は正戦ではなくなる」といわれる。この点でもシリアでなされていることは「正戦」ではない。中ソの支援を受ける政府側にとっても、欧米の支援を受ける反体制勢力側にとってもそうである。両者の争いは泥沼化し、反体制派武装勢力の目的も、もはや「アサド政権による殺戮」からシリア人を保護・解放することとは無縁なものになっている（「中東かわら版」二〇一三年七月一六日号）。「正戦」ではない一番の根拠は「正しい意図」が見えないことにある。

■「正戦」の影

二〇一二年一一月、ヨルダンに逃げてくる人々から話を聞いた。反体制派勢力の自由シリア軍に参加していた兵士は、友人と逃亡しようとしたところを自由シリア軍のリーダーに見つかり、背後から銃撃されながら命からがらヨルダンまでたどり着いた。撃ってきたのは外国人だという。自由シリア軍に参加した理由は、たまたま一般の乗合バスで移動中に急にバスを止められ、乗り込んできた自由シリア軍の兵士に勧誘されてしまったからだ。断ったら殺されると思い、やむを得ず参加したという。

ヨルダンとシリアを往復する商業用民間航空機のパイロットである友人は、シリアのある空港に行くたびに、決まって一〇時にイランからの便が着いて、武器だと思われるコンテナが搬入されている光景を見るという。

対テロ戦争を含め、二〇世紀以降の紛争のほとんどは、抽象的な理念や価値をめぐる対立をともなって生じたものであり、「戦争における法」が無視される傾向にある。しかも、以前は「限定された戦争」であった「正戦」が、いまでは「国際社会が一丸となって取り組まなければならない戦争」という意味を持つようになっている。西側にいる「大量のわれわれ」、つまりイメージの固定化にさらされた大勢の西側一般市民は、確固たる情報を持てないにもかかわらず、「伝えられるシリア」を自らの中に複製し、または殺戮を沈黙することで、この「正戦」の消極的支持者となっている。

誰が仕組んだのかさえわからない暴力の応酬の中で憶測だけが飛び交う。それゆえ、対処法が見つからず、収束が見えてこない。真実が見えなければ見えないほど、諦めが増大する。一方、既得権を持つ者たちは、それぞれの目指すものが違っても個々の利害のために互いに協力し合うことになる。彼らはお互いに免罪を主張し合うことで、「正戦」に免罪符を与える役割を担わされていく。誰が誰と何のために戦っているのか。わからないことが多いので、不安やテロ性は増大する。その怒りの矛先はあらゆるところに向けられる。

国家はこれを取り締まる。国家である以上、これに反撃するには正当な理由が要る。その理由づけのために「演技」をすることもある。国家は自分自身をまずは痛めつけ、被害を被らなければならない。そういう「演技」が実際に行われてきた可能性がある。そのことは多くの人が知っている。皮肉にも私たちは「Fair」（公正）をモットーとする米国からそのことを一番学んでいる。九・一一事件後からアフガニスタン、イラクへの流れが米国による自作自演であったという疑惑はいまも消えていない。国際社会の多くの人々はその「演技」の可能性を払拭することができない。そのため、「テロから紛争地の市民を守る」とする米国の見解に対しては「むしろ米国政府が紛争地の市民を攻撃しているのではないか」というイメージさえ抱いている人もいる。わからないから想像は膨らむ。こうした「可能性イマジネーション」に操られている状態こそ、現在のシリアが陥っている最大の不幸なのかもしれない。操っているのは誰か？　操られているのは誰か？

まず簡単に答えられるのは「操られている人」。答えは「われわれ＝普通の人々＝大衆」である。

では、操っているのは誰？　その目的は何？　それによってもたらされる利益はどこに？

こういった問いかけをしていかなければ、私たち自身がいつの間にか大量殺戮の間接的支援者になってしまう。

■軍産官学複合体――武器輸出という戦争加担

「米国のあり方は世界の人々に裨益する」「ソ連のあり方は世界の人々に裨益する」。冷戦時代は米国もソ連もこうした明確なイデオロギーのもとにあり、「正戦」もそこに位置づけられていた。そこには「軍産複合体」という権力組織が加わっていた。経済体制の違う社会主義のソ連にさえ、この軍産複合体は存在していた。これが冷戦後には「軍産官学複合体」にまで発展することとなった。まさに「軍」「産」「官」「学」が連携して、軍事支出や兵器調達の増大をはかる強大な権力組織が成立するまでになっている。

武器の製造・販売業者を指す「死の商人」という言葉が使われなくなったのは、いまや「産」に属する自由な商人だけが武器を売り裁いているのではなく、一国の経済政策として「官」や「学」までもが軍需＝戦争経済で巨利を分け合っているからである。

冷戦時代、東西の軍事先進国による軍事援助は、同じイデオロギーに向かう国や勢力に対してなされるものだった。しかし現在では、それはイデオロギーや同盟関係の有無を問わず、儲かるならどこにでも売りさばく利益中心のグローバルな「経済援助」として位置づけられている。兵器が「重点商品」としての価値を持ち、国家の経済運営を支える大きな柱となっている。

一方、世界人口の六割を占める途上国の人々は、こうした大国中心の国際政治経済体制の最大の犠牲者として、常に戦争・紛争のリスクにさらされ続けている。戦禍に逃げ惑う人々は、その犠牲者として抗議の声さえあげる余裕がない。逃げること、生きることに精いっぱいで、自分がいまどういう局面に置かれているのかさえ把握することができない。それゆえ第三者がそれに気づいて声を挙げていかなければならない。「正戦」を信じる人は、兵士が犠牲になるのは仕方がないと考えるかもしれないが、民間人の犠牲者は兵士のそれを遥かに上回る場合が多いことを忘れてはならない。犠牲者は直接的な暴力によって生じるだけではない。いわゆる「構造的暴力」による犠牲者もいる。貧困、差別、不公正は、軍需をはじめ利益中心の経済構造によって生み出されるものだ。いったい誰が何のために軍備を維持、増強、移出しているのか。その受益者と犠牲者は誰なのか。それを問うことは世界市民としての私たちの責任である。

巨大な利益が動く世界大の武器輸出を止めるためには、何よりも私たち市民による大きな意思表示が必要である。日本はまだ原発を止めることができないでいる。しかし、脱原発市民運動は日に日に質的な進化を遂げ、世論形成に大きな影響を与え続けている。原発も殺傷能力の点では巨大な化学兵器と何ら変わりない。憲法九条の改正を許せば、徴兵制の復活だって起こりうる。後述するように、すでに「武器輸出三原則」を見直す動きも活発化している。世界の武器輸出の問題は私たち自身の目の前の問題でもあるのだ。

［二〇一二年］八月七日、シリア各地で銃撃戦が発生し一一九名が死亡した。大部分がダマスカスおよびその周辺地域と見られている。ダマスカス近郊では政府軍の待ち伏せ攻撃により反体制派勢力六二名が死亡した。一方、反体制派の自由シリア軍はダマスカス国際空港上空で政府軍輸送機一機を撃墜したが、詳細は不明。

戦闘下のシリア情勢を報じたこのニュースから私たちはどのような映像を思い浮かべるだろうか。「銃撃戦」「死亡」「軍」「撃墜」、そのあとの光景をどのように想像できるだろうか。ニュースでは報じない「物語」は次のように続く。

一三歳の少年は警報で目が覚めた。四歳の弟を起こした。母親が「逃げるよ」と乳呑み児の末弟を負ぶり、四歳の弟を抱きかかえながら少年を急き立てた。空襲の中、おばさんの家に向かった。翌朝、家を見に行った。弟が「家が溶けた」といった。家もないし、危険なので故郷を離れることにした。頼みにしていた親戚の家はすでに人であふれていた。住居が確保できず、小屋を見つけて住みはじめた。乳呑み児の弟は抗生剤の到着が遅れ、感染症で死亡した。

武器さえなければこれほどの殺戮と生活破壊は起きない。「武器よさらば」ができないのはなぜか。世論が戦争を容認しているからだ。世論が容認している原因の一つは、ニュースを聞いてもその先の物語が描けず、自分の問題としては捉えられないからだ。仮にシリアで空爆があったとする。空爆があれば、必ずその下に空爆の犠牲者がいる。しかしニュースを聞いた「大量のわれわれ」は、「シリアで空爆か」で終わってしまう。頭の中で空爆後の物語が描けない。反体制派も人殺しをしている。そのことをうすうす知ってはいても、「民主化のためには仕方がないのでは」と自分に思わせることで、平衡感覚を保とうとする。残酷な光景を想像したくないのは誰でも同じである。しかし、そこで想像を止めてしまえば何も変えることはできない。

実は先の後半の「物語」の一三歳の少年はシリア人ではない。一九四五年三月、大阪大空襲のときの話である。少年は私の父で、「家が溶けた」といったのは私のおじである。旧満州（中国東北部）からの引き揚げ者である知人の女性は、「一番嫌だったことは、引き揚げ列車の中で乳呑み児が死ぬたびに列車を止め、亡骸を荼毘《だび》に付したことです」と語った。引き揚げの途中では、いつ殺されるかと中国人の報復にびくびくしながらの毎日。掘立小屋を宿に寝ていたときには、板壁の隙間から銃剣が突き出ているのを目の当たりにし、いつも恐怖に怯えていたという。

　こういった物語が日本には多く残る。その物語に触れ、彼の地の戦禍に思いを至せば、シリアの人々の痛みも我がこととして感じ取ることができるのではないか。西洋社会とは違って、アラブの人たちは理屈より感情を重んじるという（アルモーメン、二〇一〇、一一二頁）。私たち「サダーカ」は、この日本の物語を綴ってアラブの人たちに届けることにした。また一方で、近隣諸国に逃げてきたシリアの人々の声を拾い集め、日本の人たちに届けることにした（「サダーカ」ホームページ参照）。

■武器がなければ

　日本では一九六七年に打ち出された「武器輸出三原則」が七六年に強化され、以来、日本のメーカーは①共産圏、②国連決議による武器輸出禁止国、③紛争当事国のみならず、あらゆる地域への武器輸出を原則として行っていない。また産業界においては自衛隊の装備品生産の競合もあまり表立っては行われないため、日本人は武器輸出をめぐる世界的な話題にはあまり馴染みがない[1]。ただし一方では、一九八〇年代以後、日米同盟のもとで米国への武器技術供与は解禁されてきたし、最近では「武器輸出三原則」そのものを見直す法改正の動きも急速に高まっている[2]。

図1は米国の武器輸出相手国の地域別内訳である（米国防省、一九九九年現在）。武器は国際貿易における

大口の商品の一つ、中東はその最も重要な相手先となっている。図には示されてないが、シリアなどの中東地域は西アジアとしてカウントされ、アジアの範疇に入る。

米国の巧みな武器輸出戦略の例として特記すべきは「イラン・コントラ事件」である。一九七八年勃発のイラン革命以降、それまで敵対関係にあったイラン・イスラム共和国に対して米国のレーガン共和党政権がイスラエルを通して武器を供給し、しかもその武器売却代金を、ニカラグアの反共ゲリラ「コントラ」（反政府勢力）の支援に使っていたという事件である。八六年に発覚したこの事件でイランとコントラ双方の交渉窓口にいたのは、当時の米副大統領、ジョージ・ブッシュ（父）であったとされている。ブッシュの関与は民主党政権下において連邦議会の公聴会で取り上げられたが、真相は結局、うやむやになった（Walsh, 1993）。

　南北という軸で武器輸出問題を見るならば、東西冷戦の終結は「南」の紛争にも火をつけた。冷戦終結により、余ったソ連製の武器が「南」にダンピングされることになった。二〇〇九年、私はＮＧＯの保健教育専門家として南スーダンに派遣されていた。

図１　米国の武器輸出相手国の地域別内訳と平均年間評価額

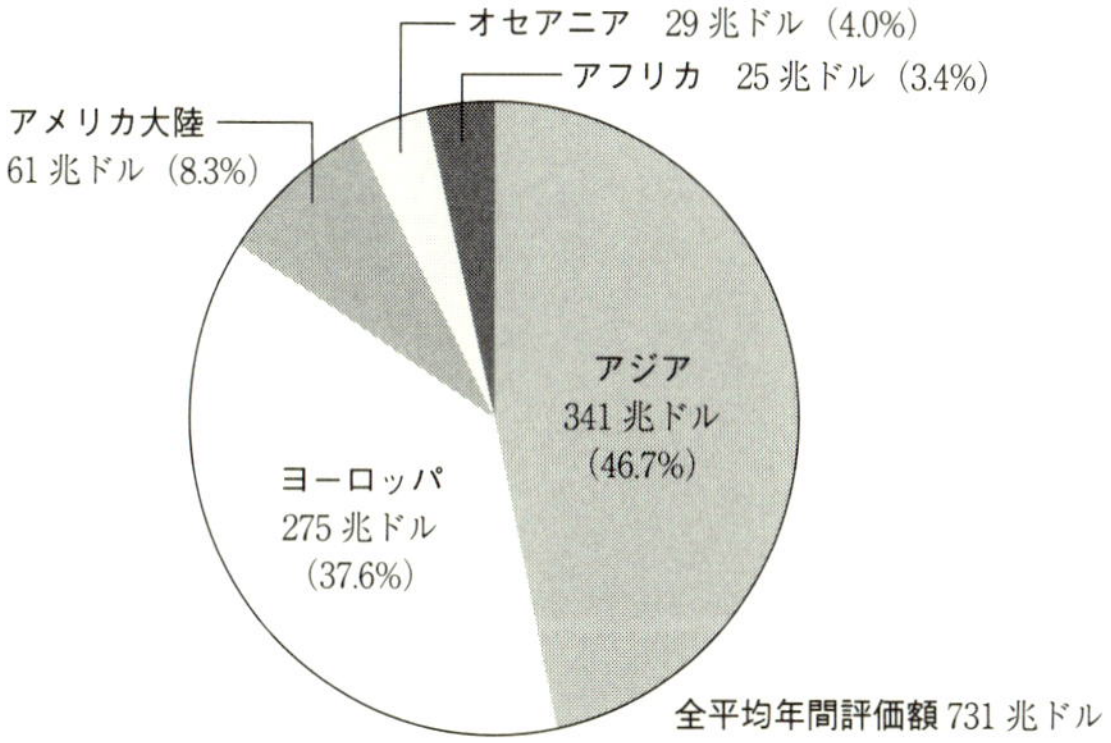

出典：WMEAT, the 30th edition of *World Military Expenditures and Arms Transfers* (*WMEAT*), 2012 年をもとに筆者作成。

政府開発援助（ＯＤＡ）関連の仕事をしていた日本人が撃たれる、外国のＮＧＯの車両が銃撃されるという事件がこの国で続発していた。私自身も目の前にカラシニコフを突きつけられた一人だ。へき地での保健教育活動が終わり宿舎に戻る途中、道がぬかるんで車が動かなくなった。銃撃事件が起きている折から、日没後の移動は危険だというので近くの村に宿泊の交渉に行ったとき、その村の若者に銃口を突きつけられた。地元のスタッフといっしょに一目散で逃げた（私とカラシニコフの最初の出会いは紛争時のニカラグアにおいてであった。危険なので護身用に持って歩けといわれたが、担いでみて重くて返した）。なぜ狙われたのか、地元スタッフのその後の説明でわかった。牛泥棒に間違われたのだ。南スーダンでは「嫁をもらう」のに一〇〇頭以上の牛が必要で、昔から牛の奪い合いが行われきたという。昔はＹ字型のパチンコ（スリングショット）で石を放ち、脅していたようだ。実際、弓矢を持って牛追いをしている少年も見た。近年ではそれがライフルに取って代わられている。まさに冷戦後の「南」は日本の幕末の銃の登場と同じような状況にある。お金がない「南」の国でも、安い中古の銃器なら買う。

戦争や紛争の泥沼化のもう一つの要因は、プロの民間軍事会社（ＰＭＦ：Privatized Military Firm）の存在である。二〇〇〇年以降「対テロ戦争」に備えて急増している。シリアにおいても、反体制派武装勢力側に大勢の外国人兵士が雇われている。

紛争に対して自前の軍を維持できない弱小国家と、自国の利益のために直接介入を避けながら、ひたすら武器の輸出と軍事の民営化を進める大国。大国における今日の軍縮傾向は、世界同時不況の影響による。予算が削減され、安い戦力の調達が求められる中で、リストラされたベテランの兵士が格好の「人的資源」として安い武器とともに大量に市場に出回る。軍事も需要と供給のバランスの中に取り込まれるというわけだ。そのもとでPMFも増加傾向にある。社員、すなわち傭兵の雇用条件は売上《カネ》次第という基本形のもとで、傭兵たちは雇用主の資金が尽きると引き上げる、あるいは最悪敵に寝返ってしまう。また、PMFには正規軍のような軍法や軍法会議が存在しないため、規律面での脆弱性も放置されたままとなる(3)。

三 闇の中の小さな光

「正戦」論議は多くの研究者が行っている。米国の平和主義者マイケル・ウォルツアーやドイツの緑の党までが「正戦」を支持する（本書第6章参照）。それに対抗できるのは私たち大衆の力であろう。

たとえば西側諸国で一番好戦的だと思える米国の世論調査を見てみると、必ずしも国民は自国政府の行っている介入戦争を支持していない。**表1**（次頁）のとおり、二〇一三年六月の調査では、シリアの反体制派勢力に武器や戦闘用物資を送ることに反対している人は七〇％に達している。また、「対テロ戦争」を謳って開始されたアフガニスタン空爆から五カ月後に行われた世論調査では、六九％の人が戦争への関与に反対の意志を示している（次頁**表2**）。

九・一一事件は明らかな反米行動である。米国と米国資本、そしてその振る舞いを黙認する米国国民への攻撃である。米国人研究者は自国が攻撃の対象となった理由について当然理解の範囲にあるだろう。また、九・一一は米国へのテロに違いないが、中東の一部から見れば「神による米国への懲罰」であり、テロの加害者は一種の「殉教者」である。「殉教者」たちはこの「懲罰」によって「米国が憎まれている」ことを全世界の人々に訴えようとした。しかしそれは同時に、ステレオタイプの反テロ論を全米・

表１　米国の世論調査、その１

Q：あなたは、米国およびその同盟国がシリアの反体制派勢力に武器や戦闘用物資を送ることに賛成ですか、反対ですか？

	賛成	反対	わからない／回答できない
2013年６月12～16日	20%	70%	９%
2012年12月５～９日	24%	65%	11%
2012年３月７～11日	29%	63%	９%

出典：Pew Research Center, June 12–16, 2013.（調査対象：全国の成人1,512人）

表２　米国での世論調査、その２

Q：あなたは、米国が行うアフガニスタンでの戦争は正しいと思いますか、もしくは今は関わるべきではないと思いますか。

	正しい	関わるべきではない	わからない
2012年３月21–25日	23%	69%	８%

出典：CBS News/New York Times Poll, March 21–25, 2012.（調査対象：全国の成人986人）

全世界に拡大させることにもなった。

■「闇」を大衆に知らせた米国人記者と映画監督

一九九一年の湾岸戦争から二〇〇一年の九・一一、アフガニスタン戦争、そして二〇〇四年のイラク戦争へと至る米国がらみの一連の暴力は、国際社会に蔓延する大国の矛盾を明らかにし、当然日本にも当てはまる矛盾であることを考えさせるものとなった。日本政府がそれを深く考えないなら、私たち国民が考えなければならない。ここで素通りすれば日本は自滅する。そう思わざるを得ない映像作品が米国で生まれた。ドキュメンタリー映画「米国「闇」へ」（*Taxi to the Dark side*）である。

この作品はアフガニスタン戦争を取材していたニューヨークタイムズの記者カーロッタ・ゴールの手記をもとに、米国の映画監督アレックス・ギブニーによって映画化され、二〇〇七年に全米で公開された。テロリスト容疑で逮捕され不信な死を遂げたあるアフガニスタン人タクシードライバーの事件を追い、アフガニスタンやキューバ・グアンタナモ米海軍基地収容所で行われていた「民主主義国家による拷問」の実態を、それに関わった調査官、施政者、そしてその被害者たちへの綿密な取材から暴いたものだ。心優しい若者が拷問執行者に化していく、精神をも破壊する戦争の恐ろしさについても同時に浮き彫りにした。「対テロ戦争」の真実に迫り、まさに「正戦」の嘘を暴いたこの映画は、二〇〇八年のアカデミー賞長編ドキュメンタリー賞を受賞、日本でもＮＨＫの「民主主義」特集として放映された。アムネスティ・インターナショナル日本も日本各地で上映会を開いた。私は大学の授業で三年間、この映画を教材に使った。「民主主義」や「対テロ戦争」がいかに虚構にまみれたものであったか、多くの学生が驚愕した。

私たち日本の市民も意識あるメディアと共同し、このような戦争の根源的な問題を追及し続けていく必要がある。われわれ＝普通の人々が正しい情報に自由にアクセスでき、誤った判断に陥らないようにするために。

四　「非戦」の日本社会からできること

二〇一二年から二〇一三年にかけて、ヨルダンの首都アンマンでは国連難民高等弁務官事務所（ＵＮＨＣＲ）とＮＧＯとの連絡会合が頻繁に行われた。第一節でも触れたように、歴史的な難民の増加は今日の国際社会における大きな問題の一つとなっている。連絡会合はその対応策を協議するためのものであり、私も数回出席した。そこで感じたのは、もはやＮＧＯは単なる物資の配給係になってしまっているということだ。穿った見方をすれば、会合に参加したＮＧＯスタッフの多くは軍事産業の傭兵よろしく、まるで国際援助産業に活躍の場所を求めて寄り集まる契約社員のような印象さえ覚えた。

日本のＮＧＯの歴史を見ると、カンボジア難民支援をはじめ、紛争地における緊急支援活動が活発化する一九八〇前後を境に、多くのNGOが生まれていったことがわかる。このことは世界的な流れでもあったが、世界のNGOの大飛躍期ともいえるこの時期の禍根の一つは、一九七九年に始まるタイでのカンボジア難民キャンプを一〇年にもわたって存在させ続けてしまった点にある。それは、自分たちの活動が紛争の早期解決には寄与できなかったという反省にもつながっている。それどころか、図らずも、戦地において虐殺者を支援してしまっていたNGOもあり、犠牲者をさらに増やす原因にもなった。この教訓のもと、事後的な緊急救援活動に終始せず、新たな被害者を出さない予防的な活動にこそ力を注ぐべきだという考え方が生まれてくることになる。「根本的原因」を断つためのアドボカシー（政策提言や世論喚起）活動がそれにあたる。この点で先進的な活動を行ってきたのが、ともにイギリスに本部を置くオックファムやセーブ・ザ・チルドレンなど老舗の国際NGOである。

■アドボカシー活動

「根本原因」を断つとは、この場合、いかに「殺し合い＝戦争」を止めるかということである。それが難しいのは誰もが承知していることだが、それ抜きに根本的な問題を解決し得たとはいえないことも明らかだ。今回のシリア動乱に際して、私はシリア支援NGO「サダーカ」の一員として「ストップ・キリング（殺戮を止めよ）」キャンペーンというアドボカシー活動を始めることにした。シリア人から聞き取ったエピソードやメッセージを集会やニューズレター等を通じて紹介し、反戦・非戦に対する理解を互いに深め合うことが目的である。「米国の「闇へ」」には到底及ばないが、この取り組みではシリアの真実を伝える一分半の映像を二本作成した。日本の政府や市民にいかにしてシリアの生の声を届けていくか、現在も手探りの中で活動を続けている。

シリアでの殺戮を止めるために「ストップ・キリング」と書いた画用紙を持って意思表明する日本の賛同者。

しかし、アドボカシー活動に実績のある欧米のNGOでさえ、今回のシリアについては取り組み方が難しく、大量の難民への支援に追われてアドボカシー活動が停滞気味であるのが実情だ。そんな中で欧州連合（EU）は二〇一三年五月二七日、戦闘が続くシリアへの武器禁輸を解除する決定を下した。反体制派勢力への支援を急ぎたいイギリスやフランスがオーストリアやスウェーデンなどの慎重派を押し切っての決定だ（APF, 2013）。これにより英仏は反体制派への公けな支援として武器を供与できることになった。また、EUは各国の判断で反体制派勢力に武器輸出を行えることになった。EU諸国など外国からの武器輸出が増えれば、反体制派勢力の戦闘能力は向上し、「殺し合い」は一段と激化する。イランから武器供与を受けている政府側についても当然同じことがいえる。

シリアの動乱を直接的に止めるのは難しくても、武器をシリア国内に入れさせないことで、間接的に犠牲者を減らすことは可能なはずだ。傭兵の流入をいかに食い止めるかも含めて、「サダーカ」では専門家の知恵も借りながらこれからの課題に立ち向かい続けている。

シリアの動乱に関わる国内外のNGO会合では、どのNGOも今回の長期的かつ大規模な難民支援活動に携わるだけで精いっぱいな様子が伺える。もちろん、日本のNGOもその点では本当に良く頑張っていて、頭が下がる思いでいっぱいである。主な活動は「ニーズ」分析から始まり物資の配布、医療・教育支援など多方面に及ぶ。こうした活動に従事する人たちは、受苦者であるシリア人と直接的に関わり、「物語」を一番よく知っている人たちだ。だから、こうした人たちにこそ協力してほしいと思い、私たちは「ストップ・キリング」キャンペーンへの参加をお誘いした。しかし適わなかった。「残念だが、人的余裕がない」あるいは「組織として政治的な行動はちょっと…」という理由でほとんどのNGOが参加を見合わせた。資金調達上の制約もある。たとえばジャパン・プラットフォーム（政府・経済界・NGO三者の協働を謳う国際救急支援ネットワーク）が拠出する資金は、難民支援に関するものなら何千万、何億という単位でNGOに流れるが、戦争を止めるための活動にはお金がつかない。

■日本だからこそ可能な活動

これまで中南米、東南アジア、アフリカ、西アジアとさまざまな地域で支援活動に携わってきた。最初の地、中南米ではラテンのリズムで、次の東南アジアでは比較的日本と近い真面目さで、目の前に立ちはだかる困難を何とか乗り越えてきた。アフリカでの活動ではこれまでにないレベルの大変さにぶつかった。長くアフリカに関わっていた友人が「アフリカは一〇戦一勝なら成功だよ」といった。この言葉には励まされたものだ。しかし今、イラク、イエメン、シリアなど西アジアに関わっていると、そのアフリカをはるかに超えた難しさを感じることが少なくない。一〇あっても一つとして成功するとは思えない。

日本にいるシリア人から話を聴くときには、複数の人と同時に、というわけにはいかない。一人ひとり別々に会って話を聴かなければならない。シリアの秘密警察（ムハーバラート）が日本にまで来て監視しているとは思いたくないが、日本在住のシリア人は本気で警戒している。本国や隣国に逃げているシリア人なら尚更、言動には細心の注意を払わなければならない。同じ警戒心は政権側にも働いているだろう。日本の戦国時代よろしく、いつ腹心や盟友に寝返られるかわからない。そういう緊張感、恐怖感の中に現在の政府側も反体制派側も置かれている。これでは武器は手放せない。敵だけではなく、敵に迎合、妥協する「味方」にも攻撃が及ぶ。その影響が一般のシリア人にまで広がっている。昨日まで笑って話していた仲良し同級生が一つの誤解から恐怖心をつのらせ、相手を追い落とす行動にまで発展する。これがシリアの秘密警察の仕組みのもとに生まれた監視社会の実態である。

国際協力における重要な目的の一つは、当事者の「自助努力」を最大限に引き出すところにあるといわれている。しかし、当事者だからこそできないこともある。もしシリア人が「ストップ・キリング」キャンペーンに参加したなら、政府側は「あいつは政府を批判している」と思うだろうし、反体制派側も「あいつはわれわれを批判している」と取るだろう。参加すれば自分や家族が狙われるかもしれない。だから、こうした取り組みは第三者でしかできないことは明らかだ。しかも、同じ第三者でも、欧米がそれを担うには難しいところがある。西アジアの人たちは欧米のアラブ諸国への偏見には辟易している。翻って、日本は同じアジアの一員である。日本の存在は西アジアの人たちにとって頼もしいパートナーである。そう感じている西アジアの友人は多い。

■声を聴く活動のために

私は四〇代でアラビア語を学びはじめた。アラブの人々の生の声を自分の耳でしっかり聴き取りたいと思ったからだ。もちろん、アラビア語は難しい言語で、そう簡単には習得できない。それでも、少しずつ会話ができるようになった。通訳に頼りながらもいくらかは自分で理解できるからこそ、ぽつりと漏れる本音も直接耳で聴けるようになってきた。

緊急救援活動に一〇年以上従事しているあるＮＧＯスタッフの講演を聴いた。ハイチの救援の話に質問が出た。何語で行っているか、という大学生からの質問であった。返事は「身振り手振りです。フランス語など必要ありません。英語ができれば問題ないです」。いま、ＮＧＯのスタッフの間では、現地の言葉を学ばなくても活動には支障はないという風潮が広がっている。しかし、ＮＧＯが支援する相手は、英語ができる人だけではないはずだ。むしろ、英語を解さない人がより受苦者であることのほうが多い。実は私自身も、ルワンダ難民キャンプで活動していたときに失敗している。ふだんは現地語を学ぶことをモットーとしているのに、緊急だから現地語の習得は無理と言い訳し、その当時公用語であったフランス語に頼りすぎた。現地語であるルワンダ語を学ばなかったために、通訳が話者に本音を話させないようにしていることに気づかなかった。痛恨の失敗である(4)。

こうした傾向についてはNGOだけを責めることはできない。大学の語学教育も、あるいは発展途上国に関わる学部でさえも、「英語ができれば」という風潮がある。これでは巷の英語学校と同じになってしまうだろう。将来、非英語圏での国際協力に従事したいと思っている学生は多い。言語学習の大切さは、ただ単に語学運用能力の習得にあるのではなく、その言語に付随する文化や社会事情をも学べるところにある。たかが言語、されど言語である。こちらの「改革」にも学内外を通じて着手しはじめているところである(5)。

動乱の渦中にあって、名もなき人々の生活や被害者の生の声が詳細に綴られたエピソードの数々は多くの示唆を与えてくれる。NGOには一番身近でその声を聴くチャンスがある。それをアドボカシー活動につなげることが重要ではないのか。NGOは自らに与えられた機会を生かさない法はない。長期的な視野に立ち、中東・イスラーム社会への理解の低さとその放置が引き起こす超大国の代理戦争に、歯止めをかける役割を果たしていかなければならない。

おわりに――国際社会を動かすために、「非戦」の日本社会ができること

約三〇年前、私は中米ニカラグアにいた。仲の良い兄弟がいた。しかし彼らは成人すると、兄はサンディニスタ革命政権側につき、弟は米国が支援するコントラ側に立って戦った。「外部者に作られた内戦」によって、この仲の良い兄弟は引き裂かれた。二〇一三年、同じ悲劇を今度はシリアで見る。シリアでも、家族が引き裂かれるのを見てしまった。ヨルダンで出会ったシリア人男性は三人兄弟であった。直ぐ下の弟は現在政府軍兵士である。シリアの徴兵制は一年半を義務奉仕としていたが、今回の動乱で、徴兵期間は無期限となった。まじめで血気盛んな大学生の末弟は、現在、自由シリア軍に参加している。そしてヨルダンで出会った長兄は妻と娘を連れて三人で難民キャンプにたどり着いた。彼らの両親はアサド政権を信じて国内にいるとのこと。家族が四つに引き裂かれてしまっていた。

日本はシリアやヨルダンと同じアジアの一員である。日本国憲法を持った日本は「非戦」を貫いてきた。先の大戦で「殺し合い」の被害にあった人も、「殺し合い」に参加した人も、今ではともに、大きな声で戦争の悲惨さを自由に語り、戦争を否定できる幸せを持ち得ている。

この原稿を書いているヨルダンでは、「ムスリムとして、そして人として当然」といってシリア人に手を差し伸べるヨルダン人が大勢いる。一方で悲しいニュースも毎日流れている。シリア人がヨルダン人を殺してしまった。ヨルダン人がシリア人の借家に放火した。ヨルダンの貧しい人たちの間では、「シリア人がやって来たために私たちの受ける恩恵が減ってしまった」という声があちこちから上がっている。反対に、逃げて来たシリア人たちの中には、ヨルダン人から危害を加えられないかと毎日怯え

ながら暮らしている人がいる。ヨルダンに大量のシリア人が避難してきたことで、ヨルダン社会全体が悲鳴を上げている。

ヨルダン人とシリア人の間に憎悪が拡がってきている。第三者である日本の私たちにできることは何か。私はあるヨルダン人を、あるシリア人家族が避難する古いアパートに連れて行った。ヨルダン人はその住まいを見て、またこの家族の避難物語を聴いてショックを受けた。それ以来、彼は積極的に事実を知ろうと努めるようになった。

シリア問題は複雑だ。しかし、「非戦」日本に生きる「大量のわれわれ」には、第三者としての役割を果たしうる自由がある。シリアだけでなく中東全体、否、世界で起きている「人殺し」を止めるべく、武器廃絶の運動、殺される側の声を届ける活動をこれからもねばり強く続けていきたい。

注

（1）一九八二年、アルゼンチンとイギリスとの領有権をめぐるフォークランド紛争が勃発したときに、フランスのエレクトロニクス・メーカーがシャンパンを開けていたという話が有名である。アルゼンチン軍が装備したフランスのMBDA社製対艦ミサイル「エグゾゼ」がイギリス艦隊シェフィールドを撃破したからである。MBDAはミサイルを販売するヨーロッパの一大武器製造企業。二〇〇三年の時点で従業員は一万人強、年間売上高は三〇億ユーロを超えていた。

（2）安倍政権は二〇一三年一二月、国家安全保障戦略を掲げ、「武器輸出三原則」の見直しを打ち出した。これは、集団的自衛権の行使解禁を視野に入れた国家安全保障基本法の法制化を目指すものである。

（3）二〇〇七年九月、イラクで活動中の米国の民間軍事会社ブラックウォーターの社員がテロリストと銃撃戦を行ったとき、これに民間人が巻き込まれ、多数の死傷者（イラク側発表で死者一七人、負傷者二三人）を出した。また、ブラックウォーター社や同じく米国の民間軍事会社イージスの社員が無抵抗の民間車両を警告なしに銃撃した映像は、動画共有サイトにもアップロードされ問題となった。http://mgdb.himitsukichi.com/pukiwiki/?PMC Mediagun Database（二〇一三年八月八日閲覧）。

（4）筆者は一九九四年当時、旧ザイール（現コンゴ民主共和国）のルワンダ難民キャンプで、避難過程ではぐれた親と子の引き合わせや、孤児となった子どもたちの支援をしていた関係で、ルワンダ語‐フランス語の通訳を雇いルワンダの子どもに対する面談を行っていた。面談中、ひと言も話さない子どもがいた。当初筆者は、目の前で親を殺されたショックで口が利けなくなったと思い込んでいた。ところが、後日通訳を変えると突然話しはじめた。「あの通訳が親を殺したんだ」と。ルワンダ語をまったく解さなかった筆者は、少女の本当の声を聴くことができなかったのだ。少しでも解せていたなら、という思いが今もつのる。

（5）筆者の所属する明治学院大学平和研究所では、二〇〇八年に「言葉・コトバと平和」についての講座を提供した。英語以外の世界のさまざまな言語文化に触れ、コトバと平和、コトバと紛争・戦争に関する一三のセッションを通して、どうしてお互いに理解し得ないのか学生に考えてもらう機会とした。その一コマとして筆者は「英語の世界だけに生きる井の中の「国際人」」というタイトルで講義を行い、好評であったので翌年にも同内容の講義を行った。また著者は二〇〇五年から毎年シリア、スーダン、ヨルダンで学生がホームスティするプログラムを企画し、英語が話せない家族と対話する学びの場に学生を送っている。

引用文献

アルモーメン、アブドーラ『地図が読めないアラブ人、道を聞けない日本人』小学館、二〇一〇。

木村正俊「正戦と聖戦」小林正弥編『戦争批判の公共哲学』勁草書房、二〇〇三。

サイード、エドワード／浅井信雄・佐藤成文・岡真理訳『イスラム報道』みすず書房、二〇〇三。

「中東かわら版」No.140、中東調査会、二〇一三年七月一六日号。

APF: 28 May, 2013.

Food and Agriculture Organisation: "Syrian Agriculture Sector Profile", *The Syrian Report*, July 2013.

Walsh, Lawrence E.: *Final Report of the Independent Counsel for Iran/Contra Matters* , United States Court of Appeals for the District of Columbia Circuit, 1993.

参考文献

青山弘之『混迷するシリア―歴史と政治構造から読み解く』岩波書店、二〇一二。

浅井基文『「国際貢献」と日本―私たちに何ができるか』岩波書店、一九九二。

小室直樹『アラブの逆襲』光文社、一九九〇。

酒井啓子編『中東政治学』有斐閣、二〇一二。

孫崎享『戦後史の正体』創元社、二〇一二。

毛利聡子『ＮＧＯから見る国際関係』法律文化社、二〇一一。

第2章

平和なアフガニスタンの国づくりのために、日本に期待されていること

レシャード・カレッド

はじめに――日本や欧米人のイスラーム理解

イスラーム社会は、イスラーム教を象徴とする社会であり、イスラーム教徒（ムスリム）もそれぞれの国や地域の環境において平然と日常の生活を営んでいる。アフガニスタン人もその中の一集団である。しかし、日本人や欧米人、いわゆる「先進国民」にとってイスラーム教徒は常に奇妙な目で見られ、「非先進的な集団」と認識されている。それは必ずしも偏見を意味するものではなく、どの国の人間も自分が知らない事柄を理解するときに自分たちの知識や常識を通して理解する外に手段がなく、異なる宗教の理解においては自国の文化、習慣、それぞれの宗教感覚のベールを通して見ているからであろう。日本人の多くが考えるイスラーム教の教示や指導も、日本の文化や習慣に照らし合わせて、それらの枠

に嵌め込んで理解する以外に方法はない。それが日本の文化や習慣に合わないとなれば「奇妙な宗教」と呼ぶであろうし、日本の環境や条件に合わなければ「間違っている」ということになる。このベールは、言葉、文化、生活様式、教育レベルなどによって異なることはもちろんであるが、時にはいくつものベールが重なって相手を評価することもある（中田、二〇〇一、一二二頁）。「イスラーム諸国の中には封建的な制度を貫いている国が多い」というのも一つの見方であろう。サウジアラビアやモロッコのような王政諸国は伝統や「部族」の名のもとで国民を支配し、エジプトやシリアなどは共和国の名のもとで国民の権利を束縛し支配している。こうした現実は「先進国」から犯罪的な行為とすら思われて、共感を持たれない一つの理由となっている。

このようにいくつかのベールがイスラーム教信者と「先進国」の人々との距離を隔て、不信感につながり、誤解を招く結果となっている。

そこで、何かと誤解の目で見られることの多いイスラーム社会に関する読者の理解を求めるために、イスラーム教の根本とその義務（イスラームの五行（次頁コラム））について紹介しておきたい。

「イスラーム」の根源は、アラビア語の「サラーム」の語源から発生し「平和」を意味している。日常的な挨拶は「アサラム・アライコム」であり、「あなたに平安が訪れますように」を意味している。イスラーム教の教えでは絶対的な神は「アッラー」であり、その神は姿や形はなく、包括的かつ排他的に生命、宇宙、物体、偶有等すべての物を平等に支配している。しかし、これは日本的な発想ではなかなか理解しがたいかもしれない。形や姿が無いということは、人間、動物や物体などと同類ではなく、すべてよりも優れているということであり、永遠に不滅で、不変であることを意味する。よって、その教えは絶対的なものであり、正義であることから変化することはない。

COLUMN

イスラームの五行

イスラーム教には、教徒に義務として果す五つの行為(五行)がある。

一、信仰告白（シャハーダ）——アッラーへの服従

ムスリムは祈るとき「アッラーの他に神はない。ムハンマドはその使徒である」と、必ず唱える。これを唱えることによって、ムスリムはアッラーの神が唯一であることを確信し、自分がイスラーム共同体（ウンマ）に属していることを自覚する。「信仰告白」はイスラーム教の根幹をなす宗教的核心なのである。

二、礼拝（サラート）——日々の祈り

ムスリムは夜明け、正午、午後、日の入り、夜、と一日に五回、祈りをささげなければならない。「礼拝」は原則的に、どこの場所でもかまわないとされているが、祈りの方角はメッカのカーバ神殿に向かって行わなければならない。

三、喜捨（ザカート）——貧者への施し

イスラーム教はすべての人々の平等を謳い、イスラーム共同体内部の困窮者に対する救済を説いている。その具体的実践が「喜捨」である。ムスリムは日常必要不可欠な生活費をのぞいた年収の約十パーセントを救貧税として支払わなければならない。

四、断食（サウム）——貧者の苦しみを体験する

イスラーム教は、貧しい人々の心を知るために「断食月」（ラマダーン）を設けて、一ヶ月間、日の出から日の入りまで断食を行うことを求めている。「ラマダーン」はイスラーム暦（太陰暦）の九番目にあたる月で、この期間中の飲食はもちろん、唾を飲み込むことや日中の喫煙、さらには性行為も禁じている。しかし、ムスリムなら必ず「ラマダーン」を行わなければならない、というわけでもない。幼少者や老人、妊婦、病弱な者などは免除される。また「ラマダーン」期間中に断食を行えなかった者は、断食が可能となったときに行えばよいとされている。断食し、余らせた食事を貧しい人々に分け与えることが一つの目的でもある。

五、巡礼（ハッジ）——聖地メッカへの参詣

ムスリムが果たすべき五つの実践の最後が、メッカへの「巡礼」である。イスラーム教は、経済的に余裕があるムスリムに人生のうち一回は「巡礼」に出ることを求めている。これは国際交流の場となるだけでなく、地域的な偏りを広い視野で確認する効果もある。

（宮田、2001、41頁）

しかし、そのことはイスラーム教の理念がその社会的適応の過程を経ても、頑なに変化しないということを意味するのではない。むしろその解釈は、時代、地域、習慣、そして人種や民族に平等に当てはめられうるのである。よって、宗教法のもとでは全員が平等であるとともに、同じような責任を果たす必要がある（宮田、二〇〇〇、五六頁）。それがイスラームの五行である。

いずれの宗教も、本来は人々を救うために成立しているはずであり、その目的は社会の秩序や常識を守ることにある。ただ、社会構造、環境などが時代とともに変化し、経済的な要素がそれに加わり、別の文化や宗教的な理念に変化することもあるだろう。国際社会の中で生きるためには、先に述べた「いくつものベール」を互いにはぎ取る必要がある。それが互いの尊厳と繁栄につながるのだという、そのような相互理解が必要不可欠である。

一　アフガニスタンの近現代史

■近代史

アフガニスタンは中央アジアに位置し、日本の約一・七倍の面積を有し、人口は約三〇〇〇万人と推定され、基本的には農業国であり、国民の約八割が農業に従事している。中央部に標高約六〇〇〇メートル級のヒンドゥクシュ山脈が連なっていて、その万年雪の恩恵を受けて中間地帯に豊かな農村地域、森林、草原地帯を有していた。しかし、長年の戦禍と環境破壊によって現在はこの自然の構造が崩壊し、砂漠化が急速に進んでいる。

アフガニスタンはこの豊かな自然に加えて古来より経済、政治、そして戦略的に重要な位置に存在し、種々の発展的な時代を営んできた一方で、周辺国や時には遥かローマ、モンゴル、イギリスから、そして最近はソ連や米国からも侵略を受ける悲しいエピソードを経験してきている。イギリスのインド支配の時代には三度にわたり侵攻され、挙句の果てに国土の約半分を香港やマカオ地区と同様に期間限定で分断された。第二次世界大戦後に同地域に新たに建国を果たしたパキスタン共和国がその地域を支配し、帰還時期を迎えても現実を無視して現在も支配を続けている。これによって、アフガニスタン国民の大半を占めているパシュトゥン民族が半永久的に分断される結果となっている。この事実を理解しない限り、アフガニスタンとパキスタン間の国境の問題、テロにおけるこの地域の利用、そして米軍による無人機による無差別空爆の理由が理解困難である（レシャード、二〇〇九）。

■ソ連軍侵攻と共産主義政権

一九七九年、旧ソ連軍はインド洋で自由に使える開港を狙って南下し、アフガニスタンに約一〇万の軍を侵攻させた。当然アフガニスタンの国民はさまざまな形でこれに抵抗し、ソ連による政権を拒んできた。しかしソ連の行動によって自由が束縛される中、国民の防衛のための戦いでは多くの犠牲者を出すことになった。一方、米国をはじめ西側の大勢力は、インド洋における自由な開港、軍事的な戦略に有利になるチャンスを狙ったこの南下政策を許すわけにはいかず、アフガニスタンのムジャヒディン（自由戦士）が組織する反政府・反ソ連軍運動を積極的に支援し続けた。パキスタンやイランに逃れながらゲリラ戦を行っていたムジャヒディンに大量の武器を提供し、それを使いこなせるよう各地域には訓練キャンプを設置した。訓練兵の中にはアラブ諸国から参戦した者も含まれていた。

しかし、ムジャヒディンは一枚岩であったわけではない。スンニ派七派、シーア派八派からなるムジヤヒディンは国内外において活動していたが、シーア派はイランからも多くの資金や協力を受けていた。これが両派の分裂を強めた。分裂はある意味では闘争方針や進路経路、攻撃手段の不統一を生むためソ連軍には察知しがたく、むしろソ連軍がその対応に苦労する結果にもなっていた。そしてこの分裂は、ソ連軍敗退後のアフガニスタンの国づくりの進路にも、統一した方針が描けない誘因を作り出してしまった。

ソ連軍が撤退する一九八九年までの一〇年間に約一〇〇～一五〇万のアフガニスタン人と三万五〇〇〇のソ連兵が犠牲となってこの代理戦争は終わることになる。しかし二〇〇〇万個の地雷が取り残され、いまなお多くの犠牲者が毎日のように続出している。地雷は道端、学校、田畑、山など一般市民の生活の場に敷かれたままであり、日常の通勤、通学、農作業にとって著しい障害となっている。

■ソ連軍撤退後のムジャヒディンの反乱

ソ連軍撤退後、パキスタンで活動していたムジャヒディンのスンニ派七派とアフガニスタン北部で活動していたシーア派八派（後の北部同盟）が首都カーブルを掌握するために侵攻を開始した。政権奪還を夢見る各派は我れこそが先頭に立つ集団であると確信し、互いに譲ることがなかった。

この無政府状態の中でカーブルは迫撃砲やミサイルで攻撃され、破壊された。地方においては各軍閥が猛威を振るってレイプ、略奪、殺戮を繰り返したため、住民のほとんどが国外か国内の避難民となった。

これによってアフガニスタン全土においては四〇～五〇万の市民が犠牲となり、カーブルのみならず多くの都市が破壊された。

一方、国際社会はこの状況を静観し続けた。大量の武器や弾薬を提供し、ムジャヒディンを戦略的に訓練してきた国々はその後の責任を果たすどころか、この残酷な内戦を煽り立ててさえした。アフガニスタン国民はうんざりして、神以外に頼るすべもなく、ただひたすら天の助けを待ち続けた。大国のご都合主義的な戦略がまかりとおり、弱国が当たり前のように犠牲を払う構図がここにも見られる。しかし、このよう残酷な行為がその後発生する九・一一事件という運命的な破局につながっていくとは、この時点では誰も想像すらしていなかった。

■タリバーンの登場と政権づくり

ムジャヒディンの傘下にあったアフガニスタンでレイプや略奪が頂点に達したとき、国民のほとんどは耐えがたい状況に墜ちていた。一九九四年一〇月、世直し軍団としてアフガニスタン南部の都市カンダハールに現れたのがタリバーンの一派である。彼らはカンダハール市を中心に勢力を拡大した。当時のカンダハール市内は異なる組織の司令官三名が支配しており、殺戮、強奪、レイプの十字砲火に見舞われていた。神学生集団タリバーンはこの時期にイスラーム教の聖典『クルアーン』（『コーラン』）を手に、秩序の回復を叫んで現れた。彼らは市民から救世主とまで思われた。

陥落したカンダハールの秩序を守るため、タリバーンは六名からなるシューラ（長老会議）を結成した。これにより、すべての者から武器を没収し、犯罪と麻薬の撲滅、女性の安全を守るための厳格な外出禁止、イスラーム法に則った五回のお祈りの施行などが布告された。殺人者、泥棒、麻薬売人に成り下がったムジャヒディン等の追放と処罰を執り行うことが公言された。当然、市民にとってこの厳格な戒律は厳しすぎるという認識もあったが、何年も続いた無政府状態から脱け出せる安堵感から人々はこの政策を最大限歓迎し、やっと安心して平和に暮らせるようになった。

このような世直し行為が方々の地域の住民から歓迎されることで、タリバーンはほとんどの地域を無抵抗で支配することができた。そして一九九六年九月にカーブルが陥落すると、アフガニスタン全土の約九〇パーセントが徐々にタリバーンの管轄下に入っていった。

マイケル・グリフィンは、『誰がタリバーンを育てたか』の中でこう記している。

この軍隊には国を占領するという将来への明確な目標（欲望）などはなく、一般の兵士は純粋さと忠誠心によって大きく目を見開いていた。自分たちは何のために戦っているのかをちゃんと知っていてアッラー・アクバル（神は偉大なり）を唱えながら無心にカーブルに突進していた。タリバーン軍は規律正しく、幼い頃からマドラッサ（神学校）で学生に叩き込まれてきた規律と服従を反映していた。彼らは何のために戦っているのかを正確に知っていて、ムジャヒディン時代のようなレイプや略奪はしなかった。（グリフィン、二〇〇一、五六頁）

タリバーンの育成は偶然的なエピソードではなかった。ソ連軍撤退後のアフガニスタンの情勢に絶望していた米クリントン政権が数年来タリバーンの出現を準備していたことを、グリフィンは強調している。ただ米国は実際には表に出ず、サウジアラビアが資金面で、そしてパキスタンが軍事と育成能力の面で直接タリバーンを支援し組織化していた。タリバーン政権が発足したときにこれをアフガニスタンの正式な政府として承認していたのは、パキスタン、サウジアラビア、アラブ首長国連邦の三国のみであった。

このような状況の中でタリバーンは国内の九〇パーセントを支配するに至り、制圧したそれらの地域で武器の没収や治安の正常化を図りながら国民の支持を得ていく。しかし、それまでの非常事態は一応収めたものの、厳格なイスラーム化を掲げることによって女性隔離政策や写真撮影の禁止、オーディオ・映画鑑賞の禁止、盗賊に対しては手首を切断するなどの処罰を厳しく国民に押しつけることにもなった。そのため国際社会からはそうした原理主義思想や厳しい統治運営に疑問が持たれ、政権として承認されず、孤立することで、やがてはアル＝カーイダ等による影響力に屈服することになった。

二〇〇〇年四月、中央シューラの長であった穏健派の指導者マウラウィ・ラバニの病死とともに穏健派が失速し、強硬派の独断の場となる。一段と厳しい戒律の押しつけが一般市民に向けられることで、タリバーンの国内外における印象は急速に悪化していった。

二〇〇一年九月一〇日、北部同盟の司令官アーマド・シャー・マスードの殺害がアルジャジーラ放送局の記者を名乗る人物によって執り行われた。この事件は隣国イランにとっても重大な意味を有し、イランの対アフガニスタン戦略は新しい局面を迎えることになる。特にイランはこの事件を最大に利用しようと考えていたようだが、その余裕もなく翌一一日には、ボストンからロサンゼルスへと飛び発った旅客機数機がハイジャックされ、世界貿易センタービルや国防省（ペンタゴン）等に突入し、多くの犠牲者を出すことになった。九・一一事件である。これに対し、ブッシュ（子）大統領はこの行為を米国に対する宣戦布告と呼び、ビン・ラーディンの引渡しをタリバーンに強く求めた。しかしタリバーン強硬派は、「客人の引渡しはパシュトゥン人の掟に反する」という理由でこれを拒否したのである。

二　米国の報復戦争

二〇〇一年一〇月八日、「米国の報復戦争」と題されたアフガニスタンへの空爆が始まった。多額の金銭で雇われた北部同盟の兵士は先ずは国の北部でタリバーンを孤立させ、マザリシャリーフを陥落し、その周囲で約三〇〇〇名のタリバーンを殺害してからカーブル方面へと突進した。一方で米軍筋は首都での略奪などの不祥事を恐れて北部同盟に自制を求めたが、結局この戦いや米軍の空爆ではタリバーン兵のみならず多くの一般市民が犠牲になった。タリバーンに協力した村人は北部同盟の兵士らによって侮辱され、殺害された。こうしてタリバーン政権は崩壊し、アフガニスタン情勢は新たな局面へと向かっていったのである。

ムジャヒディンの攻撃により破壊されたアフガニスタンの宮殿。

同年一一月二七日、ドイツのボンにアフガニスタンの各派の代表団が集合した。新しいアフガニスタンの運命を決定する国連指導の会議に参加するためである。そして一二月五日には暫定行政機構の成立が各派賛成多数で採択され、議長には米国の要望どおりハミド・カルザイが就任することになった。また、国連の安全保障理事会の決議を受け、北大西洋条約機構（NATO）軍からなる国際治安支援部隊（ISAF）の派遣が決定され、米軍に加えて各国から約七万人の軍隊がタリバーン後の治安や復興の任務に当たることになった。

その後今日まで、一二年間にわたりカルザイ政権の支配が続いてきた。しかし、国内事情は好転するどころかむしろ崩落に向かって突き進んでいるのが現状である。

■米軍やISAFの、文化を無視した無情な攻撃と策略

米軍によるアフガニスタン侵攻後、米国はこの地域の統治を目的にさまざまな手段を使って地方展開を試みていた。しかし、住民は宗教や習慣の違いを理由に米軍への協力を拒み、それが互いの衝突の誘因にもなっていた。そこで考案されたのが地方復興支援チーム（PRT）である。PRTとはISAFの下部組織で、武装勢力との戦闘が続く危険地帯や戦闘終了後の不安定地帯に軍事組織と軍の防護付き文民組織をチームを組んで派遣し、復興支援を行おうとするものである。

PRT作戦と日本の立場、自衛隊の協力の是非に関する二〇〇七年の国会安全保障委員会での審議の中で、辻元清美議員は麻生外務大臣（当時）とのやりとりにおいて概ね次のように発言している。

米軍はアフガニスタンの実態をご存じないのではないか、としか思えない。私は、いまアフガニスタンで活動をしている人道支援団体スタッフから現場の実態をヒアリングしたところですが、PRTの構成は、治安の悪い所に行くので大半が軍人で文民は一割程度、実態は援助組織というより軍事組織のようだ。現地では、実際、援助物資と引き換えにタリバーンなどに関する情報提供を促すというようなこともあり、軍事目的や現政権の威光を地方に広げるために援助を利用していると

見る住民も多い。

米国の人道支援団体などはＰＲＴに対して厳しい見方を示している。アフガニスタンで現地調査に当たった米国国際開発庁（ＵＳＡＩＤ）の職員さえ、「軍と民が一体化して活動するＰＲＴは、中立性を重視する従来の人道援助団体の活動とは相容れない」「安定化した地域に軍服を着たＰＲＴが入ったために新たな緊張を招いた例もある」と述べている。

日本のＮＧＯは、アフガニスタンの現場では中立性があると見られている。これはひとえに軍事組織や軍事色を出していないからである。しかし自衛隊がＰＲＴに参加するようなことになれば、これまで築いてきた民間支援活動も上手くいかなくなる危険がある。この点については、日本国際ボランティアセンター（ＪＶＣ）やカレーズの会（後出）などいくつかのＮＧＯが共同で、外務省に対して公開質問状を出している（国会完全保障委員会の会議録議事情報一覧、二〇〇七年二月二二日）。

米軍は単独活動においても地方の住民に残酷な振る舞いをしているケースが目立っている。宗教的な理由によって女性はベール（ブルカ）を被ることが多く、男性に顔を見せない習慣がある。しかし、米軍は平気で家々に侵入し、女性、子どもの身体を探索するということがたびたび報告されている（本書第8章参照）。

二〇一一年三月一一日の夜、アフガニスタン南部カンダハール地方パンジュワイ村の一般住宅に、米軍の軍曹が侵入して自動小銃を乱射し、九人の子どもを含む一六名の罪のない村人を射殺した。調査した結果では、軍曹は度重なる戦場での勤務で疲弊し自制を失って、かつて抱いていた憎しみを理由にこのような事件を引き起こしたことがわかった。村人や周辺地域の住民たちはなぜ自分たちが狙われたのかさえ解らず路頭に迷うことになった。これに先立つ同年一月には、タリバーン兵の遺体に放尿する米兵の写真が紙上に記載され、二月末には、イスラーム教の聖典である『クルアーン』が米軍基地内で焼却されるという騒ぎも起きている。いずれも、宗教や文化への侮辱に対する国民の怒りのデモが全国に広がっていた最中での事件であるだけに、このような行為は決して許されざるものであった。

この種の事件や誤爆によって二〇一一年における一般住民の犠牲者は三〇二一名となり、その数はいまも増加傾向を続けており、外国支援部隊の犠牲者も後を絶たない。

三　カレーズの会の発足

米国によるアフガニスタンへの報復爆撃に対して、日本政府はこれを容認するどころか協力を表明したが、日本の一般市民の反対は強く、各地ではいくつもの抗議集会が開かれた。筆者も多くの講演等に招かれたが、数百人が参加した静岡県総合社会福祉会館での集会では、参加者から「アフガニスタンの現状や再攻撃に反発し、何とか支援の手はないものか。君が先頭に立って行動を起こすべきだ」と強く勧められることになった。

そこで、この集会の発起人である静岡県ボランテイア協会常務理事の小野田全宏氏（現カレーズの会の副理事長）、故石原康彦氏（日本語教育センター元理事長）、そして弟のレシャード・シェルシャとともにカレーズの会の発足を模索し、結果的に、静岡県ボランティア協会の中で当会は産声を上げることになった。

「カレーズ」とは、アフガニスタンをはじめ中東において縦横無尽に流れる地下水路、地域の人々に命

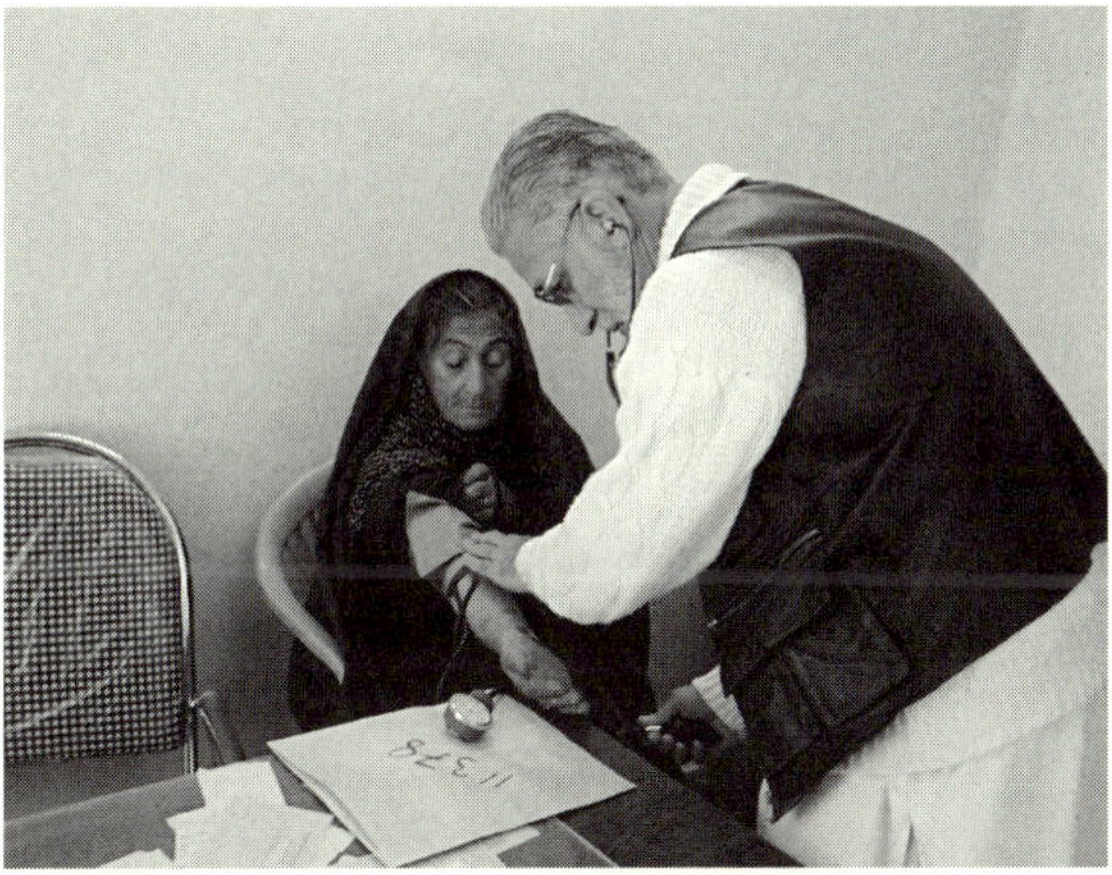

カレーズの会、アフガニスタン現地診療所にて診察中の筆者。

カレーズの会現地診療所での女性を対象にした衛生教育の模様。

の水として飲み水や農水などに利用されている地下水のことである。当会はこのカレーズのように目立つことのない、しかし水の如く一滴一滴（会員一人ひとり）によって流れを作り出して、アフガニスタンの人々に顔の見える形で復興のお手伝いをしようという趣旨から設立された。

アフガニスタンは一九七九年にソ連軍の侵攻に遭い、その後の内戦等々によって社会基盤が破壊し尽くされたことで、会の立ち上げ時にはすでに医療、教育面でのサービスをはじめ全生活基盤が失われていた。当時、一〇〇〇人当たり新生児死亡率は一六五、同五歳児未満死亡率は二五七（『世界子供白書二〇〇二』）、そして一〇万人当たり妊産婦死亡率は一六〇〇（『世界子供白書二〇〇六』）と世界最悪の状態にあった。また、地方における教育は破綻し、子どもたちが教育を受ける場はなくなり、父親を戦争や空爆で亡くした男児は家族を養うために労働に駆り出されていた（アフガニスタン・ユニセフデータ、二〇〇六）。

カレーズの会はこのような状況を踏まえ、二〇〇二年四月に「アフガニスタンの復興を医療と教育の面で支援する」ことを目的に発足、同七月にアフガニスタン国内でＮＧＯとして認証され、カンダハール市に間借りの診療所を開設して医療支援を行うところから活動を開始した。基本的にはカンダハール市内に診療所を構え、現地で医療チームを組んで無医村や難民キャンプに出掛け、病人や子どもたちの診療に当たることにした。患者の多くは感染症に罹患し、その原因は衛生面での不備とされていた。実際、アフガニスタンにおいて清潔な飲料水を飲める人口は二七％にすぎず、飲料水の細菌検査では大腸菌等が多く検出されていた。このことが下痢、赤痢、胃腸障害等の誘因と見なされていた。カレーズの会ではまずその対策に力を入れ、飲料水の改善を図った。これには静岡県で防災用に開発された「光触媒による殺菌効果を持つチップ」が大いに役立った。結果、消化器感染症は見事に激減していった（ＷＨＯ、二〇一一）。

また、教育支援においては、教育の機会のない村々六カ所で青空学校やモスク（イスラーム教の礼拝堂）、テントなどを利用した寺小屋を九教室作り、三三〇名の子どもたちに教育の場を提供した。この活動は治安の悪化によって中断を余儀なくされたが、需要に応えようと二〇〇九年にはカンダハール市郊外に校舎を建設し、現在では八一二名の子どもたちが小学校で楽しく勉学に励んでいる。当初の予定より多くの子どもが集まったために、午前と午後の二部制のもとで授業を行っている。

二〇一二年一二月現在、保健衛生と医療面での成果を見ると、これまでカンダハール現地診療所を利用した患者数は全体で三一万四九八七名であり、その内訳は男性四万四一五五名（一四パーセント）、女性一九万五六四〇名（約六二％）、男児（五歳未満）四万二三二八名（約一三％）、女児（五歳未満）三万二九六四名（約一一％）となっている。全体の割合では約六二％の患者が女性であり、その誘因としてはお産関連の疾病や衛生面での環境の不備が挙げられている。

また、集団的な感染症を予防する目的で行われた予防接種の接種者数は、BCG七〇三一名、ポリオ二万一一二七名、混合接種一万六五〇七名、風疹七三四三名の合計五万二〇〇八名、お産関連や女性特有の疾病を考慮した破傷風の予防接種の接種者数は妊婦八五一四名、非妊婦二万三二九〇名の合計三一八〇四名となっている。

医療機関にアクセス困難な、都市部周辺三〜五キロメートル圏内の七村一二カ所では、ヘルス・ポストを活用した地域医療にも取り組んできた。これらのヘルス・ポストには、訓練を受けたボランティア男女各一名が常駐し、村民への公衆衛生教育や予防接種の実施、簡単な傷の手当て、発熱等に対する投薬などの支援に携わっている。重病患者が出た際はカンダハールの診療所まで搬送するが、このような活動は診療所の担当医師の監督のもとに実施運営されている。二〇一二年一二月現在、ヘルス・ポストではこれまで八四七三名の患者を診療し、公衆衛生教育指導（二万三五六一名）、訪問活動（三〇六六名）、予防接種（一〇二二五名）なども行ってきた。

カレーズの会の活動は日本国内における多くの会員からの会費や寄付金と、現地ではイスラーム教の理念に基づく喜捨のかたちで投入された資金によって賄われ、効果を上げている（カレーズ、二〇一三）。

■今後のカレーズの会の行方と期待

先述のように、二〇〇二年四月に発足したカレーズの会はアフガニスタンでの医療支援や教育支援を目的にアフガニスタン国内登録ＮＧＯとして活動を開始した団体であるが、日本国内においてはあくまで任意団体（ＮＧＯ）である。その点で会の運営は決して容易ではなかったが、二〇一二年には設立一〇周年を迎えることになった。われわれは、長年戦禍に見舞われてきたアフガニスタンが早期に平和と復興を実現し、安定した政権が必ずや国民に自立と繁栄の道筋を提供できると信じて、設立当初の目的を達成するための活動は早期的かつ限定的なものに絞って行ってきた。それゆえに会員の御好意と助け合いの心を結集して今日までその運営に当たることもできた。その結果、約三一万人の患者に無料の診療や治療を行い、寺小屋教室に始まる教育支援では約八〇〇名の子どもたちに小学校で学べる機会を提供できるまでになった。

しかし、米国のアフガニスタンへの空爆やＩＳＡＦの侵攻から一二年が経つ現在も、アフガニスタンでは殺戮、テロ攻撃、治安の不安、経済破綻、政治不信、政権の不祥事が後を絶たない。それに加えて、二〇一四年末にはほとんどの軍隊が無責任にも撤退することを決定している。撤退した後も、アフガニスタン国民は依然として政情不安とテロ、暴力、貧困の渦中に取り残されたままであろう。一方ではロシアを中心とする中央アジア連合国（CSTO。加盟国はロシア、アルメニア、ベラルーシ、カザフスタン、キルギス、タジキスタン）が、再度アフガニスタンへの侵攻をたくらんでいるようである。結果的に保健医療の不備や義務教育の破綻、農業の破滅など、絶望と諦めの中に取り残されるのはアフガニスタン国民である。いずれにしても、長い戦火に疲れきっている国民、特に子どもたちがどのような夢と希望を抱けるかが、これからの課題である。

カレーズの会が運営していた青空学校。

このような状況の最中に支援活動に終止符を打つことは到底できない。地域住民からは、われわれが果たす役割のさらなる充実、現地での安定した運営に大きな期待が寄せられている。カレーズの会にいま求められているのは、現在行っている活動の効率を図りながら、次のステップに進むための積極的かつ綿密な計画を練り上げていくことである。

カレーズの会の活動や努力はひとえにアフガニスタンに住む人々の健康や最低限の教育機会を守り、将来への夢を育てるためにある。だから今まで以上に多くの方々のご支援や行政機関の幅広い知識と経験に基づくご指導が必要になる。これまで活動を支えてくださった多くのボランティアの方々による、より積極的な参加も必要になる。ともに学び、ともに奉仕の心を持って平和への投資を行うことが当会の活動の成否を決定するものである限り、今後もボランティア・スタッフの募集と育成を模索し続けていかなければならない。

もちろん、過去や将来の活動の評価はわれわれが行う以上に、直接の当事者であるアフガニスタンの人々自身の手で行われるべきである。そのための環境づくりも当会の今後の主要な目標にならなければならないと考えている。

四　国際社会と日本国政府によるアフガニスタン情勢への対応

過去一二年間に実施された国際社会からの数々の復興支援によって、保健や教育に関わる分野については確かに一定の改善が見られ、人々に安心感を与える大きな要素になっている。しかし一方では、政府の能力不足や治安の悪化などによって支援が底辺の人々に届かなかったり、ニーズを反映しない支援に終わったりするケースも多く見受けられ、それが復興の停滞にもつながっている。

治安維持をめぐる国際社会の戦略においても混乱が見られる。日本政府は元政府軍兵士の社会復帰（ＤＤＲ）、非合法武装集団の解体（ＤＩＡＧ）などに多額の資金を援助し、武装・動員解除に協力してきたが、一方で、治安維持の目的で外国軍が地方有力者に武器や資金を供与し続けたために、逆に地域の安定が崩れてしまったケースや、民兵組織と外国軍が一体化した活動を行うことで地域住民の信頼が損なわれてしまったケースもある。

日本政府はテロ対策特別措置法の名のもとで米軍を支援し、約二一九億円を投じてインド洋における米軍艦隊への給油をアフガニスタン支援の枠内で施行してきた。二〇〇七年一一月五日、国会の「国際テロリズムの防止及び我が国の協力支援活動並びにイラク人道支援活動等に関する特別委員会」でその継続が審議されたが、このとき筆者はその参考人として招聘され、先述の武装・動員解除の問題とともにこの「給油支援」について次のように発言した。

アフガニスタン国は中央アジアに位置する国であり、周囲は内陸の国々に囲まれていて、海に面しているところはどこにもない。日本政府はアフガニスタンにおける米軍のテロ対策の名のもとで支援を行っているが、これが理に叶っているとはまったく思えない。

アフガニスタン国内での殺戮や海外でのテロの目的で使用される武器は、アフガニスタン国内で製造することは不可能であり、当然周囲の国々を通して搬入され、使用されている。

その防止対策を国境で管理するのであればまだしも、遠いインド洋でその監視を行うというのは無駄なことだと思われる。アフガニスタン国内で栽培され、国外へ輸出されることで国際的な問題になっている麻薬の搬送ルートの制御に関しても、国境で行われることが理想である。日本政府による「給油支援」は米国政府や米軍との協調の効果（イラクに対する作戦に利用）以外には考えられない。

現在、日本政府は国連経由で、アフガニスタンの全警察官に対する半年分の給与支援を行っているが、警察官の業務実態に問題が多いことは国際ＮＧＯ、オックスファムの報告書が明らかにしている。状況の改善を図るには、まずは十分な実情把握から始めるべきであろう。特に今後のアフガニスタンにとって重大な課題とされる治安回復に関わる支援については、日本政府は十分なレビューを実施する必要があると考える（Oxfam, 2011）。

二〇一一年に国連人道問題調整事務所（ＯＣＨＡ）は、「止むことのない紛争」「自然災害」「人道支援にアクセスできる人々が限られていること」などの複数の事象がアフガニスタンにおける人道危機の原因であるとして、さらなる支援の必要性を各国・各機関に訴えた。しかしながら、国際社会は逆にアフガニスタンからの支援要求額を減少させる方向に向かい、復興協力への関心を薄めようとしている（UNAMA, 2011）。

民主党政権のもと、日本政府は二〇〇九年から五年間という期限付きで、アフガニスタンに対する五〇億ドルの民生支援を決定した。この民主支援は、「テロとの戦い」ではなく、国づくりに重点を置いた日本政府の決断として多くのアフガニスタン人に歓迎された。とはいえ、治安の悪化状況やアフガニスタン政府のガバナンス能力を考慮すると、五年という短期間に多額の支援を実施することは難しく、十分な効果を得られるどころか却って汚職などの弊害を引き起こしかねないのも事実である。すでにこの決定から四年が過ぎているが、使用された支援金の実績や効果についてはいまだに立証されていない。国際社会からの支援が減少している中、この五〇億ドルの利用期間が延長されて、治安状況の安定や政府の能力向上のために投入されていくならば、アフガニスタンの再生のために役立つ可能性はより高まっていくだろう。

また、そうなるためには、アフガニスタンの人々に不信感を与えてきたPRTのような軍民一体の支援ではなく、人々のニーズに基づく文民のみによる支援が求められるであろう。日本政府は、一時期考えられていた自衛隊派遣ではなく、文民による支援活動の強化に努めるべきである。アフガニスタンの再生のためには、アフガニスタン人自身による援助調整の改善やネットワークの強化、政府との意思疎通の改善、基本サービスの充実が欠かせない。日本政府に期待されるのは、その分野で活躍しているアフガニスタンのNGOや市民社会組織（CSO）を、積極的に支援することである。第二回アフガニスタン東京会合において確認されたCSOの役割は大変重要であり、この領域に対する継続的な支援が期待されている。

COLUMN

第2回アフガニスタン東京会合と市民社会組織(CSO)の役割

欧米諸国によるアフガニスタン支援が混乱を招き続ける中で、アフガニスタン社会で信頼が高い日本には政治的対話におけるイニシアティブが期待されている。

2012年7月8日、東京で開催された第2回アフガニスタン東京会合（日本・アフガニスタン両政府主催）においては、いままでに投入されたドナー諸国からの支援金の利用目的や計画、成果評価に対して、多くの国や国際団体から疑問の声が上がった。今後はより現場の需要に見合った計画の策定、実施、検証を重視することが支援金の投入のための条件とされた。その実施団体の一つとして、アフガニスタンと日本の市民社会組織（CSO）は共同で役割を果たすべくこの一連の会合に参加し、支援のあり方、内容、その後の評価に自ら参画することを提案してきた。

第2回会合には約80カ国の政府関係者や国際団体が参加し、事前調整を経て東京フレームワークの設定が合意された。そしてその運営のために総額で約1.3兆円（約160億ドル）の支援金が決定された。また、今後の課題として、当資金援助の用途や効果の監視が強調され、それに対するCSOの参画が提言された。

当会合の開催に先立ち、アフガニスタン国内では各州から約200名（NGO、人権保護団体等）のメンバーが集まり討議し、アフガニスタンCSOの役割の原案を採択した。そして選抜された男女各15名の代表が来日し、日本のCSOメンバー（NGO18団体）と度重なる協議を行い、それぞれの意見書を作成した。

本会合の前日には国連大学にてパラレル会議が設けられた。ここでは各国大使館員や国際団体、大学関係者、一般市民ら700名以上によって支援計画の調整が行われ、翌日の会合で提言内容が発表された。

具体的には、基礎社会サービス（保健・栄養、教育、水供給、衛生分野）への長期的な資金支援に加えて、以下の計画が提言された。

- 女性の人権・権利確保、帰還難民・国内難民支援、若年層の教育や復職支援。
- 農業開発の充実、水路整備と確保。
- 市民社会の役割の拡充と政策環境（法律、制度、税制面）の整備、日本・アフガニスタンのCSOへの支援強化と東京会合の合意への確実な評価。
- アフガニスタン政府内の汚職と腐敗防止、財政改革、アフガニスタン政府の管理能力の向上、ドナー（資金提供者）としてのアカウンタビリティ（説明責任）の確保、ドナーへの定期的な評価、ドナーによる積極的なフィードバック・支援の質の改善。

しかし、1年半を経ての現在、上記事項の実行の行方は不明瞭であり、その検証もまだ行われていない。

■同志社大学で行われたタリバーンとの対話

多くのアフガニスタンの住民は多国籍軍の存在を支持していない。ここ数年間、南部、東部においては農村地域を中心にタリバーンへの支持や協力が深まっており、周辺国からの反政府勢力への流入もやむことなく、もはや軍事力での解決は不可能なレベルに達している。また、タリバーンの最高指導者オマール師は、「すべての紛争の解決方法は相互理解にあると信じる」と述べ、政治交渉の可能性を示唆している。

第二回アフガニスタン東京会合と前後し、二〇一二年六月二八日にはこのような期待に応える対話のステップの一つとして、タリバーンの代表、政府の平和構築担当大臣、へズビイスラミー（反政府組織）等の要人が一堂に会する、熱心な協議の場が京都市内において設けられた。今後の政治的な交渉に向けたこの有意義な対話は同志社大学の招きで実現した。

同志社大学での協議の中で、タリバーン側はまず、中央アジアにおける米軍の存在自体が紛争を引き起こす誘因であり、その早期完全撤退こそが地域の平和に貢献するための解決法であると主張した。そのうえで、米軍撤退後の平和構築プロセスづくりや国勢選挙の透明性、米軍の捕虜になった大勢の囚人の釈放が、和平の前提条件であると強調した。これに対して、アフガニスタン政府の代表は、ソ連軍の侵攻やその後の混乱でこれまで一五〇〇万人の尊い命が犠牲になった事実を忘れずに、今後はこのような事態が起こらないよう互いに保証し合うことが大事だと述べた。そして双方の間では最終的に、平和構築プロセスや透明性とともに、国際社会が決定したプロセスを実行し、それを承認、保証し合うことの重要性が確認された。双方が顔の見える対話によってこうした結論に達したことは、極めて意義深い成果といえる。このような積極的な試みはアフガニスタンの平和と安定のためには必要不可欠な手段であり、その継続が大いに期待されている。

■シルクロードの掟

同志社大学での協議の後、タリバーン代表と政府代表、そしてヘズビイスラミー等の要人が同じテーブルを囲みながら日本食の鍋を突いたことに、周りの人々は驚きを隠せなかった。同席した筆者は、シルクロード文化の伝統である顔の見える対話こそがやはりアフガニスタンの抱える難題の解決にとっては唯一の方法だと再認識した。

同志社大学におけるタリバーンを交えた会合。右端が筆者。

古来シルクロードは貿易の拠点であった。遥か昔から物資はもちろんのこと、文化、風習、ときには宗教的な理念までが地域から地域へと伝わり渡ってきた。その結果、文化と繁栄を長年にわたり維持することもできた。この十字路を利用してきた人々は、東西においては中国からヨーロッパまで、南北においてはインドからロシアまで、実に広範に及ぶ。その交差点がまさにアフガニスタンだったのである。

シルクロードを経て各地を訪れたかつての旅行者には、貿易のためであれ交流のためであれ、それぞれの地域の文化を大切にし、訪れた土地土地の住民に深く入りすぎず、場合によっては服従するという掟があった。一方、迎える側の住民には、客人を大事にし、充分に接待し、危機のときにはいのち懸けで客人を守るという別の掟があった。シルクロードの人々は何世紀にもわたり、互いの文化、風習を尊重し合い、良好な関係を維持してきたのである。しかし、近代の欧米の植民地政策はこうした古来からの文化と習慣を無視し、あるいは踏みにじった。欧米による今日のアフガニスタン政策が現地住民に受け入れられないのは当然である。

二〇一三年六月一八日、タリバーンは、カタールの首都ドーハに新たな事務所を開設したと正式に発表した。カタールと友好関係にある米国政府がこれを歓迎したことは、対話の道への始まりが確実に訪れている兆候といえる。タリバーン側も、米国政府やアフガニスタン政府と対話路線を開く用意があることを示唆しており、和平プロセスへの新たな幕開けが期待されている。ただし、二〇一四年春に予定されるアフガニスタンの大統領選までに進展が見られなければ、選挙結果によってはこの対話路線の行方にも疑念が生じる恐れがある。

■日本への期待

アフガニスタンの平和に対する貢献においてアフガニスタン人に最も信頼され、期待されているのは日本である。

日本は、東ティモールやカンボジアで上げた実績を活かし、治安維持のための対話に積極的に参加する必要がある。アフガニスタンではいま、民間人の武装解除を促し、兵士以外の職業で生計が立てられるように、職業訓練と職場の創出が重要な課題になっている。これを支援するには、アフガニスタンに古来から存続している長老者会議（ジルガ）との連携を図ることが現地の実情に合っている。それによって住民同士の連携を強めていくことが大切である。

日本社会においてはアフガニスタン問題に対する関心がだいぶ薄れてきている。その意味では、まずは個々の人々にアフガニスタン問題への関心を高めてもらうことが重要になる。

そのうえで、インフラへの支援としては各地域住民の職業訓練に加え、専門職の人材育成にも期待したい。これについては日本をはじめとする第三国での研修や実習の機会を増やして、保健、衛生、医療、一般教育等の分野を充実させることが必須の要件である。雇用や農業対策の拡充、そして地域格差の解消のためには復興支援がアフガニスタンの末端にまで行き届き、自力で生活できる手段が創出される必要がある。これらが今後のアフガニスタンの将来を決定づけるものと筆者は確信している。

おわりに

アジア太平洋戦争の終結から七〇年近くが過ぎた。しかし、人類にとって最も悲惨な経験といえる広島や長崎の原爆（核爆弾）は、永い時を越え、人々の心の奥底にいまだ深い悲しみと怒りを残したままだ。その一方で、戦争体験者の人口が減少するにつれ、戦争を知らない世代の人々の心がこの広島・長崎の現実を忘れようとしている。

核は、上手に利用すれば最強のエネルギー源として人々の生活を潤すともいわれてきたが、本質的には、人間が作った最大で最悪の武器である。現代の技術がこの呪われた武器の小型化を推し進め、世の貧しく無力な人々を威嚇し苦しませる道具として再び使われる可能性を高めている。恐ろしいことである！

日本では二〇一一年に発生した東北大震災で大勢の人々の命が奪われ、同時に起きた福島第一原発事故の悲劇で何十万もの人々が故郷を追われた。その悲しみはいまも癒されることはない。このような悲惨を生んだ原発を経済再建の柱にして再稼働させ、その輸出までも積極的に売り込んでいる日本政府の行為は正当化することができない。

唯一の被爆国である日本とその住民は、原爆投下という許しがたい犯罪の結果と恐怖を知っている。ところが、この悲惨な経験をした人々の子孫はその現実をいまや平気で忘れようとしている。時代の流れとともに、まるで別世界での出来事、自分とはまったく無関係なものとして振る舞う人々が増えている。過去は過去として片付け、現在の経済的利害だけが真っ先に重んじられ、戦後の日本政治の根本にもあるためか、過去の敵は現在（と将来）の最大の味方になることを自慢さえしている。それに加え、平和を基礎とする憲法、なかでもその第九条を改変し、軍隊を持つことを公然と正当化しようとさえしている。

今日の日本の繁栄と成長を支えてきた世代はみな高齢の域に達している。その高齢者がまるで社会のお荷物のように扱われ、厄介払いされている現状がある。しかし、戦後のあの悲惨な状況を思い出していただきたい。当時は成年としてその厳しい条件の中で社会造りを担い、自分の幸福や家庭以上に社会や次世代のために尽くしてきたいまの高齢者こそ、この国の真の立役者である。感謝の意が表され、敬われるべき人生のこの時期に、社会の負担のように扱われていることは許されがたい現象である。

過去ばかりを追うのではなく明るい将来を夢見ることが大切である、とよくいわれる。筆者もそれを否定するつもりはない。しかし、歴史は次の時代の基礎であることも忘れてはならない。

アフガニスタンの人々は、一九七九年から一〇年間、ソ連軍による暴力や殺戮に苛まれ続けた。それによって、シルクロードの宝ともいえる多民族社会の友和な暮らしが、「部族」間の隔離と憎しみに置き換えられた。ソ連軍が撤退してからわずか五年の間に、今度はこの「部族」間の憎しみと残された多量の武器がアフガニスタン全土を破壊し、国は地獄と化し、国民は絶望の淵に追いやられた。

混乱と政治空白を乗り越えた頃に二〇〇一年の「九・一一」が起きた。アフガニスタンは世界最大の軍事大国、米国の報復対象にされ、三たび国民は空爆の犠牲となった。アフガニスタンの人々は安定政権や平和をずっと夢見てきた。しかし、もはや、人も政府も国際協調も、素直に信じることができなくなってしまった。我が兄弟でさえも不信の目で見るようになってしまった。アフガニスタンのこの経験は、平和に暮らす国々の国民にとっては、平和の意味を考える良い教訓となるだろう。

一方、日本が経験した辛く厳しい過去は、いまのアフガニスタン人にとって、良き教訓となる。アフガニスタン人は暗く悲しい思い出のみを追うのではなく、自力と努力で自らの将来を切り開くことを目標にすべきである。また、それと同時に、日本の戦後世代のように過去のすべてを忘れ去ることのないよう、苦い歴史から学ぶべきものを心の底にしっかりと埋め込んでおいていただきたい。

経験した時代は違っても、日本とアフガニスタンは同じ悲しみの歴史を持つ国や国民として、明るい明日へ向かって共に歩み、親しみや友情によって共存できる新時代を共に築き上げる存在となれるよう、心から願っている。

引用文献

「カレーズ」（カレーズの会広報誌）第四一号、二〇一三年三月二〇日。
グリフィン、マイケル／伊藤力司ほか訳『誰がタリバーンを育てたか』大月書店、二〇〇一。
「国会安全保障委員会の会議録議事情報一覧」第一六六回国会・安全保障委員会第二号、二〇〇七年二月二二日。

中田考『イスラームのロジック』講談社、二〇〇一。
宮田律『イスラームでニュースを読む』自由国民社、二〇〇〇。
宮田律『完全図解！よくわかる「今のイスラーム」』集英社、二〇〇一。
レシャード・カレッド『知ってほしいアフガニスタン』高文研、二〇〇九。
Oxfam : “No time to lose: Promoting the accountability of the Afghan National Security Force”, May 2011.
UNAMA（国連アフガニスタン支援ミッション）: “Afghanistan Midyear Report 2011 Protection of Civlians in Armed Conflict”, *UNAMA report*, July 2011.
WHO : *Country statistical profiles*, 2011.

参考文献

山岡淳一郎「脱混迷ニッポン3　混乱と破壊の祖国アフガンで黙々と患者と向き合う」『週刊金曜日』二〇一一年六月二九日号。

第3章

市民が担うイスラーム／トルコの事例
――社会変革と民主化におけるムスリム市民社会の役割

イヤース・サリーム

はじめに

二〇世紀最後の四半世紀は、「イスラーム再覚醒の時代」と呼ばれている。この時期、具体的にはイスラームの多くの運動が再興し、市民社会の活動が飛躍的に増えた。その大きな特徴は、イスラームを中心にした言説の興隆にある。しかし、西洋社会のメディアはその政治的側面を強調するあまり、より大きな意味を持つ社会の変革や民主化を求めるイスラームの草の根の市民運動について見落としているように思える。紛争や政治闘争のニュースばかりが世界中のメディアを席捲し、イスラーム世界の深いところで起きている変化から人々の注意をそらしてしまっているのだ。

ムスリム（イスラーム教徒）が世界の人口の五分の一を占めているにもかかわらず、イスラームが世界で最も誤解を受けている宗教の一つであり続ける大きな要因として、イスラームに対する西洋社会のメディアのこうした在り方を指摘できるであろうが、そのことを論じるのがここでの目的ではない。本章では、トルコの事例を取り上げながら、ムスリム社会で起きている変化について論じてみたい。

では、いったい何が変わったのか？　イスラームの「覚醒」や「復興」とは何か？　それはムスリム社会の男性、女性に何を意味するのか？　これらを理解するには、報道記事の見出しやステレオタイプ、事象に対するありふれたイメージを超えて、ムスリム社会の現実をより深く、適切に見ることが問われてくる。重要なことは、現代のイスラーム世界において、人々とその社会に、変革のダイナミズムの中心となる根本的な変化が起きているということである。

東京都の猪瀬直樹知事（当事）が「ムスリムは戦ってばかりいる」と、ムスリムについてさしたる根拠のない発言をしたことは記憶に新しい。オリンピック招致をめぐり、東京が他の候補地と激しく争っていたことがこの発言の背景にあったことは理解できる。しかし、知事が言及したトルコのイスタンブールは、「アラブの春」によって生まれたアラブの民主主義国家やその他のムスリム諸国からも民主化と経済発展のモデルとして認識されはじめている都市である。そのイスタンブールの市民を指して「戦ってばかりいる」と知事がいったことが重要である。猪瀬発言は、ムスリム世界で本当に起こっていること、つまり、日常生活を改善し、政治的自由と社会正義を実現するために、ムスリムがいかに奮闘しているかということを早急に明らかにする必要性を示していると私には思えた。この「奮闘」の中心になっているのが、ムスリムの一般の男性、女性であり、彼／彼女らが想像し、創り出すところの市民社会である。

ムスリム社会で起きている活発な変化は、すでに三〇年以上にわたり続いている変化である。その主

ソマリアその他の地域への人道支援として募金を呼びかけるNGOのポスター。イスタンブールの街頭にて。

な特徴は、市民社会を基盤としたボトムアップ、下からの変革であり、国家主義的で社会工学的になされるトップダウン、上からの変化ではない点にある。市民同士の連携、さまざまな市民組織の存在、ボランティア団体や草の根で集められた個人的寄付ないし資金等々が、民主化と社会正義の実現に向けた変化の主体である。近年のイスラーム世界の趨勢を理解するうえで、何よりもまずこの点を押さえておくことが非常に重要である。ムスリムの社会運動の強さと継続力は、政治的自由、民主主義、社会正義に対する市民の渇望、ごく普通に生きる男性、女性の草の根レベルのからの覚醒と社会参加によってのみ説明しうるものだからである。

本章の前半部では、ムスリム市民社会の起源とその主な特徴について議論する。

イスラームの核心的道徳観である慈善活動およびその歴史的発展を踏まえながら、市民社会成立の背景とその意義を明らかにしたい。そして、トルコに焦点を当てながら、民主化を追求し、社会正義の実現をめざす個人と社会の再覚醒に、主要な社会運動やＮＧＯがどのように貢献したかを探っていきたい。後半部では、パレスチナのガザ地区と、進行中のシリア危機に対するトルコのＮＧＯの働きを検証する。

シリア難民はいま、戦渦と暴力を逃れ、ヨルダン、トルコなどの近隣諸国へ避難している。トルコは、推定四〇万人にものぼるシリア難民を受け入れており、トルコのＮＧＯは食料支給や避難所の確保といった人道支援に非常に重要な役割を果たしている。エルドアン首相率いる公正発展党（ＡＫＰ）政府は、シリア民衆の革命と自由の希求の側に立つ政策を取り、シリアのバッシャール・アル＝アサド政権に反対する姿勢を明確にし、トルコ社会もまた概ね、シリア難民の苦難に対して同情的である。トルコ社会には、少数宗派であるアレヴィー派の人々や世俗主義の最大野党である共和人民党（ＣＨＰ）など、シリア難民に対して違った立場を取る勢力も存在するが、本章が主要な分析対象にしている「人権と自由と人道援助のための財団」（・ＩＨＨ）とキムセヨクム（ＫＹＭ＝kimse Yok Mu）はトルコの二大人道・開発支援ＮＧＯと考えられている。両者ともボランティア主体の団体であり、その資源を広く一般社会の中に求めながら、積極的にシリア難民への人道支援活動を展開している。以下、本論に入る。

一　イスラーム市民社会の起源と慈善活動の役割

「市民社会」は西洋で生まれた概念である。一七世紀のイングランドの政治哲学者、トマス・ホッブズの書にこの概念が現れるが、ホッブズによればそれは王政でも教会制度でもない西洋近代の「第三の選択」であった。当時のヨーロッパでは個人は王の臣下か教会の信者であったが、ホッブズは「国家により一律に同じ憲法、法律の支配を受ける市民」という市民概念を提唱したのである。そのため、ホッブズにとっての市民社会は平等な市民権、立憲主義、社会契約、民主主義といった近代国家の制度に行き着くことになる。その目的は、国家と市民社会の共存によって統治の均衡を実現することにあった。これに対し、イスラームには王や教皇、つまり王国や教会が存在しない。そのため、イスラームの市民社会は対立勢力との緊張関係が、西洋のそれと比し相対的に小さいということができる。

ムスリムの共同体を意味する「ウンマ」は、イスラーム社会の最も基本的な要素であり、民族、人種、国籍の差異を問わずすべての人が構成員となる「共同体」である。このことは、イスラームが民族的・人種的アイデンティティを否定するということではない。イスラームの世界性がムスリムのアイデンティティに普遍性を与えているのである。ウンマはまた、社会組織の原則についてムスリム全体の思考を貫く「共同意識」でもある。

イスラームの世界においては、たとえばキリスト教徒やユダヤ教徒といった他宗教の人々も、統合された社会の中で共存していたが、同時に彼ら非ムスリム自身の領域においては、イスラームによる権力の介入が及ばない一定の自治が保たれていた。イスラーム社会は、西洋で誤解されているように均質的、画一的な社会ではないのである。

■ムスリムの社会制度

イスラームは常に国家よりも社会として機能してきた。国家である前に社会なのである。イスラームの伝統的な組織や制度は、権力による行政とは別に機能してきた。最も大きな意味を持つ社会機構は

「ウラマー」つまり法学者・知識人である。

ウラマーは、原則として国家の行政権と切り離され、その独立性を維持してきた。ウラマーは国家の対抗勢力として、権力に対するチェックとバランスの機能を有し、喩えていえば、今日のメディアのような役割を果たし、社会に対する国家の過剰な介入や侵害から社会と個人を守る監視役を担ってきた。「モスク」は、イスラームの礼拝の場でもあるが、市民社会の実体そのものでもあり、伝統的に国家から独立して機能し、地域社会の必要を満たしてきた。地域社会の構成員は、基本的に一日に五回、一回あたり平均一五分ほどの礼拝をモスクで行う。すべての地域社会の構成員がモスクで礼拝を行うわけではなく、家庭や職場で礼拝を行う者もいる。また、モスクは最も重要な金曜礼拝の集会の場所である。ムスリムにとって金曜日は公式の週末である。

金曜礼拝の説教者である「イマーム」の多くも地域社会の構成員である。イマームは医師であったり、教師であったり、技術者であったり、他のあらゆる職業でありうるが、イスラームと社会問題について十分な知識を持っていることが求められる。イスラーム世界、特にその九〇パーセントを占めるスンニ派社会には「聖職者」といったものは存在しない。金曜礼拝で説教者はその時々の社会や政治の問題を論じ、地域社会の構成員に宗教的助言を与え、道徳的な指導を行う。時にイマームは人々に、自ら務めるモスクや他の地区・都市のモスクが行う社会活動への参加を促す。実際、ムスリム社会において、モスクは診療所や保健センター、幼稚園、教育施設などを併設していることが多い。

イスラームの司法機関も政治権力から独立している。イスラーム法廷の裁判官は支配者から任命されるが、その国家によって解任されることはない。支配者は法を遵守しなければならず、さもなければ裁判官は支配者に対する反乱を呼びかけることができる。宗教的判断の布告である「ファトワー」は独立した制度で、草の根の社会組織の一部として機能してきた。

「ヒスバ」という伝統的な機関は、社会、特に市場への法の適用に関わるもので、独占、暴利、詐欺、不祥事、高利貸しなどを防止するために活動してきた。ヒスバの任務を負う者は「ムフタシブ」と呼ばれ、社会と国家の両方への正しい法の適用を監督する。

「ディーワーン・アル＝マザーラム」は、一般の人々が不正義に対する個々の苦情を訴える場所である。行政訴訟や不服申し立てのように、国家によってなされた不正義に対して個人が苦情を訴える場所として機能してきた。

スーフィー教団（タリーカ）による自治社会はよく知られており、独立した集団として存在してきた。スーフィー教団は歴史的に、国家と家族・「部族」間の紛争の調停に重要な役割を果たしてきた。スーフィー教団の特徴はその神秘主義や教団員の霊的精進によって知られているが、多くの教団員と支持者を持つ独立した集団として、個人・家族を国家の行き過ぎから守る機能を果たしてきた。教団の長は社会に対して相当の道徳的権威を持ち、その意見は尊重されてきた。

これら、ここまでに述べてきた組織は実体として、現代の市民社会とよく似た働きをしてきた。原則的にイスラーム社会は、さまざまな階層に水平的な支援を行き届かせるための、政治・宗教・社会を統合した手段によって保持されてきたのである。

■慈善活動の社会的意義と役割――ザカート、サダーカ、サワーブ、イフラーフ、ワクフ

ムスリム市民社会のルーツとは何か。これを、イスラームの歴史を貫いて機能し、頻繁に使われてきたイスラーム独自の用語にヒントを求めながら考えてみたい。イスラームにおいて、慈善活動はムスリ

ムの市民的活動そのものである。ムスリムがいかに慈善活動に重きを置いているかを知るためには、イスラームの宗教的・精神的価値についての知識が役立つと思われる。

ムスリム社会には「ザカート」（喜捨）、「サダーカ」（慈善行為）、「ワクフ」（寄進）などウンマの財源を維持するための義務や制度、機関が存在する。これらは、保健・教育などの社会サービス、困窮者の救護のほか、さまざまな救済活動、社会の発展に向けて自主的に資源を分配する、ムスリム社会の自助的システムとして機能してきた。

社会の建設や発展のために個人を駆り立てるこうしたイスラーム的道徳・倫理観の形成は、まさに宗教的、精神的価値によるものである。また、ムスリムにとって信仰は精神的側面のみでは十分とはいえない。道徳的行動、抑圧への抵抗や正しい社会の創造は信仰体系の不可欠な一部である。慈善活動は、貧しい者や社会に見捨てられた者へ手を差し伸べる行為として強く奨励されている。その目的は、市民自らの財源によって独立し、社会に発展をもたらし、尊厳ある生活を実現することにある。

「ザカート」は、イスラームの五行（本書第2章七八頁参照）の一つであり、毎日の礼拝（「サラート」）やラマダーン月の断食（「サウム」）と同等にイスラームの根幹をなす行為である。ザカートは、社会サービスを維持する市民活動の安定した収入源であり、社会発展の原動力である。ザカート制度のもとで、すべてのムスリムは毎年蓄財したお金の二・五％を寄付する義務を負う。また、この義務とは別にムスリムは、「サダーカ」として自発的な慈善の寄付を奨励されている。これは、「継続する慈善」という意味で「サダーカ・ジャーリヤ」とも呼ばれるもう一つの寄付金である。慈善活動や市民社会の働きを維持する財源への寄付は、先に述べたようにイスラームの宗教的・精神的価値観によって動機づけられている。

イスラーム的道徳・倫理観の基盤となっている宗教的価値のうち、最も重要なのは「イマーン」、つまり信仰である。イスラームの信仰解釈には、常に行動、特に善を行うことがついてまわる。たとえば、イスラームの聖典『クルアーン』（『コーラン』）は信仰者について、「信仰を持ち善い行いをする者」と言い表している。言い換えれば、信仰は善行の実践という行動に変わらなければならない。もちろん、信仰によって自動的にすべてのムスリムが善行と慈善活動を実践しているという意味ではない。このような行動を起こすかどうかは、個々のムスリムの個人的信念によるところが大きい。とはいえ、理論的にイスラームは、信仰より一歩進んで、他者への支援、慈悲への意思、人間の尊厳、正義の実現を重要視していることは間違いない。

「サワーブ」という価値観は、ムスリムが慈善活動や社会活動に参加するときの動機づけとなる基本的な原理である。サワーブは「現世と来世での報奨」という意味である。よい行いや寄付をする者には、現世と来世において必ずアッラー、神からの報いがある。善行は決して無駄にはならない。現代エジプトの高名なイスラーム学者、ユースフ・アル＝カラダーウィーは、イスラームにおけるサワーブの重要性を説いている。それがどんな小さな行いであっても、神はその人間にサワーブを与えるというのである。『クルアーン』の一節にはサワーブの価値が次のように記されている。「原子ほど重さの善をした者もそれを見るであろう」。

「イフラーフ」は、「アッラーからの賜り」を意味するもう一つの重要な宗教的価値観である。人は、寄付をしたときや慈善活動に参加したときに、神の祝福に満たされることを感じるのである。先述のカラダーウィー師は、イスラームは現世の幸福と来世の幸福の二つを兼ね備えた宗教であると説明する。これはムスリム社会を理解するには興味深い説明である。ムスリムが実際に慈善活動を行うときのより高次の動機は、来世での利益に拠っているということである。この動機によって慈善行為を行えば、神はその者の家族であれお金であれ、よりよい幸福を与え、浄化された金銭を何倍にも大きくして、その者を祝福で満たす。つまり神はその者に健康、平穏の日々、心の平安、良好な家族関係、子どもたちの正直さや誠実さ、そして金銭的な恵みを与える。ひと言でいえば、その者はよい人生を送ることができるのである。

持続的に独自の社会サービスを実行し、人々の必要を充足させる独立性の強い社会を形成する要因となったイスラームの機関は他にもある。なかでも重要なものは宗教的寄進、「ワクフ」であり、特にオスマン朝時代に広く普及した。学校や病院、大学などのために個人がワクフに寄付をして、国家や行政権力の干渉を受けずに社会サービスを維持してきた。たとえば、市場《いちば》は伝統的にモスクに隣接して建てられた。富裕な商人や能力ある個人は商店から集めた家賃の一部をワクフに割り当て、それが教育機関やウラマー、学者のための活動財源として使われた。街の大きなモスクが主として中心部の市場の隣にあるのはこうした理由による。

以上見たように、道徳・倫理性はイスラームの宗教的義務である。イスラームは実際、個人を堕落から守る道徳・倫理観なくして何ぴとも成功や幸福、その他の目的を達成することはできないという考え方に立ち、道徳・倫理観を現実的必要として捉えている。正義を貫き、不正義に立ち向かい、弱者を支援し、その尊厳を守る道徳・倫理観はムスリムが強く抱いている価値観である。ムスリムにとって、道徳・倫理は個人に幸福や成功をもたらし、善い行いを奨励し、社会とその精神の根幹をなすものなのである。

二　民主化プロセスにおけるムスリムＮＧＯの役割——トルコの事例から

トルコの民主化プロセスに果たしたムスリムＮＧＯの役割を分析するにあたり、二〇世紀の国民生活を支配したケマル主義の特徴について述べておくことは重要である。これは、民主化を追求するイスラーム運動やムスリムＮＧＯが受けた挑戦の中身を明らかにすることでもある。

トルコ共和国という近代国民国家の誕生（一九二三年）は、一九一九年の第一次大戦終結とその後のオスマン朝カリフ制度の廃止のあとで、ムスリム世界が体験した最も劇的かつ衝撃的な出来事だったといってよい（カリフとは全ムスリムの指導者、ウンマの政治的支配者のこと）。共和国成立以前の首都、イスタンブールはムスリムの「ハリーファ」（カリフ）の居住地であり、それは全ムスリムを統治する政治的代理人としての象徴であった。この政治的伝統は、首都の名をビザンティウム→コンスタンティノープル→イスタンブールと変えながら、一四世紀ほどさかのぼるイスラーム初期の時代から途切れることなく続いていた。第一次大戦後、帝国主義の西洋列強はムスリム世界を国民国家に分割した。トルコも現在の国土に縮小され、その流れと並行して、二〇世紀の前半期には多くのムスリム国家が登場することになった。

ケマル主義とは、建国者であるムスタファ・ケマル・アタチュルク（一八八一～一九三八）の政治体制を反映した思想をいう。トルコの国家形態を世俗主義と明確に定義したのは彼である。共和国憲法はこれを明文化したものである。共和国成立の前夜、数年にわたる独立戦争でアタチュルクが果たした指導的役割は多くのトルコ人が認めるところであり、彼は民族の象徴と見なされている。西洋列強、特にイギリスとフランスによる占領支配を防ぎ、近代トルコ国家の統合を守った軍事的英雄として、アタチュルクの存在は際立っている。アタチュルクは、共和国成立後のトルコの領土的一体性を維持させた立役者なのである。

しかし、ここで重要なのは、国民国家として分割されたムスリム国家の新しい民族主義者たちが、権力を集中させ自らの基盤を固めるために、イスラームの伝統的制度、とりわけてもワクフを解体しようとしたことである。たとえば、アタチュルクはワクフを廃止し、ワクフの財産を没収または売却した。エジプトでは一九五〇年代のエジプト革命後、政府がモスクの基金を国有化し、一部は営利目的で民営化された。

スーフィー教団に関していえば、トルコ共和国は教団の社会的基盤を除去し、その財産を管理しようとした。

アタチュルクの強力な指導力は、たしかにトルコの主要部分を占めるアナトリア（小アジア）の人々を一つにまとめた。しかし、それはライシズム（政教分離）というイデオロギーを基本とした国家主義的なトップダウン型の支配であった。国家は軍国主義的性格を持ち、自由、人権、民主主義は抑圧された。このような状況下でなされたムスリム知識人やスーフィー教団への弾圧を乗り越え、二〇世紀後半期に本格的に登場したのが、イスラーム的市民社会組織としてのムスリムNGOだったのである。

■サイード・ヌルシとフェトゥフッラー・ギュレン

現代トルコを語るとき、イスラームの精神的な覚醒の復興、民主化、社会変革への道を追求した、二人の偉大な学者の存在を無視することはできない。サイード・ヌルシ（一八七八〜一九六〇）とフェトゥフッラー・ギュレン（一九四一〜）である。この二人は、おそらく現代トルコにおける最も影響力のある知識人、改革派の活動家であろう。

サイード・ヌルシは、ケマル・アタチュルクの国家機構への反対運動を共和国成立の当初から始め、『クルアーン』の解説など、イスラームをテーマに宗教についての膨大な著作を残した。彼は国家によって投獄されてもなお獄中で書き続けた。彼の著作は支持者や共感者によって獄中からこっそり持ち出され、支持者たちは「ダルスハネ」（学習会の意）と呼ばれる学習サークルを作ってその代表作『光の書簡集』（***Risale-i Nur***）を読んだ。精神的覚醒や道徳心の獲得、敬虔と個人の品行を説くこの書は、現代トルコにおいて『クルアーン』と『ハディース』（預言者の言行録）に次ぐ人気ある書物として評価されている。

ヌルシは宗教心と社会活動との関係を復活させることに成功した。しかも彼は、抑圧や不正義に対する挑戦によって、ウラマー、ムスリム学者の役割を自ら体現した。オスマン朝からナショナリスト共和国初期にかけての二つの時代を彼は生きた。その歴史的変化を目の当たりにしたヌルシにとって、中央集権国家は本来のイスラームとは相容れないものだった——あるトルコの社会学者はそのように述べている。たしかに、国家の大きな重しはヌルシの描くイスラーム社会の設計図には必要なかった。ヌルシは学者としてイスラーム市民社会の精神を理解し、活動家としてそれを守ることに力を尽くした。学習サークル「ダルスハネ」の活動はその後もヌルシの支持者によって続けられ、トルコ市民社会組織の草分け的存在となる。そして『光の書簡集』は今日でも「ダルスハネ」の人々の間で最も支持される書物として読み継がれている。

もう一人の人物、フェトゥフッラー・ギュレンは現代トルコを代表する宗教的指導者、思想家、社会

露天商の売る、エルサレムのアル＝アクサ・モスクの絵を眺める少年たち。イスタンブールの街角にて。

改革者の一人として知られ、いまも活動を続けている。彼はその半生のほとんどを、イスラームの宗教的価値や道徳・倫理観を人々に伝えるために費やしてきた。モスクやカフェ、公共の場所などあらゆるところで人々に語りかけてきた。国家が社会に押しつけた極端な世俗主義を否定するギュレンにとって、世俗的教育制度や厳格な軍学校は、人々から宗教的価値や道徳・倫理観を奪う強引な国家システムとして糾弾すべき対象とされた。彼はイスラームの精神的覚醒によって、国家の世俗的教育制度が社会にもたらした宗教的価値、道徳・倫理観の喪失に対抗しようとした。

スーフィズム（スーフィー教団の思想）が精神的覚醒や個人の道徳心の再生を助けるかもしれないとの期待から、ギュレンはこれを信奉した。スーフィズムの極端な神秘主義は注意深く否定しつつも、スーフィー教団が説く「イスラームの内面化」という概念については積極的に提唱した。

ギュレンは、彼の思想を実現するために、教育に焦点を当てた。彼の最も顕著な業績は、トルコ国内外に数百にのぼる学校を建設したことである。教育と知識は人々を啓発する重要な鍵であり、高い教育を受けた社会は自立して自らを守り、権利や自由を獲得できると彼は信じた。

奉仕活動を意味する「ヒズメント」と呼ばれるこの教育運動は、現在一〇〇〇を超える学校をトルコ、アジア諸国、ロシア、米国、ヨーロッパで運営する国内で最も大きな社会運動の一つである。ヒズメント運動の運営は、人道支援を専門とするキムセヨクム（ＫＹＭ）をはじめとするＮＧＯや、トルコ実業家・産業家連合（ＴＵＳＫＯＮ）のような商業関係のものまで、影響力のある多くの団体によって行われている。ＴＵＳＫＯＮが一九二二を超える中小企業連合を傘下に置いていることは注目に値する。その目的は「倫理経済」――わかりやすくいえば、賭博、アルコール、薬物といった人間に害を与える可能性のある商いを避ける経済――を構築することにある。

今日のトルコ社会の一部、とりわけ世俗主義者の中にはギュレンの運動に懐疑的な人々もいる。「ギュレンは広範な支持者と支持団体のネットワークを築いて、トルコ社会を支配しようとしている」と疑いの目を向けている。ヒズメント運動が警察や司法権力に影響力を持ちはじめているという批判もあるし、運動員が徐々に政府機関内で重要な地位を占めはじめているといった指摘もある。こうした批判に対し、ヒズメント運動に属する数々の団体で働く人々は、「運動はゆるやかなネットワークで、水平的な広がりを持つ社会運動である」と反論する。支持者たちは、ヒズメント運動は中央集権的な組織ではなく、イスラーム的特徴と広範で水平的な支持基盤を持ち、誰もが簡単に参加できる運動であることを強調する。実際の運動員総数の把握は困難だが、一〇〇万人単位であると推測されている。

ヒズメント運動は、選挙運動の形で政治に直接関与することはない。しかし、国民的議論となった話題については意見表明をすることもある。この運動の重要性は、市民社会中心の社会変革を追求してきた運動の結果として、民衆の意見に影響を与え、政府の政策に圧力をかけることができている点にある。あくまでボトムアップの意思決定によって社会変革の方向性を決めること――支持者たちはこの手法を固く守り続けている。

■「人権と自由と人道援助のための財団」（・ＩＨＨ）

「人権と自由と人道援助のための財団」（・ＩＨＨ）は、トルコの民主化プロセスと社会サービスに大きく貢献してきたＮＧＯ、市民組織である。一九九四年、ボスニア戦争時にボスニアの人々や難民に支援物資を届ける活動を行ったトルコの若者たちによって最初にドイツで立ち上げられた。当時、トルコの法律は自国のＮＧＯが国外で活動することを禁じていたからである。二〇〇四年の法律改正後は海外での活動が合法化されるようになり、イスタンブールでの事務所開設を経て、二〇〇八年にはすでに世界一二〇カ国以上で活動を展開するまでになっている。

・ＩＨＨは、ムスリム諸国にも非ムスリム諸国にも人道支援を提供している。二〇〇六年のハイチ地震の際には、緊急支援物資を現地に運び、首都ポルトープランスに病院を開設した。パレスチナでは二〇一〇年、イスラエルによるガザ地区の封鎖をはね退け支援物資を届けることを目的に「ガザ自由船団」を他の団体とともに組織し、世界的な注目を浴びた（後述）。このときは船団の主要船舶、マヴィ・マルマラ号がイスラエル軍によって襲撃され、トルコ人八人とトルコ系米国人一人の、民間人計九名が死亡するという痛ましい事件が起きた。

市民組織として、・ＩＨＨはトルコ全国にボランティア・ネットワークを有し、登録ボランティアは六万人を超える。ボランティアの職業は、学生、教師、専門家、経営者など実に多様である。

このように広くトルコ社会の内外で活動しているにもかかわらず、・ＩＨＨを「イスラーム主義のＮＧＯ」と捉える人がいる。しかし、トルコの市民組織や市民運動の性質を把握するとき、「イスラーム主義」と「イスラーム的であること」との区別は重要である。イスラーム主義とは、一人の指導者のもとでムスリム世界を統一し、イスラーム法「シャリーア」を適用する思想を指す。一方、「イスラーム的であること」とは、あくまで現在の既存の世界システムの中で活動することを前提とし、そのうえでイスラーム的価値が尊重されることを主張する言説をいう。

・ＩＨＨは後者の立場に立っている。自らをイスラーム主義やイスラーム主義のＮＧＯとは認識していない。人権擁護と困窮者支援を目的とする人道主義団体として自らを捉えている。それでも、スタッフの大多数は敬虔なムスリムであり、活動に参加する核心的な動機をイスラーム的価値の尊重に置き、それを日常生活や職業倫理の指針に置いている。トルコ憲法が世俗主義であるため、・ＩＨＨにしろ他のイスラーム的志向性を持つＮＧＯにしろ、自ら「イスラーム的であること」を強調したりすることはない（トルコ政府に関していえば、政府与党の公正発展党（ＡＫＰ）はイスラーム主義政党ではない。したがって、現政権は引き続き北大西洋条約機構（ＮＡＴＯ）の加盟国として残り、ＥＵへの加盟交渉を継続し、米国とも協力的関係を保っている。トルコの街角の風景やトルコの敬虔な個人の姿から宗教性を見出すことは容易だが、トルコ社会が「イスラームの社会」として公式に立ち現れることはない）。

七年以上にわたり・ＩＨＨで働くある女性スタッフは、「活動の動機は金銭的なものではなく、仕事が与えてくれる達成感です」と語っていた。「アフリカや中央アジアの貧しいコミュニティを訪れ、支援物資を届けたり地元のＮＧＯとのネットワークを築き、協力関係を強化できたとき、私は現世での目的の達成と、来世での報い、サワーブを自覚するのです」と彼女はいう。一〇〇数十カ国の国々で活動しているため、スタッフの多くは世界各地に、ときには突然の要請に従って赴かなければならない。それには危険をともなう場合もある。しかし国内外での緊急の人道的危機にいつでも対応できるよう、・ＩＨＨ本部の一区画にはキャリーバッグや旅行カバンを保管する場所が常設されている。ひと言でまとめれば、・ＩＨＨの活動は、イスラーム的倫理による動機に加え、人間主義、人道、人権の名のもとに遂行されているのである。

■パレスチナ・ガザ地区での活動

先述したパレスチナ・ガザ地区支援では、二〇〇九〜二〇一〇年までの最初の二年間に、İHHはプロジェクトや社会計画費に約四〇〇〇万ドル（一ドル一〇〇円換算で約四〇億円）もの資金を拠出した。ちなみに、ガザ地区の一万二〇〇〇人以上の孤児を支援したときの年間予算は三五〇万ユーロ（一ユーロ一四〇円換算で四・九億円）を超えた。また、病院には発電機を提供した。イスラエルの爆撃によって発電機が破壊された病院や、イスラエルの封鎖によって発電用の燃料輸送が止められた病院への支援である。医療機器は電気がないと動かない。だから病院は電力不足の影響を最も受けやすい。保育器、集中治療室、手術室といったガザの病院の医療設備はすべて電力不足による被害を受けていた。

İHHによるガザ地区への医療支援は、特に七〇〇〇人以上のパレスチナ人が負傷した二〇〇九年の戦争以降、本格化している。医療用品および医療機器の提供のみならず、専門的で高度な医療技術を必要とする患者についてはトルコの病院に航空搬送し、適切な治療を受けられるよう支援してきた。二〇一一年には、ガザ地区北部のベイト・ハーヌーンに病院を開設した。これは、ベイト・ハーヌーン市内で唯一の病院となった。ベイト・ハーヌーンは、ガザ地区の中でも最も緊張が高い最北部に位置し、住民は常にイスラエル軍による至近距離からの砲撃や軍事攻撃の危険に曝されている。こうした状況下で、İHHは空爆によって家屋を破壊されたパレスチナ人のために、新しい住宅を建設することにも力を注いできた。

ガザ地区では教育、保健、職業訓練等、開発分野においてもいくつかのプロジェクトを実施してきた。

たとえば、ベイト・ハーヌーンに建設された病院には、医療機器の維持・整備、パレスチナ人医師のトルコでの研修、高度な専門性を持つトルコ人外科医のガザ地区への派遣（指導のためのそれ）、などの支援を行ってきた。ガザのイスラーム大学をはじめとする教育機関には、技術研究設備やコンピュータ関連機器などの提供を行ってきた（イスラーム大学の技術研究設備は、二〇〇九年の戦争でイスラエルの攻撃を受け瓦礫と化していた）。あるいは、ガザ地区の三つの主要都市、ガザ、ハーン・ユーニス、ラファには、コンピュータ、服飾デザイン、刺繍の分野での職業訓練所として、女性のための職業センターを開設してきた。学校を卒業した若い男女も労働市場に参加する準備として、これらの施設で訓練を受けている。

■キムセヨクム（KYM）と・IHHの差異

・IHHと前述のギュレンのヒズメント運動に始まるキムセヨクム（KYM）とを比較すると、後者は人道支援の分野では非常に活発に活動しているが政治的課題への活動には慎重であることが伺える。これについては、この二つのNGOのガザ地区での支援内容を見たときにより明らかになる。ガザ地区では、・IHHによる活動のほうがより活発で、地元でもよく知られている。

・IHHは、二〇〇九年一月二三日のイスラエルによるガザ攻撃が終わるとすぐから、直接の支援を行うためにガザ市に事務所を開設している。人権問題を団体の活動の一部であり使命であると考える・IHHにとっては当然の行動であった。「人権問題の解決には人々の自活が絶対に必要で、人々が自活するには人権問題を避けたり看過してはならない」「コミュニティが人権意識を持てば自活や発展への道は必ずや開ける」――・IHHはそう考えるのである。一方のKYMは、あくまで人道支援に専念し、

マヴィ・マルマラ号の9名の犠牲者を追悼する記念碑。ガザ港にて。一人ひとりの犠牲者の名前がアラビア語とトルコ語で、トルコとパレスチナの国旗の模様とともに刻まれている。

対立の激しい地域政治への関わりを避ける傾向にある。

先に触れた二〇一〇年五月のマヴィ・マルマラ号事件は、・ＩＨＨをはじめとする各国のＮＧＯが「ガザ自由船団」を組織し支援を行っているときに発生した。船団には世界の多様な市民組織が参加したが、・ＩＨＨはその主な立ち上げ団体の一つだった。自由船団の目的は、ただ支援物資をガザ地区に届けるだけでなく、最終的にはガザに対するイスラエルの封鎖を終わらせることにあった。

片や、この事件を受けてギュレンは・ＩＨＨがガザへの航海によってイスラエル政府と直接対峙したことに異議を唱え、事件全体を「不要な衝突」と評した。世俗主義者も、トルコとイスラエルの関係を傷つけたとして・ＩＨＨを非難した。

ギュレンの運動を担うＫＹＭは、地元のパレスチナＮＧＯを頼りに、イスラエルが管理する検問所を通過して支援物資を送るといった活動を中心に行っている。ＫＹＭのガザ支援を支える主要なパートナー団体は、トルコへの留学経験を持ちトルコ語が堪能なパレスチナ人医師によって設立されたＮＧＯである。このような方式がＫＹＭでは盛んに採用されている。もっとも、この方式は・ＩＨＨでも一定程度採用されている。たとえば、トルコの大学の卒業生たちが市民社会との協力関係を深めるために作った地元ＮＧＯとの協働もその一つである。

ＫＹＭは現在、飲料用の井戸の復旧など地域インフラの整備をはじめ、パレスチナの自治体レベルが行っているプロジェクトに対しても活発に支援している。また、何百人ものパレスチナ人大学生に学費を無償提供したり、過去数年にわたり、より多くのガザの学生がトルコの大学に留学できるよう奨学金の全額給付も行っている。

おわりに――シリア難民危機とトルコのＮＧＯ

シリア危機が始まり、シリア難民がトルコ南部に到着しはじめて以降、・ＩＨＨもＫＹＭも戦争と暴力から逃れて来た人々に手を差しのべ、人道的救援活動を精力的に行っている。・ＩＨＨは全国的なボランティアのネットワークを動員し、シリア難民のためのキャンペーンを通じて大衆、地域社会、地元企業に支援と寄付を訴え続けている。ＫＹＭも同様に、冬場に毛布を支給したり、暖かい食事を提供したりと、大規模な救援活動を展開し続けている。両ＮＧＯとも、難民の日々の生活環境を改善するために、トルコ政府に対してはより積極的な方策を取るよう要請し続けている。・ＩＨＨはまた、人道的救援活動の役割を果たすだけでなく、世論にも強く訴え続けている。世論の圧力が一国の政策に及ぼす効果を狙い、トルコ政府の目を、シリアの強権主義的独裁政権に抵抗するシリア民衆に向けさせるためである。

このように、トルコの人道支援においてはイスラーム的価値を尊重するＮＧＯが最も活発に活動している。これらのＮＧＯには、さまざまなプロジェクトやプログラムに必要な、人材と財源を集める大きな基盤がある。各地域社会のボランティアが地元で寄付者や支持者を募ることで、トルコ国内のシリア難民に対しても継続的な支援活動を積極的に行っている。

トルコの人々は、伝統的に中央集権政府に対して用心深さや懐疑心を抱き続けてきた。その中でトルコの市民社会は、国家の行政権力の行き過ぎを和らげる中心的な役割を果たしてきた。このような民衆の努力は、現在のトルコ政治にも影響を及ぼし続けている。トルコの評論家たちは、「トルコの春」は一九九〇年代から徐々に始まり現在もその歩みを続けていると評価する。トルコの民主化は徐々に変化を生む形でもたらされたのである。多くのＮＧＯはいまも、国家の対抗勢力としての役割を意識し、多大なエネルギーを社会貢献活動に注ぎ込んでいる。

一方、公正発展党（ＡＫＰ）政権は、シリア・アサド政権の退陣を主張し、自由シリア軍に対する軍事援助をはじめシリアの反体制派勢力を支援してきたことで世俗派の野党から批判を受けている。

アサド政権による報復の懸念は、トルコ国内での悲惨な爆破事件によって現実のものとなった。二〇一三年二月一一日、ジルヴェギョジュ国境での自動車爆弾攻撃で死者が出たのに続き、同年五月一一日には、レイハンルでの爆破事件で五一人が死亡、一四〇人が負傷した。

トルコ人の大多数は自国がシリアと交戦することに反対している。そしてＮＧＯによる人道支援の継続を支持している。トルコの人々は、シリアの内戦が国内に飛び火して社会に分裂と緊張を生むことを恐れている。

シリア内戦のトルコ国内への影響という点では、トルコ最大の宗教的マイノリティであるアレヴィー派の動向が注目されている（アレヴィー派はモスクに通わず、儀式で火を使うことがあることなど、教義においてムスリムと異なる点が多く、トルコ社会の中で異端視されている。宗徒数は全人口の一割程度とするものから、四分の一から三分の一を占めるとするものもある。トルコのクルド人の約二割がアレヴィー派であると考えられている）。世俗主義の立場に立つアサド政権を支持するアレヴィー派の人々は、ＡＫＰ政権がシリアの反体制派勢力内の多数派、スンニ派を支持したことに懸念を深めてきた。シリアに対するトルコの介入を契機に、アレヴィー派に対する差別や弾圧がいっそう強まる恐れがあるからである。

二〇一三年六月、イスタンブールのゲジ公園で起きた大規模再開発計画に対する激しいデモは、環境破壊への懸念から反政府運動へと発展し、トルコ社会の分裂の可能性と緊張を露呈させた。それでもなお、トルコの市民社会は人権問題に対する立場を表明しながら、トルコの人々の社会的な結束を築く中心的役割を担い続けていくに違いない。

■シリアにおける終わりなき殺戮をめぐる補記

民主化と人間の尊厳を求める民衆の平和的蜂起として始まった紛争に対して、シリアの抑圧的政権は弾圧と犯罪行為で応え、国を暴力へと引きずり込んだ。まもなく、シリアは国際政治システムの暗い奈落の餌食となった。シリアが国連の加盟国であるにもかかわらず、国連安全保障理事会はこの紛争以降、麻痺状態に陥り、無辜の人々を連日襲う悲劇と殺戮に対して何もできないでいる。首都ダマスカスはいまに続く世界最古の都市として世界中の人々を魅了してきた。しかし、こと今回のシリア問題に関しては、根強い冷笑的な態度が国際社会を支配し続けている。

ロシアや中国といったアサド政権支持派は、利己的な打算からアサド派による弾圧と圧政の継続を望んでいる。一方、欧米を中心とする反アサド派は、シリア国民の独立と自由、あるいは「アラブの春」の運動よりも、基本的にはイスラエルの利益を優先させている。中東地域の人々はそのことをよく知っている。米国の懸念は、シリアやアラブ世界での民主化が現実味を帯びていくことだ。力をつけた市民が自分たちの地域の運命を自分たちで決めるようになれば、それは米国にとっての現状維持を脅かすものになるからである。

政権による弾圧とそれを止められない機能麻痺した国連システムによって、シリアの民衆が血を流し、殺され続けているのである。

（翻訳協力・藤井詩葉）

第4章

「中東和平」の二〇年と占領経済のネオリベラル化
――イスラエルにおける排外主義の深化と新しいパレスチナ連帯の可能性

役重 善洋

はじめに――「中東和平」が不可視化してきた占領の現実

一九九三年九月、クリントン米大統領の仲介により、パレスチナ解放機構（ＰＬＯ）とイスラエルとの間で「暫定自治拡大に関する原則宣言」（オスロ合意）が調印され、歴史的な相互承認が実現、いわゆる「オスロ・プロセス」が始まった。翌九四年にパレスチナ暫定自治政府が発足すると、五年以内に最終的な「中東和平」が実現するとの前提のもとで、イスラエル市場には多くの外国資本が呼び寄せられ、また、多額の国際援助が暫定自治区に投下されることとなった。

COLUMN

オスロ合意

ノルウェー・オスロでの秘密交渉を経て、1993年９月13日、ホワイトハウスで正式に調印された。67年の第三次中東戦争でイスラエルが占領したヨルダン川西岸地区とガザ地区の少なくとも一部からイスラエル軍が撤退し、パレスチナ暫定自治を開始することが定められた。パレスチナの最終的な政治的地位や国境問題、入植地問題、パレスチナ難民問題、エルサレム問題などの重要案件については、５年以内に最終合意するとして、すべて先送りされた。2006年に「和平」反対派勢力のハマースがパレスチナ立法評議会選挙に勝利したことで、ほぼ合意は破綻したとする見方も強いが、ここで定型化された二国家解決案は、いまも「国際社会」による和平仲介の基本的フレームワークであり続けている。

この時期に和平交渉が始まった背景には、交渉当事者双方の経済的な事情があった。一九九〇年代初頭、冷戦崩壊と湾岸危機によって、ソ連および湾岸諸国（のパレスチナ人出稼ぎ労働者からの送金）という主要資金ルートを絶たれたＰＬＯにとって、西側諸国からの国際援助の獲得は必須課題となっていた。同様に、八〇年代半ばの経済危機を経て、ネオリベラリズム（新自由主義）路線に大きく舵を切っていたイスラエルにおいても、占領の負担を軽減し外資導入の呼び水となる「和平」は、経済的サバイバルのために避けることのできないステップと考えられていたのである。

ところが、イスラエルは、パレスチナとの最終地位交渉を進める一方で、パレスチナ占領地において、入植地建設による土地収奪や人やモノの移動制限を強化し、パレスチナ経済の自立化を阻止しようと努めた。

特に、一九九五年のタバ合意（オスロⅡ）が、ヨルダン川西岸地区を、A地区（自治政府が行政と治安をともに管理）とB地区（自治政府が行政を管理、イスラエルが治安を管理）からなる暫定自治区と、イスラエルが完全に管理するC地区とに区分けしたことは、暫定自治区となったパレスチナ人集住地域における行政負担からイスラエルを解放し、暫定自治区周辺に張り巡らされたイスラエル軍の検問所の設置によりパレスチナ側の人とモノの移動を効率的に管理・支配することを可能にした。C地区においては、入植地拡大による「ユダヤ化」政策が公然と進められた（役重、二〇一一、一一七頁）。一方、ガザ地区においても、南北に細長い同地区を縦断する幹線道路には入植者用道路と交差する箇所に検問所を設け、いつでも同地区を三ないし四つのエリアに分断・封鎖することが可能となった。また、イスラエル領内でのパレスチナ人の出稼ぎ労働も、厳しく規制されることとなった。

結果として、二〇〇〇年九月の第二次インティファーダ（反占領民衆蜂起）が勃発するまでの七年間に、イスラエルの一人当たりGDPは一四・二パーセントも増加したのに対して、被占領下パレスチナ人一人当たりのGDPは逆に三・八パーセント低下することとなった（Hever, 2010, P.13）。パレスチナ経済の自立を目的としたはずの国際援助は、イスラエルの占領政策による経済損失の穴埋めという機能を果たすことになったわけである。

私がパレスチナを初めて訪ねたのは、第二次インティファーダが勃発して間もない頃であった。ガザ地区南部のハーン・ユーニス難民キャンプで出会った老人は、インティファーダの背景には、オスロ合意という「トリック」に騙されてきたことに対する民衆の積もり積もった怒りがあると語った。

一九四八年のイスラエル建国によって、イスラエル領とされる地に住んでいたパレスチナ人の約八割

2000年当時のガザ暫定自治区　　**2000年当時の西岸暫定自治区**

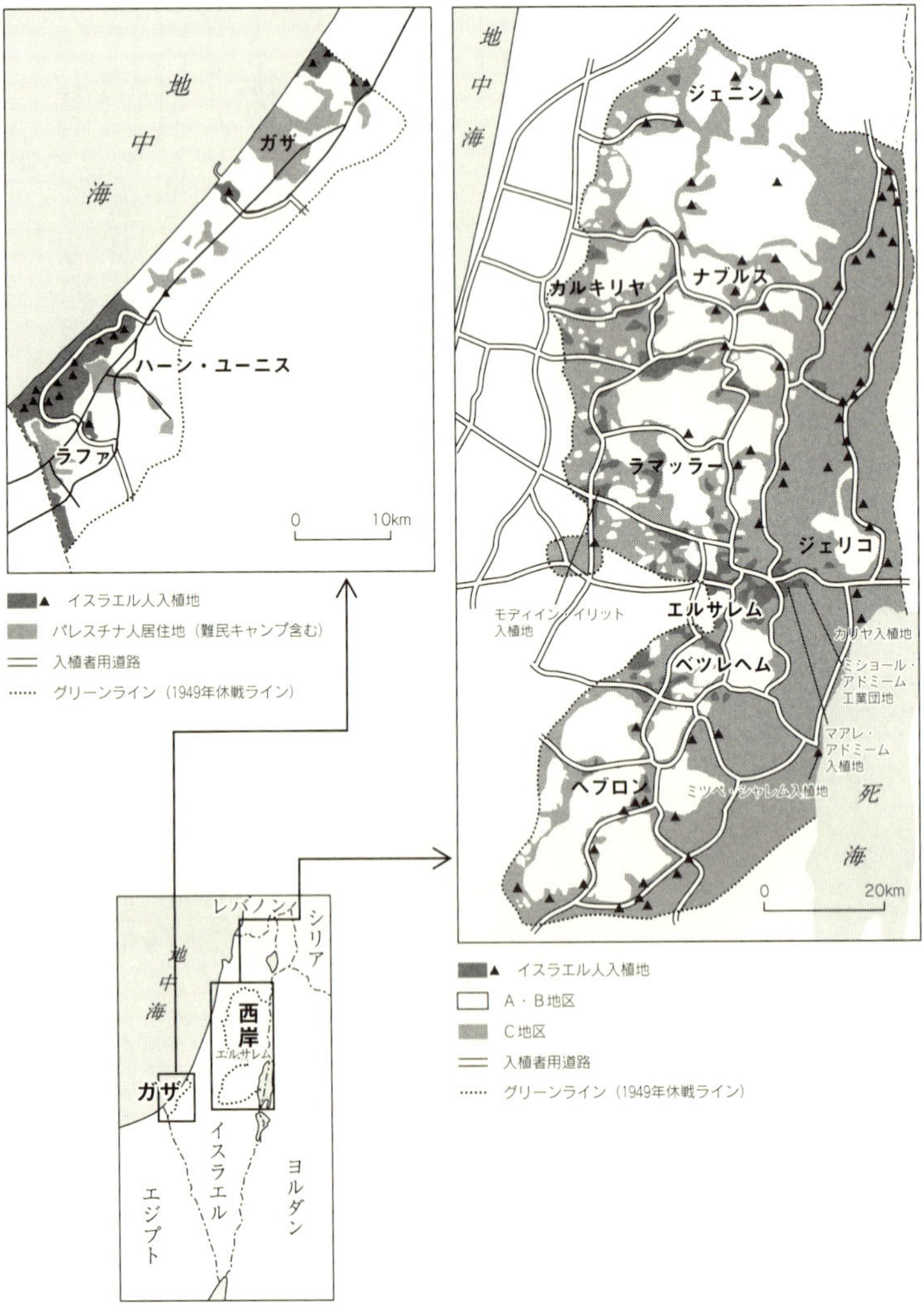

出典：パレスチナ国際問題研究学術協会 PASSIA の地図（©Jan de Jong）をもとに筆者作成。

が故郷を追われた。このときの難民とその子孫が住民の七割以上を占めるガザ地区には八つの難民キャンプがあり、抵抗運動の拠点をなしていた。ハーン・ユーニス難民キャンプのすぐ隣の地中海沿岸部には広大な入植地ブロックが拡がり、周辺地域への出入りはイスラエル軍の検問所で厳しく制限されていた。キャンプの近くで遭遇した青年は、外国人である私や同行していた友人らを見るなり、最近この検問所でイスラエル軍に殺された従兄弟の遺族の話を聞いてほしいと言ってきた。私たちはその家に行くことにした。話によれば、検問所は占領政策の象徴としてパレスチナの若者たちによるデモや投石のターゲットとされており、一五歳だった犠牲者の少年もそうした抗議行動に参加した若者の一人であった。実弾で胸を撃たれ、ほぼ即死だったという。先の青年自身、イスラエルによる移動制限でガザ市の大学に通学することができず、途方に暮れていた。イスラエル軍の攻撃がさらに強まった二〇〇二年にここを再び訪ねると、彼はすでに大学を退学していた。

私の出会った多くのパレスチナ人は、老若男女を問わず、日本に帰ったら不正な占領の実態を多くの人々に伝えてほしいと訴えた。彼／彼女らは、自分たちが騙されていたことだけでなく、「国際社会」そのものが、この体のよい「和平」というレトリックに惑わされていることに気づいていた。

パレスチナ人たちの生活状況を知れば火を見るよりも明らかな占領の不正義――。それが「国際社会」ではなかなか理解されないのはなぜなのか？　どうすれば理解されるのか？　以下、この問題を、オスロ合意以降に深化し続けてきた「イスラエルの戦争・占領経済のネオリベラル化」という観点から掘り下げてみたい。

一　イスラエルにおける戦争・占領経済のネオリベラル化

■「経済的和平」のレトリックが隠蔽するイスラエルＩＴ産業の暗部

占領を不可視化する「トリック」とは何か。その一つが、シモン・ペレス（オスロ・プロセスを進めたイスラエル側指導者の一人、当時のイスラエル外相）が宣伝する「新中東構想」であった。彼はこう訴えた。大規模な国際投資とイスラエルの技術力をもって「中東社会の経済的インフラストラクチャーを根本的に変化させ」れば、イスラーム原理主義の伸張を阻止し、経済的裏づけのある持続的和平を達成することができる、と（ペレス、一九九三、一〇八頁）。ところが彼は、ダティ・レウミと呼ばれる宗教右派勢力が進める過激な入植運動を積極的に支持した最初の政治家の一人でもあった。「新中東構想」においても彼は、パレスチナ人の自決権をヨルダンとの連合国家というかたちで曖昧にし、「「イスラエルの」防衛線はヨルダン川から始まらなければならない」と明言していた（同上、一四四頁）。

「中東和平」をめぐるこうしたイスラエルの不遜な態度は、第二次インティファーダに対するイスラエル軍による過酷な軍事弾圧と、西岸地区における「隔離壁」の建設、入植地の拡大によって、ますます顕著なものとなっていった。しかし、日本を含む「国際社会」はこうした矛盾に目をつぶり、パレスチナ人による抵抗運動を「中東和平」への障害、あるいは自治政府の治安管理能力の欠如としてしか捉えようとしなかった。こうした態度には、パレスチナ問題を単なる土地に絡んだ民族紛争ないし宗教紛争として捉え、その根底にある植民地主義的不正の問題を回避してしまったオスロ合意そのものの基本的欠陥がはっきりと現れている。そしてそのような態度の背景には、ペレスの「新中東構想」に見られるように、政治的アプローチよりも「経済的和平」や「経済・文化交流による平和構築」を優先させることこそが現実的な解決方法だとする考え方があった。それが、政治問題としての占領（およびそれがもたらす、パレスチナ人からの経済的主体性の簒奪）を不可視化する強力なイデオロギーとして働いてきたように思われる（こうした路線を示す典型例が、日本政府の進める「平和と繁栄のための回廊」構想である（役重　二〇一一、一二二〜一三二頁）。

しかし、イスラエルの占領政策において、経済と軍事・政治とは密接不可分の関係にあり、「経済的和平」という概念自体に無理がある。一九八〇年代後半以降のイスラエルは、二つの課題、すなわち国際的な経済競争を生き残るためのネオリベラル化と、パレスチナ解放運動を潰すための占領継続とを何とか両立させるべく、諸政策を操作してきた。とりわけオスロ合意以降は、軍需産業や入植地産業の民営化とともに、多国籍企業の招致や自国企業の海外進出・多国籍化を通じた占領地経営のグローバル化を積極的に進めてきた。つまり、「中東和平」の「失敗の継続」の背後で進行していたのは、戦争・占領経済のネオリベラル化というべき事態だったのである。

戦争・占領経済のネオリベラル化を牽引してきた分野の一つが、近年ではイスラエルの輸出の四割を占めるまでに成長したハイテク部門、とりわけＩＴ産業である。ここで、イスラエルにおけるＩＴ産業のグローバル化と経済・軍事・政治との密接なつながりを示す具体例を示してみたい。

私がガザを初めて訪問した頃、二〇〇〇年から二〇〇三年にかけてイスラエル軍南部方面総司令官を務めていたのはドロン・アルモグという人物である。ガザ地区における軍事作戦を統括していた。二〇〇七年、彼はそのときの経験と人脈を生かし、国境警備システムなどに関わるＩＴ企業を支援する投資会社、アスロン・グローバル・セキュリティを米国で立ち上げた。二〇〇九年一一月二〇日の「日経ビ

1トン爆弾によって破壊されて間もないガザ市の住宅街／2002年8月。（撮影：筆者）

ジネス・オンライン」は「イスラエル　成長の啓示」と題する特集の中でアルモグへのインタビューを行い（佐藤、二〇〇九）、軍によるＩＴエリート養成によって「技術大国に飛躍したイスラエル」を称賛している。このインタビューの中でアルモグは、アスロン社の投資先であるイスラエル企業、ブルーバード・エアロシステムズが販売する小型無人飛行機の使用について、「大都市での犯罪防止や国境の不法移民の監視においても低コストでやることができる」と述べている。しかし、同じ「商品」がパレスチナ人活動家に対する超法規的な暗殺作戦に用いられてきたことには触れていない。現在、イスラエル製の無人飛行機は、世界中の販売シェアの半分以上を占める「大ヒット商品」となっている。

もう一つ、このインタビュー記事では触れていない重大な事実がある。アルモグ自身の過去に関するものである。彼は、二〇〇五年九月、普遍的管轄権（重大な人道犯罪などにおいて、管轄外の外国人を訴追することを可能とする権利）に基づきイギリスの下級裁判所から逮捕状を発行され、同国へ入国しようとした際にヒースロー空港で逮捕寸前にまで至っているのである。容疑は、イスラエル軍の司令官として二〇〇二年一月、ガザ地区ラファのエジプト国境近くの村で五九軒の民家を破壊する命令を下したこと、同年七月、パレスチナの「和平」反対派勢力、ハマースの指導者を暗殺するためにガザ市の住宅密集地に一トン爆弾を投下し九人の子どもを含む一五人の住民を殺害した作戦に関与したこと、等による。逮捕状発行に至るまでの背景には、ガザに本部を持つパレスチナ人権センターやイギリスの法律家たちによる入念な調査活動と連携があったが、何者かによって情報がリークされ、アルモグは飛行機から降りずにイスラエルへ引き返すことで、逮捕を免れている。

後にアスロン社は巨額の損失を出し、アルモグはその責任を取るかたちで二〇一一年にビジネス界から引退したが、引退後はネタニヤフ首相によってパレスチナ人ベドウィン五万人（イスラエル南部ネゲヴ砂漠に暮らす彼ら遊牧民はイスラエルの市民権を持っている）の強制移住計画（プラヴェル計画）執行責任者に任命され、新たな民族浄化政策に着手している。

これらのエピソードは、現在のイスラエル経済の基幹を支えるＩＴ産業が、パレスチナ人に対する戦争犯罪と分かちがたく結びついていることを示している。

また、「日経ビジネス・オンライン」の特集記事によるアスロン社の好意的紹介は、パレスチナの地で培われた軍事技術を商品化するグローバル企業が、監視社会化を強める日本を格好のマーケットにしていることをも意味している。この記事の翌月、経団連の防衛生産委員会はイスラエルの軍事専門家によるレポートを翻訳した『イスラエルの航空宇宙・防衛産業』を発行しており、そこではブルーバード・エアロシステムズ社の無人飛行機も紹介されている。同レポートの「はしがき」では、同委員会事務局長の続橋聡が、「イスラエルの人々が、身をもって開発してきたシステムや装備品についての知識を得ることは、日本にとって今後大いに役立つと考える」と述べている。もはや、イスラエルの戦争・占領経済のネオリベラル化は、日本に暮らす私たち市民の生活とも無関係なものではない。

COLUMN

シオニズム

19世紀後半からヨーロッパのユダヤ人の間で始まったユダヤ国家建設をめざす運動ならびにそのイデオロギー。テオドール・ヘルツルによる『ユダヤ人国家』（1896）の出版を機に運動が本格化し、1948年のイスラエル建国後は、国家イデオロギーの支柱となっている。しかし、そのイデオロギーは、「世俗的／宗教的」「社会主義的／経済自由主義的」といったものから、対パレスチナ和平に対する「賛成／反対」に至るまで、多くの差異を内包している。また、イスラエル国内外のユダヤ人の中には、シオニズムに反対する潮流も少なくない。一方、プロテスタントを中心としたキリスト教思想の中には、ユダヤ人のパレスチナへの「帰還」を聖書の「預言」の成就と見なす考え方があり、最近では、このキリスト教シオニズムの潮流を含めるかたちで「ユダヤ人国家」を支持するイデオロギー全般を、シオニズムと呼ぶことも多い。

■入植地ビジネスのグローバル化

「経済的和平」の名のもとで進展したのは、軍需産業とＩＴ産業との連携・癒着にとどまらない。イスラエル経済のネオリベラル化において見逃せないのが、入植地産業の存在である。まず、この問題の全体像を捉えるために、一九六七年の第三次中東戦争後のイスラエルにおける経済政策とシオニズム・イデオロギーとの関係について概観したい。

もともと、社会主義シオニズムの強い影響下で成立したイスラエル国家の経済政策は、一九七〇年代までは労働党主導のもとで、労使協調の「大きな政府」路線を取っていた。しかし、前述したとおり、八〇年代半ばより、国営企業の民営化などによってネオリベラル路線が始まった。

この動きと同時並行的に進んだのが、ネオリベラル政策に親和的な修正主義シオニスト政党リクードの台頭である。西岸・ガザの併合を求める「大イスラエル主義」を信条とする彼らは、労働党以上に激しい反パレスチナ・反和平の姿勢を示すことで、ヨーロッパ系ユダヤ人（アシュケナジーム）中心の労働党の利権構造からこぼれ落ちた、アラブ・アフリカ系ユダヤ人（ミズラヒーム）の支持を集めて急成長した。さらにその結果、それまで労働党政権下で少数派の地位に甘んじてきた宗教右派政党がキャスティングボードを握るという事態も生じた。宗教右派政党は一九七〇年代半ばよりパレスチナ被占領地の入植地拡大に中心的な役割を果たしはじめていたが、一九七七年、政権与党になったリクード党と連携することで、いっそうその政治的影響力と急進的傾向を強めるようになり、最近では、もともと世俗政党であったリクード党内にも影響力を拡げるだけでなく、従来、教義的にはシオニズムと距離を置いていたハレディーム（正統派ユダヤ教徒）に対してもイデオロギー的影響を与えはじめている。

一九九五年、急進的宗教右派の一青年に労働党のラビン首相が暗殺され、その後を臨時に引き継いだ同党のペレスを経て、九六年にリクード党党首ネタニヤフが首相になると、オスロ合意に基づく和平交渉は実質的には凍結状態となった。米政財界に強いコネクションを持つネタニヤフは入植地拡大とともに、国営企業の民営化や外国資本の誘致を積極的に押し進めることになる。

これにより入植地そのものにおける産業のあり方も変化していった。たとえば、ミツペ・シャレム入植地やカリヤ入植地はもともと社会主義的理念に基づく自給自足経済を理想としたキブーツ（協同組合型入植地）であったが、一九八八年、死海のミネラルを原料に用いた化粧品ブランド「アハバ」を立ち上げ、九二年からは海外輸出にも乗り出しはじめた。これは入植地経済のグローバル化の先駆けともいえるものであった。九六年には、家庭用炭酸水製造器を生産していたソーダクラブ（後にソーダストリームと改称）社が、マアレ・アドミーム入植地内のミショール・アドミーム工業団地に主力工場を設立した。九八年に民営化された同工業団地には現在、約二五〇の企業の事務所や工場が入居している。格安な土地の貸与や補助金、税控除など、入居企業にはさまざまな優遇措置が取られる一方で、そこで雇われるパレスチナ人労働者は皆、争議権を持たない圧倒的弱者として働かされている。そのような「好条件」で生産された家庭用炭酸水製造器「ソーダストリーム」は、日本を含め世界四五カ国で販売されている。さらに二〇〇四年には、イスラエル有数のＩＴ企業であり、ＩＢＭやマイクロソフトなど巨大ＩＴ企業のビジネス・パートナーでもあるマトリックス社が、イスラエル政府の支援のもと、モディイン・イリット入植地内に開発センターを設立した。

これら海外ビジネスに比重を置く入植地はいずれも西岸地区の戦略地点に位置し、パレスチナ人追放政策に深く関わっている。ミツペ・シャレム入植地やカリヤ入植地のあるヨルダン渓谷地域では、家屋破壊や入植者による住民への暴力が頻発し、実質的な民族浄化が進行している。マアレ・アドミーム入植地のあるエルサレム東部では、Ｅ１計画と呼ばれる入植地拡大計画とともに、パレスチナ人ベドウィンへの大規模な追放政策が進められている（後述）。さらに、グリーンライン（一九四九年の休戦ライン）沿いに位置する西岸地区中部のモディイン・イリット入植地の周囲では、ビルイン村の土地を奪うかたちで、隔離壁が建設されている。これらの追放政策に対し、パレスチナ人たちは、破壊された家屋の再建、イスラエルの許可を得ないままでの学校やコミュニティセンターの建設・運営（Ｃ地区でイスラエルがパレスチナ人に建設許可を出す可能性はほとんどない）、あるいは創意工夫を凝らした大衆的デモの継続などを通じて、非暴力直接行動による抵抗をねばり強く続けている。

次節では、そのような抵抗を弾圧する主体や手段もまた、ネオリベラル化の影響下に取り込まれていることを見ていく。

二　イスラエル社会の右傾化と「軍事的ネオリベラリズム」の拡散

■占領経済のネオリベラル化とセキュリティ産業の肥大

占領経済のネオリベラル化は、イスラエルの軍需産業や入植地産業のグローバル化と同時に、欧米の多国籍企業によるイスラエル・セキュリティ産業への深い関与をもたらしている。たとえば、多国籍企業G4S（当初の社名はG4F）は、世界各国の刑務所や難民収容所の運営を下請けしたり、イラク、アフガニスタン等の「紛争地」へ警備員（民兵）を派遣していることで知られているが、二〇〇二年にはイスラエルのセキュリティ企業ハシュミラを買収し、以来、パレスチナ人政治囚を収容する刑務所（西岸地区にあるオフェル刑務所を含む）や、各検問所、入植地における警備・監視システムの運営も請け負っている。二〇〇五年に設立されたG4Sの日本支社では、政府開発援助（ODA）の「イラク復興支援」に関わる安全対策や、アデン湾・ソマリア沖を通過する日本関係船に対する海賊対策のトレーニング、アドバイスの提供などの業務を請け負っている（いずれも自衛隊や米軍との協力を抜きには考えられない業務である）。

イスラエルに進出するIT関連の多国籍企業も占領政策に深く関わっている。ヒューレット・パッカード社もその一つである。日本ではパソコンやプリンターのメーカーとして知られているが、その子会社であるEDSイスラエルは、西岸地区の検問所における生体認証システム（バーゼル・システム）の開発やメンテナンスに携わっている。二〇〇五年以降、イスラエル領内で仕事を希望するすべてのパレ

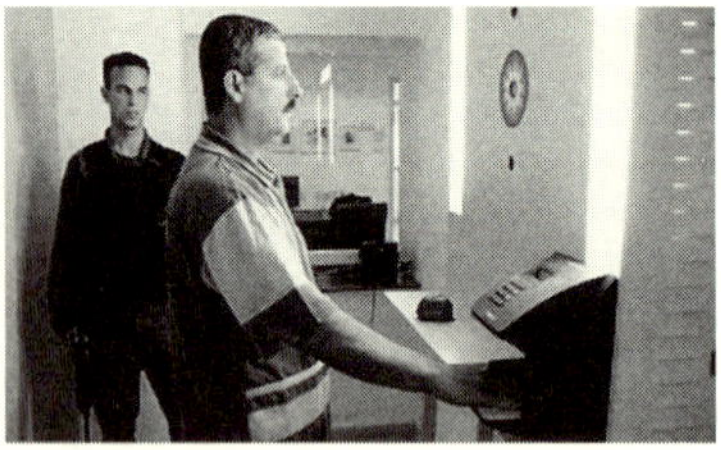
ガザ地区エレツ検問所の生体認証システム。（Who Profits, 2011, p.12）

スチナ人にこのシステムに連動したＩＤカードの所持が義務づけられ、過去の「活動歴」等の個人データが各検問所においてすぐに割り出せる仕組みになった。

このような戦争・占領経済の多国籍化とネオリベラル化は、パレスチナ人の生命や日常生活をがんじがらめにするだけではない。二〇一三年にはバーゼル・システムに連動した生体認証データ入りＩＤカードシステムの全イスラエル市民への適用に向け、試行運転が開始されるなど、イスラエル社会にも深刻な影響を与えはじめている。日本においては在留カード発行等の外国人出入国管理システム（受注業者の日立製作所はヒューレット・パッカード社とセキュリティ分野で技術提携している）というかたちで、私たちの身の回りにも確実に浸透しつつある。

また、「技術大国イスラエル」という喧伝のもとで覆い隠されがちなのが、こうした戦争・占領のネオリベラル化によって広がるイスラエル経済の構造的矛盾である。ＩＴ産業や入植地産業への手厚い優遇措置は、長期的視点に立った経済戦略というよりも、軍や入植者の利権が産業政策に深く影響していることの現れである。実際、社会保障費等の公的サービスは年々カットされる傾向にある。ごくわずかな特権層が富裕化する一方、圧倒的多数の市民の生活はますます厳しくなっている。二〇一〇年度のイスラエルの統計によれば、ＩＴ産業における平均賃金一万八〇〇〇シェケル（約四〇万円）に対し、全労働者の七五％はその三分一、六〇〇〇シェケル（約一三万円）以下の賃金しか受け取っていない（Swirski, 2011）。

イスラエル市民が置かれたこうした窮状は、二〇一一年の夏、住宅価格の高騰を契機として、ユダヤ系の若者を中心に起こされた大衆運動によって表面化した。イスラエル史上最大規模の参加者数（最大四五万人）を記録したこの「イスラエルの春」は、この国の経済運営への不満が、パレスチナ系市民のみならず、ユダヤ系市民の中間層にまで鬱積していることを示した。イスラエル社会における階層を大雑把に見ると、最底辺には被占領地からのパレスチナ人労働者や外国人労働者がおり、次に、イスラエルのパレスチナ系市民（全人口の二割を占める）、そしてアラブ・アフリカ系のユダヤ人であるミズラヒーム（イスラエルにおけるユダヤ人人口の約半分を占める）と続き、最上層にはヨーロッパ系ユダヤ人のアシュケナジームがいる構造になっている。ネオリベラル政策がもたらしつつある状況は、パレスチナ人やミズラヒームばかりでなく、いまや中間層の中心を占めてきたアシュケナジームの若者さえをも、貧困への不安に引きずり込んでいるのである。二〇一三年五月に発表された経済協力開発会議（ＯＥＣＤ）のレポートによると、イスラエルの貧困率は二〇・九パーセントであり、ついに加盟国中第一位となった（OECD, 2013）。

アシュケナジームの中でもとりわけ貧困問題が深刻なのはハレディーム（正統派ユダヤ教徒）の人々であり、彼らに安価な住宅を提供するため一九九八年に作られたのが、上述のモディイン・イリット入植地である。しかし、ここに建てられたマトリックス社の開発センターで働くハレディームの女性プログラマーたちの賃金は、二〇〇五年段階の数字ではあるが、ＩＴ労働者の平均を大きく下回る五〇〇〇シェケル（約一〇万円）にとどまっている（Algazi, 2006）。ちなみに当時の西岸地区のパレスチナ人の平均賃金は一日七三シェケル、月換算でわずか四万円強である。

イスラエルにおける「軍事的ネオリベラリズム」の寒々しい現実をより如実に示している例は、イギリス・ガーディアン紙が掲載したネゲヴ砂漠のベドウィン強制移住政策に関する記事である（Gordon et al., 2007）。ユダヤ人用住宅建設用地の確保のためにベドウィンの家屋三〇軒が破壊される現場を取材した記者はこの記事の中で、軍や警察に見守られた一〇代のユダヤ人の少年たちが、破壊される家から家財道具を運び出してはトラックに積み込む様子を報告している。我が家が破壊されるのをなす術もなく見つめる住民の前で、ユダヤ人の少年たちが生真面目に家屋破壊の作業を手伝っている。民間警備会社に時給四ドル以下という低賃金で雇われている少年たちだ。すべての家が軍のブルドーザーで破壊し尽された後、ベドウィンの活動家から「なぜこのような仕事を引き受けたのか」と聞かれると、ある少年は躊躇なく、「僕はシオニストであり、いまここで僕たちがしていることはシオニズムなのです」と答えたという。

この節の冒頭で述べたとおり、西岸地区の多くの検問所でも、二〇〇〇年代以降、民間の警備員がイスラエル兵に代わって業務を行うようになっている。また、西岸地区の地理的に孤立した入植地では、イスラエル軍だけでなく、入植者自身も軍から銃を与えられ、「自衛」に当たることが許されている。そのため、入植者による周辺パレスチナ人への暴力事件が頻発し、大きな問題になっている。これも、ある種の「占領の民営化」による経費節約の結果だといえる。ユダヤ人国家への忠誠を至上命題とする原理主義的シオニズムは、グローバル経済の圧力の中でますます重要な機能を担わされているといえる。

■深まる宗教右派と市場原理主義との癒着

イスラエルにおける宗教右派イデオロギーと市場原理主義との癒着——特に若い世代におけるそれ——を示す良い例は、二〇一三年一月の総選挙に見られた宗教右派政党「ユダヤの家」の躍進であろう。

セキュリティソフトのＩＴ起業で成功を収めた若い富豪、ナフタリ・ベネット率いるこの政党は、選挙直前の二〇一二年一二月に行われた「チャンネル２」（イスラエルのテレビ局）の世論調査において、三〇歳以下の若者の間で最も高い支持率を獲得していた。二〇一〇年から二〇一二年にかけて、ベネットは全イスラエル入植地を傘下に治めるイェシャ協議会の事務局長を務めている。この要職において彼は、パレスチナ人との和平交渉に明確に反対し、政治的、経済的に「強いイスラエル」を訴えることで、宗教右派の枠を越えて広く若者層の期待を集めた。実際、総選挙では、「ユダヤの家」は選挙前の三議席から一二議席へと大きく躍進した。ベネットは、「アラブの春」に託《かこつ》け、「ユダヤの春がイスラエルを席巻している」と豪語した。第一党を確保したリクード党の党首、ネタニヤフの首相続投は決まったものの、入植地在住の閣僚は八名を数え、新内閣はこれまで以上に入植地との利害関係を深めることから「入植者内閣」と揶揄されるまでになった。「ユダヤの家」党首ベネットは産業貿易労働省という重要ポストに就き、同党議員でやはりイェシャ協議会の幹部だったウリ・アリエルは入植政策に関わる要職として住宅相に任命された。

なお、ベネットは二〇〇六年に一度日本を訪れたことがある。政治家としてではない。彼が立ち上げたセキュリティソフト会社は米国のＲＳＡセキュリティ社（現ＥＭＣコーポレーション）によって高額買収されていたが、彼はこのＲＳＡ社の幹部としてプロモーションに来たのである。そのときのメインイベント、情報セキュリティ分野の展示会（「ＲＳＡカンファレンス・ジャパン二〇〇六」）では、前米国務副長官リチャード・アーミテージが、日米同盟問題とグローバルなセキュリティ問題をテーマにした基調講演を行っている。

情報セキュリティ分野におけるイスラエルと米国の協力関係の深さについては、二〇一〇年九月に、イスラエル軍情報機関と米国家安全保障局（NSA）との合同チームがイランの核燃料施設にサイバー攻撃を行い、ウラン濃縮用遠心分離機を一時的に稼働不能に陥らせたとされていることからも、その一端が伺える。また、この関係の中に日本も取り込まれている。二〇一二年八月に発表された「第三次アーミテージ報告」では、日米合同のサイバーセキュリティ・センターの設立が提唱されるとともに、イランによるホルムズ海峡封鎖が起きた場合には日本による迅速な掃海艇派遣が要請されている。その二カ月後に発表された自民党の選挙公約では、サイバーセキュリティの強化と日本版「国家安全保障会議」（NSC）の設置が盛り込まれた（二〇一三年一一月、NSC創設法案成立）。いうまでもなく、イランによるホルムズ海峡封鎖が現実的に考えられるのは、イスラエルによるイランの核施設空爆が行われたときである。

二〇一三年一〇月には東京で「テロ対策特殊装備展'13」が開催され、イスラエルの代表的な軍事・セキュリティ企業二〇社がイスラエル大使館とともに参加した。日本は、米国とイスラエルの危険極まりない軍事的、経済的、イデオロギー的同盟の一角を担いつつある。そこで大きな影響力を奮っているのが、パレスチナ占領の維持・強化を通じて形成されてきた「軍事的ネオリベラリズム」の思想、技術、人脈なのである。

三　新しいパレスチナ連帯の可能性

■BDS運動の広がりと「国際社会」における風向きの変化

以上に見てきたように、オスロ合意後のイスラエル経済のグローバル化は、一方ではイスラエル政府の戦争・占領政策と癒着するイスラエル企業が欧米や日本に進出し、もう一方では欧米や日本を本拠地とする多国籍企業がその戦争・占領政策に深く関与するという状況を生み出してきた。しかしこのことが逆に、国際的なパレスチナ連帯運動におけるイスラエル・ボイコット運動の意義をいっそう高めることになった。最終節では、市民によるこうした新たな動きについて見ていきたい。

ソーダストリームの販売中止を小売店に要請。大阪・梅田の阪神百貨店にて／2012年７月。

二〇〇五年七月、パレスチナの一七〇以上の市民団体や労働団体が超党派で、イスラエルに対するBDS（ボイコット・資本引き揚げ・経済制裁）の呼びかけを行った。アパルトヘイト時代の南アフリカ共和国政府に対して行われた国際的なボイコット運動を参照項として始まったこのBDS運動は、その後、着実な広がりを見せてきた。BDS運動の獲得目標は、占領の終結、イスラエル領内におけるパレスチナ市民への差別撤廃、パレスチナ難民の帰還権の保障、の三点である。運動が盛り上がる契機となったのは、とりわけ、二〇〇八年から二〇〇九年にかけて強行されたイスラエル軍によるガザ侵攻と、二〇一〇年五月に発生したガザ支援船襲撃事件（本書第3章一二四頁参照）である。世界中でイスラエル大使館や米国大使館に対する抗議デモが行われる中、戦争・占領政策に関わるイスラエル企業や多国籍企業へのボイコットが広範に呼びかけられた。これまでに名前を挙げたアハバ、ソーダストリーム、G4S、ヒューレット・

パッカードといった企業は、当然BDS運動の集中的なターゲットとなった。これにより、たとえば二〇一〇年に始まるアハバに対するグローバルなボイコット運動は、翌二〇一一年九月にはロンドンの専門店を撤退に追い込み、二〇一二年一月には日本の輸入代理店による取り扱いを中止させることに成功した。こうした「占領ビジネス」に反対するキャンペーンは、現在、ソーダストリームに対する日本での運動を含め、世界中に広がりつつある。

イスラエルの占領体制は、「占領ビジネス」のグローバル化によっていまや自国に対する国際的な「風評」を強く意識せざるを得なくなっている。そのことこそが、BDS運動という形式のパレスチナ連帯運動の意義と効果を高めているといえる。

このような市民レベルでの国際的なパレスチナ連帯運動の広がりは、政府レベルやEU等の地域連合レベルの政策にも影響を与えはじめている。とりわけ、対パレスチナ援助における最大のドナー国・機関であるEUにとって、パレスチナの経済的自立の可能性を蝕むイスラエルの占領政策に歯止めをかけることは、長引くEU経済危機のもとでは避けられない課題となりつつある。

また、EUはイスラエルの最大の貿易パートナーでもある。二〇〇〇年には同国と関税協定を結んでいる。しかし協定では入植地製品を関税控除の対象から除外していることから、イスラエル産の生産物と入植地産の生産物とを明確に区別すべきだとの議論がBDS運動の広がりとともに盛んになっている。実際、前述のソーダストリームに関しては、ドイツの輸入代理店と税関事務所との間で関税協定の適用をめぐって係争が生じ、審議を付託された欧州司法裁判所が二〇一〇年二月、「入植地製品は関税控除の対象とはならない」との判決を下している（パレスチナの平和を考える会、二〇一二年、二九〜三〇頁）。こうした動きの中で、イギリスやオランダの政府は国内小売企業に対し、イスラエル入植地産製品の原産地表示を「パレスチナ領内のイスラエル入植地」と明記すべきとの指導を行っている。

二〇一二年一一月の国連総会において、パレスチナはオブザーバー国家としての資格を圧倒的多数で承認された。翌二〇一三年一月には、国連人権委員会が任命する調査団によってイスラエル入植地に関する報告書がまとめられ、各国に向けて「入植地から得られる企業利益を終結させること」が要請された。明らかに国際政治における風向きは変化しつつある。

■台頭するC地区併合論と非暴力直接抵抗の可能性

一方、イスラエルの戦争・占領政策に対する国際的な批判の高まりの中で、入植者の意向を無視できないイスラエル政府はあくまで入植地建設を正当化するための戦略を必死に練り続けてきた。パレスチナの国連オブザーバー国家資格の申請・承認が確実視される情勢となりつつあった二〇一二年七月、ネタニヤフ首相は、元イスラエル最高裁判事を代表とする「レヴィ委員会」を立ち上げ、イスラエル入植地および西岸における軍事支配の法的地位ついて調査を行わせた。そして同月のうちに発表されたレヴィ委員会報告書では、（1）入植地は国際法上合法であること、（2）無許可で設営された入植地（アウトポスト）は速やかに合法化すべきであること、（3）西岸地区のイスラエル支配は「占領」には当たらないこと、などが結論づけられた。

レヴィ委員会は、これらの議論を、初のパレスチナ分割案が登場する一九三七年以前、つまり日本を含む諸列強が中東分割とバルフォア宣言（一九一七年、イギリス外相バルフォアがユダヤ人のパレスチナ復帰支持を約したもの）を承認したサンレモ会議（一九二〇年）での宣言にまでさかのぼって根拠づけようとした。ひと言でいえば、この報告書によって、二国家解決案の前提とされるパレスチナ人の民族自決権を、帝国主義時代の議論を援用して否定しようとしたのである。しかし、このことはイスラエルの植民地国家としての歴史的性格を如実に示すことにもなった。結果的に、レヴィ委員会報告はイスラエルに対する国際的な懸念（イスラエルはC地区を併合することで二国家解決案を封じようとしているのではないかという懸念）を広めることとなり、国連総会でのパレスチナ承認の採決においてはイスラエル側にとってマイナスの影響を及ぼしたと考えられる。

もっとも、C地区併合への懸念はそれ以前からあった。前述のナフタリ・ベネットは、国会議員になる前の二〇一二年二月に「イスラエル安定イニシアチブ」（The Israel Stability Initiative）という政策構想を発表し、C地区併合を公然と主張していたからである。そこでは、残りのA・B地区についてはパレスチナ人の自治を認める一方で、細切れになった自治区間を結ぶバイパス道路やC地区における工業団地の建設のためには巨額の投資が必要だとも提言している。

C地区併合や「自治区」の永続化を公然と主張するベネットの「安定イニシアチブ」と、パレスチナ人の自決権を「ソフト」に否定していたペレスの「新中東構想」との間には本質的な違いはない。ガザ地区をイスラエルから切り離す発想においても両者はほぼ一致している。しかし、この二〇年間に西岸地区で積み上げられてきた既成事実（入植者数が一九九三年の二六万人から二〇一三年の五六万人に大幅増加）は、二国家解決をますます非現実的なものとしており、そのことがベネットのC地区併合論に見られる「一国家解決案」に一定のリアリティを持たせていることも事実である。

一方、パレスチナ人の側においても、二国家解決案への期待感はほとんど霧散し、近年ではイスラエル／パレスチナの全領域に一つの民主的国家を樹立すべきという「一国家解決案」が広がっている。一国家解決案はPLOが一九八〇年代まで掲げていた方針であり、そこには、もともとイスラーム教徒もキリスト教徒もユダヤ教徒も、国境で分け隔てられることなく共生してきたというパレスチナ人の歴史意識が強く映し出されている。

パレスチナ民衆の中に育まれてきたこうした世界観は、C地区の「ユダヤ化」に抗うパレスチナ人の多様な抵抗運動のあり方にも如実に現れている。第一節の最後に触れた非暴力直接行動には、パレスチナ系市民を含めたイスラエル人、あるいはユダヤ系市民を含めた外国人など、多くの人々が地元パレスチナ人とともに参加しているが、そのこと自体が運動の開放性を示している。この開放性は、より広範なパレスチナ人の連帯とアイデンティティ形成にもつながっていると考えられる。イスラエルの「軍事的ネオリベラリズム」への抵抗は、西岸地区やガザ地区のパレスチナ人だけの課題ではないからである。二〇一三年の七月と一一月には、前述の、ドロン・アルモグによって進められているネゲヴ砂漠でのプラヴェル計画に対し、イスラエル領内のパレスチナ人コミュニティのみならず、ガザと西岸を含む「歴史的パレスチナ」全土の主要都市で抗議行動が行われた。イスラエルにおける右傾化とネオリベラル化の進展によって民族消滅の崖っぷちに追い詰められながらも、パレスチナの人たちは国際的な連帯の広がりの中で抵抗の論理をより深化させ続けている。

プラヴェル計画に反対するガザ市民／2013年７月。
（撮影：Joe Catron）

同じ一国家解決案とはいえ、ベネットの夢見る単一民族国家と、パレスチナ人の非暴力直接行動が志向する民族共生国家とでは、その中身はまったく異なる。前者を実現するためには、人間の行動を徹底的に管理するテクノロジーとそれを根拠づける排外主義イデオロギーの醸成が必要となる。後者を実現するためには、人間性への深い信頼や洞察と、それを支える連帯の思想、実践が不可欠となる。とすれば、争点は一国家か二国家かではなく、この地域に生きる人々が等しく人権を保障されるかどうか、自由で平等な社会がこの地に実現できるかどうかであることは自明である。そこでの「対立」は、パレスチナ対イスラエル、アラブ対ユダヤといった二項対立的な次元ではなく、階級やジェンダーといった次元を含む、より多元的な思考と実践の中で捉えられ、また乗り越えられるべきものなのである。

おわりに

最初の問いに戻りたい。なぜ、イスラエルによる占領の不正義が「国際社会」においてはなかなか理解されないのか。本章の行論から導き出せる私なりの考えでは、それは「国際社会」、とりわけ日本を含む「先進国」における市民のメンタリティが、占領者のメンタリティとシンクロナイズしているからである。すでに見たとおり、日本の社会はイスラエルの軍事技術、占領経済、排外主義イデオロギー等を同時代的に共有しているのである。

日本を含む「国際社会」は、イスラエル建国前の帝国主義時代からシオニズムを支援し、シオニズムに含まれる植民地主義や排外主義といった根本的な問題を捨象し続けてきた。この構造を変えるには、「先進国」が持つ自らの内なる占領者メンタリティを変革する必要がある。それは、反ユダヤ主義の裏返しとしてのシオニズムに疑問を持たないヨーロッパ・キリスト教世界の問題にとどまらず、民族宗教のシンボルとしての意味合いを濃厚に持つ「日の丸・君が代」の押しつけ（あるいは天皇制そのもの）に疑問を持たない私たち日本社会の問題でもある。二〇一二年六月、無人飛行機の生産で伸張するイスラエル・エアロスペース・インダストリーズ（ＩＡＩ）社を視察した山谷えり子参議院議員は、「領海侵犯」や「災害」に備えた無人飛行機の必要性を強調するとともに、「民族の物語があって、それが建国の理念になっている」国はイスラエルと日本だけだと、旧約聖書と古事記を並べて主張した（インターネット・テレビ超人大陸、二〇一二年七月二日）。自民党最右派に位置する山谷議員の支持グループの一つ「キリストの幕屋」は、日本最大のイスラエル・ロビー団体であると同時に、「新しい歴史教科書」採択運動を主導した宗教右派組織としても知られている。イスラエルの宗教右派に見られる、国家権力と癒着した原理主義的な排外主義の問題は、決して他人事ではない。

ここで、再び、初めてパレスチナを訪ねたときの苦い記憶が思い起こされる。ガザから西岸に戻り、帰国間近のときだったように思う。宿泊していたエルサレム旧市街ムスリム地区の安宿の近くで、宗教右派による嫌がらせのデモがあり、様子を見に行った。ライフルを担いだマッチョな男たちの集団が、イスラエル兵の護衛付きで、大騒ぎをしながら通りすぎて行った。その直後、路地の曲がり角で、小学校の低学年ぐらいの男の子が二人のイスラエル兵に拘束されているのに気づいた。パレスチナ人の大人が兵士と交渉している。しかしほとんど相手にされていない。そのように見えた。ちょうど昼過ぎの下校時間であったため、そうこうしている間に周囲は三〜四〇人の子どもたちであふれ返り、「アッラー・アクバル」（アッラーは偉大なり）の大唱和が始まった。緊迫した状況の中、私はたまたま隣にいたジャーナリスト風のパレスチナ人女性に、「あの男の子はデモ隊に石でも投げたのですか？　なぜ捕

エルサレム旧市街でイスラエル軍に連行されるパレスチナ人の子ども／2001年1月。（撮影：筆者）

まったのですか？」と質問した。彼女は、睨みつけるように私の目を見て答えた。「あの子は子どもですよ」。私には返す言葉がなかった。しばらくすると、軍用ジープが人垣を押しのけながら拘束現場に乗り込んできた。そして、泣きそうになりながら抵抗する男の子をジープの後部に押し込み、連れ去っていった。

なぜ、あのような質問をしたのか、いくらでも言い訳はできるようにも思うが、はっきりしているのは、あのパレスチナ人女性には、私の質問は占領される側のそれではなく、占領する側、あるいは傍観者のそれであるように感じられた、ということである。イスラエル兵がパレスチナ人の子どもを逮捕する理由は、何よりも自分が占領軍兵士であり、その子どもが被占領者だからなのである。目の前の不正な状況をあなたはどのような立ち位置から解釈し、関わろうとしているのか、そのように彼女は私に問うたのだと思う。

結局のところ、パレスチナ問題に関わるということは、誰とどのような関係を切り結びながら生きて行こうとするのか、そしてその中でいかに自らの価値観を見つめ直し、豊かなアイデンティティを獲得しようとするのか、という問いにつながらざるを得ないのだと思う。それはまた、世界、地域、「私」の新しい関係の結び方をどのように構想するのか、という問いでもあろう。ＢＤＳ運動をはじめとする国際的なパレスチナ連帯運動のネットワークは、インターネット等を介して、歴史的に見てもこれまでにない広がりとダイナミズムを持ちつつある。こうした流れの中で、「パレスチナ人」や「イスラエル人」のアイデンティティも変化していかざるを得ないであろうし、同様に「日本人」のアイデンティティも変化が求められている。それは、植民地主義・排外主義の不正に対して、傍観者でなくなることからしか始まらないプロセスなのだと思う。

引用文献

佐藤紀泰「軍隊こそ「最高の教育機関」」『日経ビジネス・オンライン（イスラエル　成長の啓示）』二〇〇九年一一月二〇日（http://business.nikkeibp.co.jp/article/world/20091117/209900/）。

パレスチナの平和を考える会編『ソーダストリーム―イスラエル違法入植地ビジネスの実態』同会、二〇一二。

ペレス、シモン／舛添要一訳『和解―中東和平の舞台裏』飛鳥新社、一九九三。

役重善洋「イスラエル占領下の「開発援助」は公正な平和に貢献するか？」藤岡美恵子・越田清和・中野憲志編『脱「国際協力」―開発と平和構築を超えて』新評論、二〇一一。

Algazi, Gadi: "Matrix in Bil'in," 2006（http://www.taayush.org/?p=45）.

Gordon, Neve and Erez Tzfadia: "Privatising Zionism." theguardian.com, 14 December, 2007（http://www.theguardian.com/commentisfree/2007/dec/14/privatisingzionism）.

Hever, Shir: *The Political Economy of Israeli's Occupation: Repression Beyond Exploitation*, Pluto Press, 2010.

OECD: "Crisis squeezes income and puts pressure on inequality and poverty," 2013（http://www.oecd.org/els/soc/OECD2013-Inequality-and-Poverty-8p.pdf）.

Swirski, Shlomo: "Israel in a Nutshell - A Different Introduction to Present Day Israeli Society and Economy," *Adva Center*, May 30, 2011（http://www.adva.org/default.asp?PageID=1002&ItmID=647）.

Who Profits: *Technologies of Control: The Case of Hewlett Packard*, 2011（http://www.whoprofits.org/sites/default/files/hp_report-final_for_web.pdf）.

参考文献

モーリス‐スズキ、テッサ／辛島理人訳『自由を耐え忍ぶ』岩波書店、二〇〇四。

第5章 DIALOGUE 1

アラブ・イスラーム世界の「サウラ」（反乱）をどう読むか

臼杵　陽
（聞き手＝編者）

――「アラブの春」と呼ばれてきたアラブ・イスラーム世界の激動が始まってから二年半が経ちました。個々の国や地域、個別の問題に入る前に、二年半を経て今どこにいるのか、現状に対する全体的な印象についてまずお聞かせください。

全般的にはアラブ革命が終息し、チュニジアやエジプトなど政権の転換を実現したところでは、新段階に入りつつある。新政権に失望はしたが、さりとて次の段階が見えないという苛立ちはあると思います。いったん革命の夜明けが見えたが結局は元どおりになった、衣が少し変わっただけだったという。その上にキプロスなどで金融危機が起きた。それが中東に波及することは今のところないでしょうが、全体として閉塞感が漂っているという印象はあります。

ただ、これまでのような軍事クーデターではなく市民の力で変えたわけだし、新政権もとにかく選挙という民主主義で選ばれた代表ですから、エジプトでいえば、これまで五二年革命しかなかったわけだからそれをいまの若い人たちが経験したのは非常に大きな意義があったと思います。時間がかかることは、皆わかっている。きっと生きているうちにまた機会が来ると思っているでしょう。しかしその後、二〇一三年七月三日にエジプト軍による介入があり、ムルシー政権(1)が崩壊するという新たな事態が生まれた。この事態をカウンター・クーデターと見るのか、あるいはムルシー独裁に対する「ストリート・デモクラシー」の勝利と肯定的に評価するのかは見方が分かれるところです。ムルシー政権の経済政策の失敗が新たな事態の原因として指摘されることが多いが、むしろ問題は、エジプトではやはり民主主義が制度的に成熟していないといった旧来のパターンの議論が再び起こってしまうことだと思います。

――エジプトではクーデター後、暫定政権のもとでムスリム同胞団に対する熾烈な弾圧が続いていますが、それをも含めアラブ革命がこれまでとは違うフェーズに入っているという印象を強く持ちます（編者注＝二〇一三年八月一八日現在、弾圧によるムスリム同胞団の死者は少なくとも一〇〇〇人を超え、逮捕者は一四五〇名を超えた。軍と暫定政権は同胞団の解体を対テロ戦争の一環と主張するに至っている）。この二年半をふり返ってみると、二〇一一年の春以降のシリア情勢が終わりの見えない暴力的展開を見せる中で、生起している事態の把握をめぐる混乱もあると思います。

一　メディアと現代的オリエンタリズム

アラブ革命の話に入る前に、シリアの事態にも直接関係するので、パレスチナ問題への見方、宗教・宗派対立という見方について議論の前提への疑問という観点から触れたいと思います。たとえば「泥沼化」という表現がシリアについてもパレスチナについても使われる。しかしそもそも「イスラエルとパレスチナ」という二項対立の図式自体が現状を追認する捉え方です。「和平」が語られる一方でそのことのおかしさが忘れ去られている。これは「イスラームにおけるシーア派とスンニー派の宗派対立」という見方にも関係していることです。

もともとパレスチナの土地にシオニストが入って来たこと、ここに問題の根源がある。この問題の起源が二項対立的な問題設定と現状追認によって常に隠蔽されてしまうのです。二〇世紀初頭、最初に「現状」として追認されたシオニストの入植地が拡大する、次にそれが第一次世界大戦時にイギリスの委任統治になって実体化し、さらにそれが「イスラエル国家」（一九四八年）として追認される。この流れの中でパレスチナ問題の起源が忘れ去られ、「和平」なるものが「イスラエルとパレスチナの共存」という形で議論されるようになる。パレスチナ側から見れば、議論の土俵が設定された時点ですでに妥協を迫られているわけで、「交渉」はイスラエルの存在を認めることが前提になってしまう。そしてそれ以外には和平はあり得ないという「国際社会の常識」というものが出来上がってしまうのです。

■遡及的議論の陥穽——オスマン帝国の崩壊と国民国家体制の形成

　これと同じパターンが他の「中東問題」にも適用されています。つまりまず現実が作られ、次に現実が「事実」として前提となりながら議論が展開され、そこに報道が乗っかるというかたちですね。現状分析以前に、そもそもの問題の起源とは何だったのか、そこから出発しなければなりません。

「宗派対立」という見方[2]についていえば、宗教・宗派体制の問題がオスマン帝国時代にあったことは間違いない[3]。それが制度化されたのがオスマン帝国におけるミッレトと呼ばれるものです。その宗教・宗派体制がオスマン帝国内で「民族」を形成していきます。最初にギリシア人が自分たちのことをギリシア民族といい出す、同じようにブルガリア正教会がブルガリア人／民族、セルビア正教会がセルビア人／民族というかたちでオスマン朝の領域内、いまのバルカン半島から東アラブ地域全域にかけて、宗教共同体であったミッレトを基礎とする諸民族の民族運動が起こってきます。アラブ革命が起きた地域は、形式的であっても大体オスマン帝国の領域内にあったことを考えると、議論の前提として宗教・宗派体制がこのようなかたちで内在化されていたことを考えないといけない。そこをまず指摘しておく必要があります。

　オスマン帝国が崩壊し国民国家体制が登場したときに、中東では宗教・宗派体制が変わらないもの、絶対的なものとして機能しているのだという議論が出てきます。「部族」があるから国民国家がまとまらないんだ、という議論です。すごく原初的というか、英語でいう primordial、第一次集団的な血縁集団のようなものがずっと連綿と続いていて、それが絶対変わりようがない単位として設定されるわけです。中東はずっと、そういうイメージで描かれてきた。モザイク社会論のように、「中東はモザイクのようにはめ込んであるもので統合はできない、上から近代的なものをはめようとしても無理だ、国民の形成はあり得ない」という話になる。そうでなければ、宗教・宗派を一掃するために上から国家権力が虐殺を行うというパターンですね。トルコのアルメニア虐殺[4]がいい例です。あるいは、トルコのクルド人に対する抑圧あるいはまた、かつてのギリシア人の追放もそうです。「こういう暴力的なかたちでしかできないのだ」という決めつけのような議論になっていきます。

これはいまのあり方を遡及的に議論するパターンです。パレスチナ問題もいまのシリア問題も同じです。現在の問題が何なのかというときに「これは宗派問題だ」とまず規定し、そこから遡及的に説明していく。アサド体制という重しが取れてばらばらになり「やはりシリアが抱える問題とは宗教・宗派問題だ」と後づけ的に説明される。イラクもまったく同じパターンで説明されていきます。

いままでずっとこういう説明の仕方が行われてきましたが、これこそがまさにオリエンタリズム[5]的発想ですね。「オリエントとはこんなものなんだ」という決めつけが最初にあって、それが分析以前にすでに一つの見方として定着している。そういう見方が問題の所在を常に隠蔽する機能を果たし、結果的に「中東和平」、つまりパレスチナもシリアもレバノンもイラクも連動するかたちで、ありとあらゆるところが現状追認のうえで「そこからどうしていくか」という話になっていく。けれども最終的な解が見えてこない。だから「泥沼」という表現でピリオドが打たれてしまう、という。

■「アラブの春」とサウラ

実はアラブの人たちは「アラブの春」という表現に抵抗を感じ、ほとんど使っていませんでした。最近では少し言うようになってきたが、それでも皆「サウラ」というアラビア語を使っています。「サウラ」には文脈によって「革命」という意味と「反乱」という意味があり、それをアラブ人は同時的に使っています。最近の中東研究者の間では、英語でいえばrevolution（革命）ではなくuprising（反乱）に落ち着きつつあります。

たとえばイギリスによるエジプトの占領に対し、一八八〇年代に起きた「オラービの革命」がありますがこれにも「サウラ」が使われる。この場合は、革命というより反乱です。あるいは第一次大戦時に、ハーシム家がイギリスの「アラビアのロレンス」の支援を受けて起こした「アラブの反乱」。あれもサウラ。一九五二年のエジプト革命もサウラです。つまり体制転換もサウラ。アラビア語の語感としてサウラはすごく幅が広いのです。

これに対し、「アラブの春」は明らかに「東欧の春」を念頭に置いたいい方です。東欧で社会主義体制が崩壊したときの「春」からさらに「遅れてきた春」というイメージですね。ではなぜ東欧と同時期にアラブでサウラが起こらなかったのか。米国のブッシュ（父）大統領が冷戦体制崩壊後に「新世界秩序」をいい出し、その反乱者としてサダム・フセインがいた。そして湾岸戦争（一九九一年）が勃発するわけで、とてもそれどころではない、サウラなど起こりようもない状況だったからです。

このように中東・アラブ社会を外側から見るのと内側から見るのとでは、全然違ってくる。同じことが現状についてもいえるのではないでしょうか。

たとえば、イエメンはサーレハ体制が比較的すんなりと移行したので例外的だったといってよいでしょうし、リビアは宗主国がイタリアだったので少し違いますが、フランスの植民地であったチュニジアとエジプトについては形式的であれオスマン帝国が宗主国だったという共通点がある。この問題は実は結構大きいのです。なぜかというと、そこには近代化、つまりヨーロッパからの立憲制を入れていこうという発想があったからです。明治維新よりもはるか前の段階で、チュニジアでもエジプトでもヨーロッパ化＝近代化という歴史過程を経る。今回、同時代的な現象として「アラブの春」と皆言ってきたが、むしろそれぞれの地域における歴史的流れの中で考えると、過去に多くの段階があって、社会変革の動きがずっとあったことがわかります。それぞれの国で人々が内側から変えようとしてきた歴史がある。そこが一切捨象されて「アラブの春」といまだに語られているという問題がもう一方にあります。

エジプトならエジプトのサウラという伝統がある。その中で、今回の「一月二五日革命」（二〇一一年）は彼らの頭の中ではオラービ以来のイギリスに対する抵抗運動に始まり、一九年革命や五二年革命に続くものとして認識されている。そのことが外側から見ていると意外に見えない。エジプト人の多くは、おそらく長い歴史の中におけるプロセスの一部だと自分たちの闘いを考えているでしょう。もちろんチュニジアのことは同時代的に報道されたからエジプトの人たちにとって一つのきっかけにはなったとしても、彼らは決して「チュニジアのジャスミン革命から影響を受けて」云々というふうには思っていないのです。

それと「SNS（Social networking service）革命」。ツイッターやフェイスブックなどの役割が云々とよくいわれますが、圧倒的に影響力を持ったのは衛星テレビだった。だからサウラが起きた要因としてのSNS革命というのは、あまり説得力がないというのが今いわれていることです。当時はNHKなどがしきりにこれが原因だったかのように報道していましたが、それはあくまで触媒的な役割であってそれ以上でも以下でもないという印象です。やはりずっと抵抗運動をやってきた人たちが中核として存在したということですね。エジプトでは「革命」が、組織力を持つムスリム同胞団に結果的に簒奪されたかたちになってしまった、つまり投票になると大衆動員力を持っているところが最終的に勝ってしまったわけだけれども、最初のきっかけを作ったのはそういう若者たちの地道な活動だったと思います。ただし、それをどう評価するかは時間がもっと経たないとわからない。いまはまだあまりにも生々しすぎて歴史になっておらず、客観的に分析できる段階ではない。

――サウラの伝統の中で若い世代と上の世代が運動、行動面においてつながっていた、断絶はなかったということですか。

難しいところですが、少なくともキファーヤ運動のように二〇〇四年以来、連綿として続く草の根的な民主化運動などがあったこと、つまり中核となるような組織があって、その人たちの動きが共感を生んだことは間違いない。皆、最初は非イスラーム的運動だと思っていた。それは間違いなく彼らの功績だったと思います。同胞団にしても、なぜ革命が起きた時点で覆面していたのか。米国の対応を見ていたのでしょうが、それはかつて弾圧を経験した人たちの知恵だったといえるのではないか。「革命」を成し遂げた若者たちは後の選挙という政治的な機会では組織力がないので政党としては機能し得なかったが、そこは過小評価してはならない。革命の初期の段階と、その後選挙という具体的な政治的アジェンダが出てきた段階は区別して議論すべきだろうと思います。

おそらく今後、「アラブの春がイスラームの春になった」とか揶揄的に言って、皆白けていくでしょう。「やはりアラブ世界は皆イスラームになってしまうんだ」という感じになっていく。しかし、そのときにイスラームの内実とは何か、そこをもっと議論したほうがいい。欧米のメディアがいうイスラームとアラブの人々がいうイスラームは意味内容がまったく違う。前者の欧米側のイメージはイラン革命的なものですが、そういうふうにはなり得ないというか、ならないでしょう。アラブの文脈に即したイスラームとは何か。そこをもう少し考えていく必要があります。

アラブの論客が外側から常に再生産されるイスラームに関する言説に対し、いつも苛立つのはまさにそういうオリエンタリスト的言説です。彼らにしてみれば「いくら言ったところで、すべて向こうで用意された枠に回収されていく、その回路の中でぐるぐる回っている」ということになる。外側から見ている限り、何も変わらない、少なくとも何も変わらないように見える。しかしイスラームも常に変わっている。それがどう変わっているのか、きちんと評価しなければならない。

アラブ世界に対し、憲法の中にイスラーム、シャリーア（イスラーム法）が入ると「反動的」というレッテルが西側からいつも貼られます。しかしそれを歴史的文脈の中でどう考えていくのかが大切です。人権問題も然り。イスラーム的人権があるのかどうか、あるいは人権の普遍性と言ったときに、それをどこまで守るべきものとして考えるのか。こうした点をきちんと議論したほうがよい。

このことは「保護する責任」の問題にもつながってくる。「リビアのカダフィが国民を虐殺している、だから止めなければいけない、したがって介入する」という論理の中で北大西洋条約機構（ＮＡＴＯ）軍が入るというパターンになり、それが正当化されていく。「虐殺を止める」という文脈のみでいえばそれは正論であり重視されるべきだと思うが、これがすべての場合に適用されるわけではない。端的にはシリアがそうですね。そこでダブルスタンダードという話になる。なぜ適用されないかというと、反対する者がいるから。そこで次に「国際政治の話」にすり替わっていく。シリアの場合では、「ロシアと中国、そしてブラジル、インド、パキスタンもいつ人権の名のもとに自国に介入されるかわからない。そういう国々が反対している。だから介入できない」という説明になる。ではなぜ、リビアだけなのか、全然一貫していないことをどのように説明するのか。普遍的人権というものがありうるのか、あるとすればどういう状況のもとで保障されていくのか。介入を言うとき、どこにその根拠を求めるのか。さらにわれわれが支援や連帯と言うとき、どこにその基準を求めるのか。もっと議論したほうがよいと思います。

二　「西側」の関与がもたらすもの

――ＣＮＮやＢＢＣなどのグローバルメディアが発信する情報のオリエンタリスト的変更については、中東・アラブ地域の研究者やジャーナリストからも指摘されてきました。しかし先ほどのお話を聞きながら、偏向的な報道のパターンに自分自身も影響を受けていることを再認識します。報道や情報のどこに偏見や差別、問題のすり替えや操作・作為があるのか、これらを見極めるためには、受け手側にかなりのメディア・リテラシーが要求されます。だからこそ問題の起源を捉えねばならないというお話だったと思うのですが、話を一歩進め、外から入って活動している国際組織、NGOなどについて何か感じられていることはありますか。あくまでも一研究者としての全般的な印象ということで結構なのですが。

一番感じるのは、たとえば支援、援助、連帯される側が、する側に合わせてしまうという問題です。彼らにとって最優先されるべきものがありながら、より多くの人たちに支援してもらいたいということで合わせていく。常に軸足がずれながら、彼ら自身が変わってきている。与える側と受け入れる側のずれというのは常にありますが、それをできるだけ最小にしよう、あるいは見ないようにしようとしている。

援助する側がいわば「需要」「ニーズ」を作り出す側面があります。それに援助を受ける側が乗っかるかたちで事態が進行していく。西側――報道する人、研究・調査の対象として関わっている人――が欲している情報を彼らが提供するという構図が出てきたときにどうするか。「受ける側と与える側」という構造的な関係から生まれる問題ですが、支援・連帯する側が逆に問題を作り出しているところはないか。それをわれわれの側がどう問題として立ち上げていくか。

たとえば、私自身、研究者として彼らと話をしているときに、どうもこちらに合わせて話しているなと感じることがあります。自分たちの実態はこうなっていると「伝えてほしい」――必ずそういわれる。それに違和感を覚えるときがあります。向こうがこちらに合わせるかたちで一つの問題が出来上がってしまうのです。それをどう考えたらいいのか。

■オクシデンタリズム

このことを宗教・宗派問題に引きつけていえば、一方でオリエンタリズム的に作り出されていながら、他方で向こうの人たちもオクシデンタリズム(6)で提供するというかたちで、双方の間に或る種の共犯関係が生まれていくという側面があります。たとえば、以前からある議論ですが、イスラーム主義者が作りたい社会は預言者ムハンマドの七世紀の時代に戻る、つまり復古主義的に構築される社会です。では、預言者が実際に生きていた七世紀をどうやって再現するかという問題がある。クルアーン(7)とハディース(8)にあるのは語られたことだけですから、少なくともそれらから再構築することはできない。

実は、イスラーム主義者の言説の資料や傍証の出所とはオリエンタリストなのです。ヨーロッパの研究者が考古学的、文献学的にイスラーム主義者が理想とする世界を構築したのです。オリエンタリスト自身が七世紀の預言者の生きていた時代をウンマ[9]として理想化し、それがいつの間にかイスラーム主義者の中に情報としてするっと入り込み、彼らがいう理想世界と重なっていった。オリエンタリストたちも色々いいながらもムスリムやイスラームをものすごく愛してしまっていて、生涯をかけてそれを再構築した人たちだから、過去を理想化して語るところがある。そういう具合に両者の間には或る種の共犯関係がある、ということがずっと指摘されてきたわけです。対極に位置する両者が合わせ鏡になってしまうという構図ですね。

これは結構、深刻な話です。両者の間にはサイード[10]がいう権力関係的なものがあるにはあるが、イスラーム主義者自身がもう区別がつかなくなっている。相互干渉というか双方の往復運動の中でそうした事態が進行してきたのだから当然といえば当然です。だから、ただ「オリエンタリズムだ」と批判するだけでは終わらなくなっているのです。

■干渉によって実体化される対立の構造

思想というのは、常にそういう問題をはらんでいる。では、どうすればよいのか。本人たちも実はわかっていないし、われわれにも解があるわけではない。そこに問題があるのです。

たとえば、シリアが宗教・宗派体制ではない、と一〇〇パーセント否定することはできない。なぜなら実体としていままであったものだからです。それを外部が利用すると、まさに宗教・宗派紛争のように機能するというところがある。いわば相互干渉が起こる。そしてイラクのように宗派間対立の構図がより実体化されていくようになる。いままではそれがただ単にサダム・フセイン体制のもとで共通して押さえつけられていたと見るのか、あるいは本当になかったものが現れたと見るのか。パンドラの箱を開けたような結果になってしまったが、しかしそれは「やはり宗派の問題だったんだ」といえるものなのかどうか。そこはかなり微妙です。

いまのシリアでも、外側からの干渉によってそれまでは機能していなかったものが機能しはじめるようになった、といえるかもしれない。同じ宗派や「部族」の中で敵と味方に分かれるのはどこでもあることですが、それを「宗派問題だ」と単純に切ることはできない。実は権力からの距離だけで議論されるべきものであって宗派問題に還元できないことは皆わかっている。ところが、外側からの干渉によって、イランがアラウィー派を支援する、また隣のレバノンのヒズブッラー[11]がアサド政権を支援すると、それが「シーア派が支援している」という構図になり、次にはサウジアラビアやトルコの支援に関し「スンニー派が反体制側を支援している」と語られ出すようになる。そういう中で、あたかも宗派的対立であるかのように機能しはじめるようになる。そしてそれを「宗派紛争」と見なすようになる。先ほどからいっている後づけ的というのはこういうことです。結果としてこうなってしまったことを防げず、現に実体としてこうなってしまったことが問題なのです。外国からの干渉と国内政治の相互作用、これをどう考えるかが重要ではないかと感じています。

おそらくシリア国内に住んでいる人たちは、むしろ全部利権構造の中で動いていると考えていて、宗派対立や「紛争」というかたちでは考えていないのではないか。バッシャール・アサドが父親から政権を引き継いで独裁体制を維持しながらネオリベラリズム的な政策を取り入れていった結果、政権の周りの人たちが私腹を肥やしていった。これに追い打ちをかけるように飢饉があって農村が疲弊していく。さらにその中で大量の農民が都市部に流れ込んだ。それが「アラブの春」で転換が起こり、混乱が生じ、収拾がつかなくなった。しかし、かといってアサドを支援している人たちの構図が壊れたかというと壊れていない。外国の干渉によって対立構造がむしろ強化される一方になり、今後の方向性が見えなくなるという状況です。

国際社会においても、たとえばロシアにとってラタキアは軍港、地中海における軍事拠点として重要であり、これを維持するためにアサド体制を何とかしなければならない。黒海から地中海に出てくるときに、ロシアにとってラタキアは非常に重要だろうから。あるいは中国などにとってはおそらく人権問題について自国への干渉を防ぐための防波堤といった感じでしょう。そういう国際政治上の駆け引きと同時にアラブ域内における親米派とそうでないところの温度差がどんどん広がっている感じがしなくはない。

外国の干渉によって宗教・宗派問題が実体として利用され枠づけされていくようになること、これは一八世紀末以来、いわゆる「東方問題」やパレスチナ問題など、現在に至るまで連綿と続いている問題です。欧米の干渉がそういうものを作り出していく構造が中東社会にあって、それがほとんど変わっていない。歴史の中に埋め込まれてしまっているので、これは相当深刻です。これからも変わらないという停滞論的な意味ではなく、紛争の起こり方にパターンができてしまっているということです。そのパターンの中で新たに問題が作り上げられていく。かつてはパレスチナ、一九七〇年代はレバノン、そして今回はシリアというように。

――チュニジアやエジプトでは平和的に政権交代が行われ外国の直接介入も招かなかったのに、リビアとシリアではなぜそういう暴力的な事態になったのか。いまお話になったことと外部からの干渉がどのようなダイナミックスを生んでいるのか。そこが知りたいところです。

いつも議論になるところです。エジプトにしろチュニジアにしろ、体制・政権転換が比較的うまくいった背景には、先ほども触れたように一九世紀以来、オスマン帝国から独立して主権国家としてやってきた歴史がある。一方、第一次大戦後に独立したシリアは、その意味ではまだまだ国家基盤そのものが脆弱であるということはあるかもしれない。意見は分かれるかもしれませんが、それについてどう考えるか。

中東研究者、とりわけ政治学者がよくいうのは、たとえばアルジェリアはすでに一九九〇年代に内戦を経験しているので早すぎた例だとしても、ではモロッコはどうか。モロッコでもしもサウラが起こればリビアと同じかたちになったと思いますが、王政が比較的安定していたので広がらなかった。しかし考えてみれば、モロッコも二〇世紀初頭にタンジール事件などが起こっている。この事件は一九〇五年、最初にフランスがイギリスにモロッコでの優越権を認められたことに対して後進帝国主義国ドイツがモロッコの領土保全と門戸開放を要求した帝国主義諸国間の紛争ですが、これを発端にモロッコは常に国際紛争の場になってきた歴史がある。ちょうどいまのリビアと同じパターンですね。

リビアの場合いつも問題になるのは、国家としてどのくらい一体性があったかということ。少なくともチュニジアは地域的一体性があった。エジプトもナイルデルタがあり、そこに住む人々の均質性という意味では歴史的に形成されたものがある。ところがリビアは、そもそもイタリアが植民地化したときも、いままさにもめている三つの地域がばらばらだった。実際問題としてばらばらだったし、いまでもそうです。西側の首都トリポリがある地域が国の中心で、東側のベンガジがある地域と南部のフェザーンはいわば国内の開発途上の地域です。このように国内の地域格差が非常に大きく、石油配分の問題も同じパターンで出てきています。

――三つの地域が統一されていないことが、リビアの今後にどのような影響を与えると考えますか。

秩序作りができないと必ずイエのつながり、ネットワークの比重が大きくなります。目の前にある第一次的な社会集団に依拠せざるを得なくなる事態が生じた場合にまた混乱が起きることになるのかどうか。英語の tribe、日本語の「部族」というと「原初的かつ野蛮な集団で常にそこに帰っていく」というイメージがつきまとうので差別的であり問題がありますが、要するにファミリー、イエのネットワーク、これがリビアでは強い。良し悪しの問題ではなく実体として機能している。もちろん、家父長制という別の問題もあるが、少なくともそのネットワークは社会の一番下のレベルで間違いなく機能してきた。国家が脆弱だった、あるいは植民地権力だったために自己防衛の一つの社会組織がイエだったということです。

リビアと同じことが、シリアについてもいえます。ただし歴史的条件がかなり違うのでリビアと同じように考えることはできない。しかしもしも仮にフランスがレバノンを切り離さなければ状況は違ったかもしれない。もともとヨルダンとパレスチナが一つに扱われていて、レバノンは少し後に大レバノンとして分離されます。その後遺症がシリアにはいまだに残っているのではないでしょうか。少なくともこのことが相当おかしくなる原因を作ったような気がします。もう一つがトルコとの関係です。アレクサンドレッタ（イスカンダルーン）というシリア北部の海岸部地域にはいま大勢の難民が押し寄せていますが、ここは第一次世界大戦後にトルコによって切り取られてしまったところです。その意味ではシリアの国家形成そのものに問題があったといえるのかもしれません。

――オスマン帝国の崩壊後、諸民族、諸宗派を分断するかたちで暴力的に領域国家が形成され、内部に歪みを作り出していった。「シリア」とか「トルコ」とか、われわれはいまある領域国家の単位で語りがちですが、その意味では各国とも国内の地域主義的傾向が現在でもかなり存在すると分析できるのでしょうか。

そうだと思います。トルコの事例でいえば、クルド人の問題もあります。一九二〇年のセーヴル条約ではクルド人国家ができるはずでしたが、新生トルコ共和国と結び直した一九二三年のローザンヌ条約で不可能になった。それでイラン、イラク、シリアの一部、そしてトルコに分断されてしまった。とりわけ今回のシリア内戦で問題なのがシリアの北東部のクルド人たちが体制側に回っていることです。トルコのクルド抑圧に対抗するためにアサド側についている。つまり単純に一国家内で話が完結しないような構図になってしまっているところにシリア問題の深刻さが表れている。だから決して宗教・宗派対立というレベルだけの話ではない。クルド人も分断されているのです。

また一九八〇年代以来徹底的に弾圧されてきたムスリム同胞団もスンニー派という「敵」に分類され、「反体制側」として扱われているが、スンニー派の人たちが必ずしもすべて同胞団を支持しているわけではない。体制側を支持している人たちもたくさんいます。だから先ほども述べたようにアサド体制からどのくらい恩恵を得ているか、アサド体制のもとで親族経営をしているビジネスマンたちがその周りに寄ってきた人たちにどのくらい利益を配分したのか、そういう利害関係のほうが大きいといえるのではないか。だから、話はむしろもっと単純なのではないかと。

――そうすると「世俗主義とイスラーム主義」あるいは「民主政と王政」というふうに統治形態や宗派主義の問題として捉えるよりも、国家権力、つまり富の分配のあり方や軍隊との関係という軸で見たほうがわかりやすいといえるのかもしれませんね。では、特に軍の動きや、今後の民衆の闘いと軍との関係をどのように考えますか。

こういう中では絶対的暴力装置を持っている軍の動きは非常に重要です。かといって軍の一部に離反者もいるので必ずしも一枚岩ではない。ただシリアの場合、まだ民衆の圧倒的多数はエジプトのように旧体制を見捨てるというところには行っていない。つまりまだアサド政権が軍に利益配分をしているからでしょう。軍が本格的に動き出せば政権は崩壊するでしょうが、軍は依然として忠誠を誓っている。ではなぜ、軍の忠誠がここまで保てるのか。やはりこれまで結構アメの部分が手厚かったからではないでしょうか。

ポスト・アサド体制を考えると「イラク・モデル」はもはや使えない。イラクの場合なぜ失敗したのかというと、旧フセイン体制の軍人を含むテクノクラートを全部パージしてしまったからです。パワーエリートが全部消滅したかたちになり、国が全然動かなくなった。これは権力の継続性という意味で、テクノクラートを完全に排除してしまうことの危険性を示しています。今後の方向性として、そうなって欲しくはないが、少なくともアサド体制を支える人たちをどう処遇するかを考えないといけないでしょう。だからこそ「宗派対立」の図式や宗派主義という捉え方では駄目だと思うし、アラブの人たち自身から意外に楽観論が出てくる理由もそこにあると思います。彼らはアラブにおける権力構造を熟知しているから、内戦が終わったらすぐに国家再建ができると考えている。だから「どうやって調停していくか」という問題意識になる。

一番まずいのは、米国が入ってきたイラクのような場合ですね。外に亡命していた幹部を据えつけるという方法です。アフガニスタンも同じで、占領軍としてやってはいけないことをやってしまった。国内で解決するのではなく外側から落下傘部隊を連れてきて、新しい権益関係を作り出していった。シリアの場合そうならないことを望みます。

もう一つ大きな問題は、エジプト的なかたちで選挙をやると同胞団的なイスラーム主義者がかなり支持を伸ばすだろうということです。チュニジアにしてもリビアにしても同じパターンです。ただ、リビアの場合は旧体制を引きずるかたちで暫定政権を作り、いま暫定政権にあるのは経済テクノクラートです。石油があるのでとりわけヨーロッパの意向を汲んだ経済再建志向の体制が作られている。その結果二〇パーセントぐらいしかいない同胞団的な勢力が押さえつけられている格好ですが、将来的にはこれが強くなる可能性がかなりある。また、リビアの場合には外部からの介入でこういうかたちになったのでイラク的状況に向かう可能性もまだ残っている。決して安定はしないのではないか。そこがエジプトやチュニジアとは違うところです。

三　武装闘争とイスラーム主義をどう考えるか

——メディアが使う「イスラーム原理主義過激派」とは「武装闘争路線を採るムスリムの政治組織」のことですが、その「ムスリム」は各宗派に分かれるし、もともとイスラームは世界宗教として国家を超えるのでその活動は必然的に国境を超えるものになる。同胞が弾圧されるのを見て武器を持つに至った世俗主義者もいるかもしれません。そこで、非常にセンシティブな問題ではあるのですが、武装勢力＝「テロリスト集団」＝弾圧による殲滅の対象という図式を崩すために、アラブ・イスラーム世界における武装闘争路線をどう考えるべきか、ご意見をお聞きしたいと思います。こうした問いは同時に、イスラーム主義とは何なのかを考えることでもあると思うのですが。

武力闘争をどこでやるかという問題があります。範囲を広げ、攻撃対象を不特定多数、とりわけ欧米に照準をあてるのは国際的に支持されなくなっていくでしょう。アラブ革命後、イスラーム主義政党が伸びている中で、アル＝カーイダ的なやり方は支持を得られない状況になってきている。ああいうかたちでやって何の成果を生み出したのかと、皆疑問に思っています。実際、アル＝カーイダも、もはやそういう力を持っていないように見受けられる。

ただ、ずっと続くだろうと思われるのがパレスチナの強硬派組織、ハマース的な方向です。歴史的パレスチナ、つまり現在のイスラエル領も含めるなら武装闘争は続くでしょう。そうしない限り自分たちの存在そのものが誇示できない。彼らもまさにいま綱渡りで、逆に攻撃されることによってパレスチナ社会における自分たちの存在を確実なものにしていくという構図になっている。

一時期、ハマース的な路線を続けていけばイスラエルから過剰な攻撃が来る、そうなれば人々が離反するだろうと思われていた。しかし実際にはそうならなかった。少なくともハマース支配下のガザ地区では武装闘争は民衆に支持されているのです。ただ、ハマースも追い込まれてしまっていて、彼らは西岸地区を支配している穏健派組織ファタハに対する攻撃とか、民衆に対する抑圧を始めた。そちらのほうがむしろ問題です。イスラエルの攻撃の効果は民衆ではなくハマースのほうに出てしまっています。

――イスラエルに軍事的、政治的に追い詰められていく構造がファタハに対する攻撃として現れているということですね。

そうです。ハマースがファタハを攻撃することでイスラエルによるガザ封鎖が長期化し、それがハマースへの打撃になるはずだったのが、「トンネル経済」ができてしまって打撃になっていない。パレスチナの民衆からすれば、ハマースのやっていることにそれほどの反対はない、むしろ西岸のファタハとの関係の中で見苦しい争いをしていることのほうが問題だ、ということになる。それは追い詰められたハマースへの危機感を表明しているのでしょう。かといって、西岸の住民がファタハを支持しているかというとそうではない。どんどん離れていると聞きます。西岸の都市ラーマッラーが金融センターになり、金持ちがどんどん入ってきてパレスチナ社会の中で格差が広がっている。イスラエルべったりで既得権益の中でぐるぐる回っているファタハに対してインティファーダ(12)がいつ起きてもおかしくない状況にある。パレスチナ社会が爆発するか、パレスチナ版アラブ革命がいつ起こるか、という話になっています。しかし展望がないだけに、構図がいよいよもっていびつになっているという感じですね。

イスラエルからの解放が当面望めない状況ではそうならざるを得ない。だからパレスチナ問題も深刻です。もう少し軍事的な意味でのパワーバランスが崩れたら違うのでしょうが、外部勢力も反対勢力もいまのままでは和平の糸口を見つけ、調停できる政治主体にはならない。この状態は当面続かざるを得ないでしょう。

おそらくそれを一番喜んでいるのはイスラエルです。「内戦」を継続化させるために、たとえばヒズブッラーなどに対して意図的に攻撃を加えて紛争を深刻化させるというかたちで動く。イスラエルにとっては安定した独裁体制としてのアサド政権も好ましい相手だが、同時に紛争状態も好ましい。パレスチナの内紛と同じで、常に紛争が続くという状態がイスラエルにとっては最も好ましいのです。周辺アラブ諸国が割れることを期待するか、それともかつてのムバーラク政権（エジプト）のような独裁的な体制と同盟関係を結び、相手が自分たちの意向を確実に汲みながら反対勢力を弾圧してくれることを期待するか、そのどちらかがイスラエルにとっては一番好都合でしょう。

■イスラーム主義について

シーア派の文脈では、イランがイスラームを前面に出して頑張っていますが、実態としては国際的孤立に陥った。核疑惑問題で強硬な姿勢を取り、経済制裁を受けてしまうと財政が悪化するという中で、いま、現実路線に傾いているところがある。実際に大統領選挙では穏健といわれるロウハーニー政権が成立した。イランはシリア内戦に介入してしまって、かなり厳しい状態になっており、国際的に生き延びることを考えれば穏健化していくのはやむを得ない方向性だと思います。

エジプトなどでは憲法にシャリーアを入れていくかどうかについて議論されていますが、一番のせめぎ合いは刑法にこれを入れるかどうかという問題です。しかし、これはできないでしょう。刑法にまでイスラーム法を適用するとなると、法学者がこれから全面的にいろんなことをやらなくてはならないからです。

これまでイスラーム法は家族法に限定して運用されてきました。ハンバル派[13]に属するサウジアラビアのワッハーブ派のように昔から刑法にも取り込んできたところは別として、多くのアラブ諸国では新たに刑法体系を作れるだけの力量は備えていないし、そこまで面倒なことはやらないでしょう。だからイスラーム法を導入するといっても「公法」レベルには行かず、せいぜい民法のレベルにとどまることになる。憲法に書き込んだとしても具体的な法律に書き込むことは別の話で、たとえばエジプトでそんなことをやれば大混乱に陥ります。だから国家の一番の根幹に関わる刑法まではおそらく手はつけられないと思います。

いま言ったように、イスラーム世界では一般的に、イスラーム法は家族法に限定されています。しかし、イスラーム法的家族法のもとでは五人まで妻を持てるはずなのに、たとえば、チュニジアでは市民法的民法の成立によって一人までしか持てないということになった。つまり実際にはイスラーム法的家族法は適用されなくなったのです。憲法にイスラーム法を導入するとしても、刑法に入らないとイスラーム法というのは骨抜き同然なのです。これはある意味、近代以降のイスラーム主義がかかえる宿命といってよい。イスラーム法と市民法、そのどちらを優先するかというと、法体系としては後者にならざるを得ない。イスラーム主義者の公的な主張としては公的領域においてもイスラーム法を適用したいということでしょうが、現実的には家族法に限定される方向でしかイスラーム法は機能しないことになる。

――逆説的ないい方になりますが、そうであるなら別にイスラーム主義を標榜したとしても大した問題ではない、ということになりませんか。

おそらくイスラーム主義者の中で、強硬派の人たちとそうでない人たちに割れると思います。強硬派に距離を置くムスリムの圧倒的多数は、半分倫理に近いような家族法のレベルではイスラーム法の適用を望んでいるけれども、国の根幹にかかわる公法レベルまでイスラーム法でやってほしいとは思っていない。イスラーム金融が一定程度伸びても一〇〇パーセントにならないのと同じです。だから世俗主義の人たちとしては、いまは強硬な人たちに意見をいわせておいて、実際には骨抜きにするという方法しかないでしょう。

ただ、イスラーム主義政権になったからといって悪くなるというわけではない。報道されているほどひどいものではなかった。エジプトでムルシー政権が崩壊したのは経済政策の失敗のためであり、イスラーム主義政権ということで海外からの投資が減り、経済的に行き詰ってしまったからだといわれています。エジプト民衆が怒ったのは経済的な無策のためだった。日本の報道ではいつも文脈抜きに、たとえば女性の問題や禁欲主義のみを拡張するかたちで「極端にイスラーム化している」などといいますが、報道されているほどひどいものではない。タリバーン政権のときも歌舞音曲の禁止や女性のブルカ着用の強制とか、そういうところだけを強調していたが、同じような傾向を今回も感じます。イスラーム主義者が政権を取ると真っ暗になるかのように、条件反射的に内容を考えずに報道しているところがある。まさにオリエンタリズム的報道ですね。もちろん負の側面もいっぱいあるのは間違いない。しかしそれはイスラームに限ったことではない。皆、最終的には「収支決算をして損をしていなければイスラームも悪くないのでは」と思っているところもあるのです。しかし、今回は軍による介入でムルシー政権が倒れ、さらにはムスリム同胞団のデモに対して軍が徹底的な武力鎮圧を行ったことで相当の数の死傷者が出て、その対応に国際的に非難の声が上がっている。イスラームの問題が前景から後退してしまった感じです。

■イスラームの多様性

われわれがいうイスラームと、ムスリムがいうイスラームとはまったく違う。イスラームという言葉によって何をイメージするのか、そこがまったく違うのです。多くの場合、われわれのイスラームのイメージはサウジアラビア的、つまりワッハーブ派あるいはハンバル派的な一番厳格な法学派的なそれであり、イスラーム法の適用といえば、泥棒をすれば手首を切られる、姦通すれば石を投げられて殺されると思い勝ちです。しかしそんなのはサウジだけです。シーア派のイランにしたってそこまで激しくはない。イランはいったん近代を通り抜け欧米化を経ているので、もう過去に戻ることはできない。それをどう調和させていくか、そこが問題なのです。かつてのようにイスラーム一色というのはあり得ません。

個々人のレベルで信仰が強くなっていくことはあり得ますが、政治の世界でイスラームを直接的に反映させることはないでしょう。われわれの中では「イスラームは政教分離を認めていない」ということだけが一人歩きしていますが、いまはもうそういう時代ではないし、イスラームの中でも政教分離についてはもう散々議論されてきたのです。ムスリムがイスラームを全般として認めているのは間違いないですが、「政治と宗教は一体化している」と考える人はむしろ少ないといえるでしょう。

たとえば、エジプトのサラフィー主義者[14]も分裂しています。本来政治に関わらないのがサラフィー主義者だったが、選挙に出たら勝ってしまった。それで方針をめぐって割れている。だから、イスラームはとても一枚岩的には語れないのです。こういうふうに言うといつも世俗主義者から甘いと批判されるのですが（笑）、同胞団の中の一番極端なところは別だとしても、少なくとも国家の指導者としてムルシーはそういう方向には動けなかった。

フランスの有名な政治学者、オリビエ・ロワは「やらせてみればいいじゃないか」といっています。いまは「イラン・モデル」か「サウジ・モデル」しかなく、シーア派あるいはハンバル派以外の人たちのイスラーム政治体制論は存在しないので、経験がないというなら経験を積ませてみればよいという主張ですね。実験の価値はあるのではないでしょうか。日本のメディアはそこをわかっていない。イスラームといえばイランかサウジみたいになってしまい、まるでイスラーム主義者が皆、「狂信的」になるかのような印象を持ちがちですが、教義の解釈はいくらでもあるのです。

スンニー派の場合、中心がないので法学によって解釈が変わってくる。ローマ教皇[15]のような権威がないし、シーア派のようにアーヤトッラーがいて上位下達という世界でもない。少なくとも運動レベルでは政権に就きさえしなければ何でも議論できる。かなり自由なのです。解釈の民主主義であって自分がそこでどのくらい多数派を取れるかという競争をする、そして解釈が皆に支持されれば主流になっていくという世界です。たとえばイスラーム銀行なんかは、半世紀前にはなかった。この三〇、四〇年で出てきたものです。イスラーム金融が昔からあったかのようないい方がありますが、銀行ができたのはつい最近であって、それはイノベーションなのです。

昨年（二〇一二年）の夏休みにイランに行ったら、これだけの経済制裁を受けながらも結構皆好き勝手にやっているので驚きました。ときどき話題になったのは、最近の女性のファッションでした。ヒジャーブ[16]を少しだけ下げて髪を出して、ファッション性を強調するスタイルがあって、それに対して取り締まりがあるという、そういうレベルの話です。制約がある中でよりいっそうお洒落したり、飛行機に乗ったらヒジャーブを脱ぎ、着いたらまた被るというかたちで適応している。つまりイランだから暗黒というわけではまったくないのです。

イスラームは地域によって実に多様です。一括りにしてはとても語れない。キリスト教や仏教の多様性は認めるのにイスラームの多様性は認めないのはおかしいでしょう。イスラーム学者にしても神学論、原則論はいうけれど、そういうイスラームの実態、多様性を棚上げにしているところがあります。あまりにも多様すぎて語れないのが現実だからです。「クルアーンにこう書いてある」とはいえても現実にどう解釈されているかについては、包括的には何もいえない。厳しい解釈もあれば弛い解釈もあるし、地域によっても時代によっても変わる、それが現実です。

イスラーム銀行がその典型例です。利潤はいいけど利子はだめだというのでトンネルをたくさん作って事実上の利子を認めている。共同で儲けた金はいい、しかし働かないで利子を取る、利殖によって利子が付くのはだめ、つまり時間差で儲けてはだめということであって、現実に即して運用しているのです。

四　日本の中東政策と中東研究

――次に、われわれのイスラーム認識に深い影響を与えている日本政府の外交政策と中東研究との関係、その歴史について伺います。私の手元にはいま、山川出版社の「世界現代史」シリーズ（全三七巻）の一冊として出された『アフリカ現代史Ⅰ』（星昭ほか、一九七八）がありますが、このシリーズの中の『中東現代史』はⅠとⅡに分けられていて、Ⅰが「トルコ、イラン、アフガニスタン」（永田雄三ほか、一九八二）、Ⅱが「東アラブ、イスラエル」（未刊）となっています。まずこの分類の根拠についてですが、当時の学会の認識からしてこれは必然だったのでしょうか。

単純な話で、言語が違うからです。トルコはトルコ語、イランはペルシア語、あとはアラビア語の世界。中東は三大言語で分けられているという議論の延長です。言語が違うと共通性はない。トルコ、イラン、アラブの研究者の間で基本的に共通の会話は成り立たない。もっといえば、かつてマグレブ[17]圏はエジプト以東から分けられていた。マグレブはフランス語圏だからです。ただ、独立後にアルジェリアがイスラーム化していく中で、アラビア語が公的領域で復活して、ようやく事態が変わってきたということです。

ペルシア語とトルコ語の二つの言語世界も、やはりぜんぜん違うのです。ただ、中世史はそうでもない。旧オスマン・トルコ語はペルシア語とアラビア語の影響が大きいので、研究者の世界では相互乗り入れをしていた。

ペルシア語もアラビア語の語彙がたくさん入っているし、かつてオスマン帝国の支配下では書物は皆オスマン・トルコ語で書かれていたので共通性はありましたが、近現代史以降は没交渉だったといってよい状態です。方法論も違ってきます。トルコ、イランが国民国家を前提としているのに対し、アラブ諸国はばらばらになっているという違いがあるので、発想もまったく違ってきます。一般に、中東というとアラブ世界のことで、トルコやイランのイメージはあまりないのではないでしょうか。

「中東例外論」という議論があって、それは「アラブ例外論」のことです。なぜ例外かというと、アラブ世界ではこれまでの比較政治学の常識が成り立たなくて、常に国家を超えるアラブ主義のような運動や汎イスラーム主義的な流れがあり、国家が信頼されていないからです。要するに国家が分析単位としての対象にならなかったのです。

ところが、非同盟主義とアラブ民族主義を掲げたエジプトのナセル時代が終わり、イスラームが強くなる一九八〇年代以降になると、徐々に変化が起こる。特に冷戦崩壊以降は国民国家的枠組みが実体化していくようになり、その過程でようやく中東をめぐる国際関係論（International Relations of the Middle East）や国際政治学（International Politics of the Middle East）といったテキストが現れはじめてくる。国家を単位に語れなかったから、それまではなかったんです。あまりにも国家を超える要因が政治的動きに影響していたので、「アラブ例外主義」といういい方がされていたわけです。冷戦崩壊以降にようやく「普通の国家」になり、それで「アラブの春」のような議論が出てくるのです。

——その面では、専門地域の言語に精通していない研究者も増えてきているのでしょうか。

「地域研究」というのは第二次大戦後、戦略研究として米国から出てきたものですが、その両輪とされたのが言語とディシプリン（学問分野）でした。どちらも習得するのが地域研究の前提だといわれていた。しかしこれは教育の観点からは不可能に近い。言語の修得は大変時間がかかるからです。むしろ、言語だけに走ってディシプリンがないという人が多くなった。日本にはいろんな地域研究があるが、言語修得においてはたとえば京都大学なら生態学のような特定のディシプリンと結びつくことが多かったんです。いまは逆に、言語はできなくてもディシプリンだけで現地を語るという人が結構出てきている。国家という実体ができてしまうと国際政治学的な議論も現地語を使わずにできてしまう。これに対し相変わらず言語にこだわるのが、資料を使わなくてはいけない歴史学と、フィールドワークをしなくてはいけない人類学です。そのため、中東地域研究では政治学が一番弱いといわれています。酒井啓子さんが編集した『中東政治学』（有斐閣、二〇一二）はその意味ではかなり珍しい本です。ようやく出たという感じですね。政治学プロパーで言葉もできて現地にも行っている人は本当に少ない。近代経済学になるともっと少ない。

――そうするとマリとかソマリアとか、西アフリカや東アフリカのイスラーム世界が中東研究の視野に入ってくるのはかなり最近のことになりますね。

たとえば、マリなど西アフリカをフィールドとする人類学者は旧宗主国フランスでの勉強から出発している人が多いので、アラビア文字で記した、西アフリカで広く使われているハウサ語(18)の資料を用いて研究している歴史学関係というのは少ない。アラビア語で書かれた資料を用いて西アフリカを研究するのも少なくて、やはり人類学になってしまう。川田順造さんに代表されるように無文字社会研究ということになるので、イスラームという文脈で語られることはなかった。インドネシアも同じ。イスラーム抜きの語りになることが多かったのです。それが一九八〇年代以降変わってきた。たとえばインドネシアのイスラームのことを問題にするのは昔は中村光男さん（千葉大学）ぐらいだった。いまは東南アジア研究者でイスラームを研究する人はずいぶん増えている。本当に隔世の感があります。

あるいは、パキスタン建国当時にパキスタン研究をやっていた人の中でイスラームのことを語る人はゼロだった。その必要性がなかったからです。パキスタンはイスラーム国家だといいながら、それはヒンドゥーとの対抗関係の中でイスラームが強調されて出てくるのであって、パキスタンのイスラームにはほとんど政治的に意味実体があまりなかったので語る必要がなかった。パキスタンがエジプト、サウジアラビア、イランと並んでイスラーム国家の一つの拠点として語られ、その重要性が認識されるようになるのは最近のことです。

――われわれのイスラーム圏に対する理解は、各時代で変化し変容してきた専門家の研究パラダイムに大きく規定されている。とりわけアフリカ大陸や東南アジアのイスラーム圏の研究史をお聞きし、「ハッ！」と我れに返った思いがします。そうすると

――イスラームが外務省の視野に入り、また外務省のイスラーム圏に対する外交政策が研究者の視野に入ってくるのも一九八〇年代以降と考えてよいですか。

そもそもイスラームが強調されるようになるのはイラン革命（一九七九年）以降の話です。それまでは政治的ファクターとしてナショナリズムのほうが圧倒的に強かった。もちろん社会・民衆レベルではイスラームが実体としてありましたが、政治レベルでは語る必要がなかった。したがって、外務省の人たちもそうだった。まあ、初期のアラビストの人たちは現地の小学校で勉強しようというので、そのときに同時にイスラームについて勉強している人もいましたが、サウジアラビアに行く人は別として、その後の世代の外交官はイスラームについて生活上の問題としては知っていても、政治上の問題としてはあまり実感を持って捉えていなかったのではないでしょうか。

一九七〇年代以降、エネルギー政策として日本独自の中東外交が模索されたと思いますが、その後石油がだぶつきはじめ安くなると、九〇年代以降は完全に安全保障が前面に出てきて、日本の外交の基軸は米国追従路線になる。日本の独自路線はなくなったと言っていいと私は見ています。なんといっても日本における国連外交・アジア外交が相対的にどんどん低下し、対米従属、米国外交が基軸になり、従属変数というか、その付け足しとして中東が語られるという変化が起きた。そして小泉政権（二〇〇一～二〇〇六年）の時代には本当にめちゃくちゃな動きとなった。いまや、独自の中東・アラブ政策を求めるほうが難しいのではないか。外交政策全体を変えない限り何も動かないと思います。

――中東政策において対米追従が具体的にどう現れていると考えますか。

最大の問題はイラン政策ですね。せっかく日本がずっと保っていた外交的パイプを自ら切るようなことをしてしまった。対米関係において、切るのが重要だと判断した。そこには米国の圧力があったのでしょうが、対イラン関係と対米関係がなぜ関係するのか疑問です。

■イランに対する視点

――この間、シリア経由でヒズブッラーに武器が流れるのを阻止するために、予防的先制攻撃としてイスラエルがシリア国内に武力攻撃を行い、このことに対し、国連安保理の中で非難決議が出せないという状況があります。「核開発疑惑」のイランに対しては、自国の存続の脅威にならないよう封じ込めるというのがイスラエルの基本戦略だと思いますが、今回シリアに対して直接攻撃をした流れからすると、イランに対する武力攻撃も近い将来ありうると考えますか。米国のオルタナティブ・メディアでは再三にわたってこの問題が取り沙汰されていますが。

イスラエルの実務レベルでは現実的な議論がなされているとしばしばいわれています。ゴーサインをいつ出すのか、どこを攻撃するのか、本当に核施設に限定するのかという問題を含めて、いまの段階で即、というのはないと私は思う。なぜなら、いまの段階で動いて得することはあまりないからです。シリアの状況が反イスラエルの方向に動きはじめたら考えるかもしれないが、少なくともいまの段階では、シリアの状況を見極めたうえでないと動かないのではないか。シリアにはイランが支援する革命防衛隊などが入っていることは確かですが、それ自体はいまイスラエルへの脅威になっていない。イランが核兵器を作れる段階にまでなっているかというと、そうでもない。そこを直接攻撃したところでイスラエルにとってプラスになることはない。様子見のほうが遥かにいい。

ただ、イスラエルの核戦略と同じで、持っているとは一切いわずに核攻撃をちらつかせるという、アラブ世界でこれまでずっとやってきた、持っているといわないことを核抑止力に使うというやり方はおそらくイランにも使えるでしょう。誰もイスラエルが核兵器を持っていないとは思っていないし、イスラエルもそれについては否定も肯定もしない。イランもその辺はわかっていると思う。だからイスラエルを具体的行動で刺激することはないと思います。

イスラエルとしては、シリア情勢、あるいはトルコとシリアの関係が今後どうなるかという問題も含め、もう少し事態を見極めないと動けないのではないか。トルコもエルドゥアン政権がシリアの体制側につくような事態になれば話は別ですが、少なくともシリアのバッシャール・アサドが大統領に就任した頃のトルコとシリアの蜜月はもうないわけだから、イスラエルにとってみればここでシリアとトルコが結びつくことはない。つまりトルコとイランが直接つながることはない。だから、イスラエルにとっては安全保障上の脅威になることはない。イスラエルにとって一番怖いのは、やはりイラクを通じて、シリア、イラン、トルコがつながることです。しかし、実体としてシリアではスンニー派とシーア派の対立が機能しているから、これはないと踏んでいるでしょう。さらに、サウジアラビアもイスラエルに動いてもらいたくない。サウジにとってイランは不倶戴天の敵だが、イスラエルに下手に動いてもらうと湾岸地域全体の安全保障がぐちゃぐちゃになってしまう。だから米国を通じてイスラエルを抑えてもらうということになるでしょう。

ただし、いまの米国がどこまでイスラエルを抑えられるのか。オバマ政権はいささか心もとないところがある。もっとも、イスラエルをめぐるパワーポリティックスの中では、いまの段階では動けないとも思いますが。

――シリア情勢が対イラン政策にかなり影響を与えている…。

そう判断するしかないでしょうね。心配していたエジプトでムルシー政権が少なくとも反イスラエルというかたちでは動かなかったので、エジプト情勢が安定している限りはイスラエルも動かないと思います。また、イスラエルにとって、もともとイランは仮想敵だが、イランへの経済制裁もかなり効いているようだし、通貨のリヤルもどんどん下がっていて海外から物が入って来なくなっているので、いま攻撃をやったところであまり政治的アピールにもならない。むしろ、いい方は悪いが、イラン自体が自滅するというか、まあ、あの大きな国だから簡単に自滅することはないにせよ、ともかくイスラエルとしては様子見というところではないでしょうか。

日本は対パレスチナ、対イスラエル関係では両天秤にかけている。しかし実態はイスラエルへの完全な依存になっています。いま大きな問題になっているF35戦闘機の部品輸出問題がその典型です。日本の軍需産業の発展のためには参画しないとだめだという方針で、それがパレスチナや中東でどう受け止められるか、どういう政治的波及効果を生み出すかさえ考えない。イスラエルの戦闘機に日本製の部品が使われるとなれば、パレスチナ人やアラブ周辺諸国の日本に対するイメージは完全に損なわれてしまう。そこをまったく考えていない。

■**外務省と中東研究者**

――外務省は国連の「国際対話年」（二〇〇一年）を前に、「イスラム研究会」を省内に初めて立ち上げ、二〇一〇年までに計八回にわたり「イスラム世界との文明間対話セミナー」を主催しました（詳細はhttp://www.mofa.go.jp/mofaj/area/islamを参照）。しかし、アフガニスタン戦争とイラク戦争の只中で開催されたこのセミナーでは、一度として対テロ戦争のことは取り上げられなかった。それも外務省の「対米追従」の現れなのかもしれませんが、一方でこのセミナーには東大をはじめ、京大、東京外語大などの中東研究者がスピーカーとして参加しています。最後に日本の中東研究者と外務省との関係についてひと言お願いします。

外務省と中東研究者の関係は、いまはかえって疎遠になっているのではないでしょうか。日本社会とアラブ社会との対話の場を持ったということですが、それがどこまで政策に反映されたかというと、ほとんど予算消化のような世界で、実体としては何の効果もなかった。お役所仕事的な文化政策としての対話を促進したというぐらいの話ですね。

かつては日本独自の中東政策がありました。日本は石油・エネルギーを確保したいということで、板垣雄三さんなどの研究者が一九七三年の「中東文化ミッション」で中東諸国を訪問して政府に提言をしたら、それが中東研究所構想につながったというのが典型的な例です。政府の方針と学術研究が結びついた例だが、これはあくまでも七三年の石油ショックが生み出した副次的効果であって、中東研究所構想はその後しりすぼみで消えていきました。

日本で地域研究機関として具体化したのは、北海道大学スラブ地域研究センターと、フォード財団からお金をもらった京都大学東南アジア研究センター（現、研究所）ぐらいです。ほかに地域研究センターはできていない。東南アジア研究センターのほうはもともと米国からお金をもらって作ったことになっているから、国がお金を出して作ったのは前者、つまり対ソビエトあるいは対共産圏の地域研究所だけになる。研究と外交政策をリンクさせる動きは強くなかったということです。

なぜ日本にシンクタンクがないのかと、外国人研究者が常に指摘しています。日本にはシンクタンクという発想がない。シンクタンクがあれば、シンクタンク、大学、研究所が常に人的交流をするという流動性がもっとあったでしょう。日本は米国の真似ばかりしているが、シンクタンクは真似しなかったようですね。せいぜい国際問題研究所。これが最大のものです。外務省の外郭団体で中東調査会というのもあるが、あまりにも規模が小さすぎる。

――そうなった原因は逆にいえば、研究者が大学での生活に自存しすぎていたということでしょうか。

日本の政治文化の問題があります。学者先生が政治に口出しするのはよしとされてこなかった。そもそも米国のように、政権が変わったらアドバイザーも全部変わるというシステムがない。官僚が強すぎる。最近の大きな変化の一つとして、山内昌之さんが東大の駒場に、オマーンからお金をもらって「スルタン・カブース・グローバル中東研究寄付講座」を作った。国はそういうところに金を出すという発想や展望を持っていなかったのです。

中東研究者の数は増えてはいるのです。しかしそれに対応する受け皿、ポストがないという問題がある。受け皿を作るためにも私たちの前の世代の人たちが中東研究所を作ろうとしたが、それができなかった。三〇歳になっても四〇歳になってもポストに就けないので、どんどんやめていって、ほかの可能性に賭けるという人も出てきている。ポスドク（博士号取得後研究員）への奨学金の増額という朗報もあるが、なにしろ全体のパイを増やすことができない。恒常的ポストがないので、ディシプリンにおける勝負になる。中東・イスラーム研究のプロパーで今後ポストが増えることは絶対にないので、一般のディシプリンに割り込んでいくしかないという状況にあり、大変シビアです。

——大学の外にいる人間にはなかなか見えてこない、若手の研究者が直面する非常にリアルで深刻な現状をお聞きしました。シリアやパレスチナをはじめ、アラブ・イスラーム世界の「紛争」をめぐる遡及的議論がはらむ問題に始まりオリエンタリズムとオクシデンタリズムの歴史的な相互作用性、イスラームとイスラーム主義に対する理解の問題、さらには研究者の学的方法論やパラダイムにわれわれ一般人の世界認識や歴史認識が規定されていること等々、貴重なお話を伺いました。まだまだ掘り下げて議論したいこともありますが、この辺で閉めたいと思います。ありがとうございました。

注

（1）**ムルシー政権**　ムスリム同胞団に属するムハンマド・ムルシーは二〇一一年の「一・二五」エジプト革命後に行われた史上初の民主的選挙で二〇一二年六月にエジプト大統領に就任したが、二〇一三年七月三日に軍の介入によって大統領職を解任され、拘束された。

（2）**オスマン帝国**　一二九九〜一九二二年。イスラーム史上、「最後のイスラーム帝国」と呼ばれて、イスラームに基づく統治を行った。

（3）**ミッレト**　オスマン帝国におけるイスラーム以外のキリスト教・ユダヤ教などの宗教共同体。ギリシア正教会、アルメニア正教会、ユダヤ教会が三大ミッレトと呼ばれる。

（4）**アルメニア虐殺**　一九世紀末から第一次世界大戦にかけてオスマン帝国で起こったアルメニア人の虐殺。

（5）**オリエンタリズム**　もともとはヨーロッパ人の「東洋趣

味」のことを指したが、サイード（注10）が西洋（オクシデント）に対する東洋（オリエント）の支配の様式として定式化して以来、東洋に対して後進性・官能性・受動性・神秘性といったイメージを押しつける西洋中心的な思考様式を指すようになった。

(6) **オクシデンタリズム**　オリエンタリズムの逆パターンで、東洋が西洋を固定的に見てしまう思考法。

(7) **クルアーン**　イスラームの啓典で、アラビア語で記されている。

(8) **ハディース**　預言者ムハンマドの言行録。

(9) **ウンマ**　イスラーム教徒（ムスリム）の共同体。

(10) **サイード**（エドワード・W・サイード）　一九三五〜二〇〇三年。エルサレム生まれのパレスチナ人で、コロンビア大学で教鞭をとった。主著に『オリエンタリズム』（板垣雄三ほか監修／今沢紀子訳、平凡社、一九八六）がある。

(11) **ヒズブッラー**　レバノンのシーア派ムスリムの武装組織。「神の党」。

(12) **インティファーダ**　「民衆蜂起」の意味。もともとは一九八七年一二月に勃発したヨルダン川西岸地区およびガザ地区におけるイスラエル占領に対する民衆蜂起を指す。二〇〇〇年九月にも第二次インティファーダが起きている。

(13) **ハンバル派**　イスラームの四大法学派の一つで、最も厳密なイスラーム法解釈を行っており、サウジアラビアで影響力を持っている。

(14) **サラフィー主義**　サラフィーとは預言者ムハンマド時代を理想化してそこに戻ろうとする復古主義的なイスラーム主義運動。ただし、ジハード（聖戦）のような暴力的手段は使わない。

(15) **アーヤトッラー**　「アッラーのしるし」の意味であるが、シーア派イスラームにおける最高位の聖職者。

(16) **ヒジャーブ**　「幕・遮蔽物」の意味で、イスラーム教徒の女性が顔や髪を覆うためのベール。

(17) **マグレブ圏**　マグレブは「日の没するところ」の意味。モロッコ・アルジェリア・チュニジアの旧フランス植民地の西アラブ地域を指す。

(18) **ハウサ語**　主にナイジェリア北部やニジェールで話されており、アラビア文字で記され、交易語としてアフリカ西部で広く流通している。

参考文献

臼杵陽『世界史の中のパレスチナ問題』岩波新書、二〇一三。

臼杵陽『アラブ革命の衝撃─世界でいま何が起きているのか』青土社、二〇一一。

臼杵陽『イスラームはなぜ敵とされたのか─憎悪の系譜学』青土社、二〇〇九。

臼杵陽監修『シオニズムの解剖─現代ユダヤ世界におけるディアスポラとイスラエルの相克』人文書院、二〇一一。

酒井啓子・臼杵陽編『イスラーム地域の国家とナショナリズム』（イスラーム地域研究叢書5）、東京大学出版会、二〇〇五。

第Ⅱ部

国際人権と人道的介入

第6章 戦争を止めることが人権を守ること

藤岡美恵子

はじめに

■戦争を戦争と呼ばない世界

「戦争は最大の人権侵害」という言葉がある。初めてその言葉を聞いたときは、なるほどそうだと腑に落ちたのを覚えている。人の命を絶ち、財産を奪い、社会生活の基盤を破壊し、環境を汚染する戦争はまさに最大の人権侵害というにふさわしい。

ところがいま、戦争は「平和を守るもの」という声が強くなっている。「平和を欲すれば戦争に備えよ」という格言があるように、その考え方自体は新しいものではない。新しいのは、現代の戦争が国家間の争いではなく、「「私たち」の平和を脅かす「彼ら」との戦争」なのだ、という主張だ。二〇〇一年九月一一日以来、「彼ら」とは「テロリスト」や「独裁者」や「イスラーム過激派」である。そのほとんどは、「南」の「貧しく、民主主義が欠如し、自由と人権が抑圧された」国や地域に存在していて、「北」に住む「私たち」の「自由と民主主義と繁栄」を武装叛乱で脅かす存在だとされている。「彼ら」に対する武力行使は、世界を「私たち」にとってより安全で安心できる場所にするために必要な戦いだと、私たちは繰り返し聞かされてきた。

それとは異なるもう一つの戦争がある。それは「他者の苦しみを軽減する」ための「人道的介入」と呼ばれる戦争である。「独裁政権によって多数の無辜の市民が殺戮されるのを、国際社会は黙って見ているわけにはいかない」として行われた二〇一一年のリビアへの武力介入がその典型例である。そして、本章執筆時点（二〇一三年九月）では、化学兵器を使用して市民を虐殺したとされるシリアに対して、米国が武力介入も辞さないという態度を取っていた。米国のオバマ大統領は武力行使の必要性を訴えた九月一〇日の演説で、武力行使は毒ガスによってシリアの子どもが殺されるのを防ぐと同時に、米国の子どもの未来を守るものでもあると述べていた。

だが、「他者の苦しみを軽減する」とか、「私たち」の平和を守るとかいう宣伝文句が覆い隠しているものがある。こうした戦争が「テロリスト」や「独裁者」だけでなく民間人も殺害し、その生活を破壊しているという事実だ。「テロとの戦い」を名目としたアフガニスタン戦争は、戦闘の直接的犠牲者だけ取っても、少なく見積もって一万六〇〇〇人あまりの民間人を殺害した（二〇一三年一月現在のCosts of Warの推計。http://costsofwar.org/article/afghan-civilians）。「大量破壊兵器」の脅威から世界を守るためという触れ込みで始まったイラク戦争の民間人死者は、一一万人から一二万人余りにのぼる（二〇一三年七月現在のIraq Body Countの推計。http://www.iraqbodycount.org/）。両国とも難民・国内避難民の数は約三二〇万人に達した（二〇一一年現在のCosts of Warの推計）。健康被害、生計の破壊、経済インフラや環境の破壊などの戦争の実態が、それを生きている現地の人々の視点で私たちに伝えられることはほとんどない。戦争が戦争と呼ばれず、最大の人権侵害として語られない世界にいま、私たちは生きている。

■人権団体が戦争に反対しないとき

筆者は一九八〇年代の終わりから二〇〇〇年代の初めまで国際人権団体に勤務していた。九・一一事件直後、米国がアフガニスタンへの攻撃を開始したとき、世界で最も著名で影響力のある人権団体であるアムネスティ・インターナショナル（以下、ＡＩ）やヒューマン・ライツ・ウォッチ（以下、ＨＲＷ）が予想に反して戦争に反対しなかったことに大きな衝撃を受けた。だが、いま、自由と人権と民主主義を守るためというスローガンで正当化される戦争に対して、人権を根本的価値として認める個人や団体の多くが、反対しないか場合によっては賛成することさえあるという状況が生まれている。そのことを私たちはどう受け止めればいいのだろうか。戦争を戦争と呼ばず、最大の人権侵害と考えない世界が生み出されている一つの要因は、人権ＮＧＯを含む人権を重視する立場の人々の戦争に対する考え方の変化にあるのではないか。それが、国家が戦争に踏み切るときのハードルを下げているのではないか。本章で探っていきたいのはこの問題である。筆者は、さまざまな矛盾を認識しながらも戦争に反対しない人権ＮＧＯらは、戦争の永続化に意図せずとも手を貸していると考えている。人権団体の理想とは逆の、特定の者の人権だけを守り、特定の者から人権を剥奪するような世界の構築に加担することになるのではないかと危惧する。

例を挙げよう。九・一一事件後、米国がアフガニスタンへの攻撃を開始したときに挙げた理由は二つあった。一つは自衛権の行使、もう一つはアフガニスタンの女性の人権を守るというものだった。たとえば当時のコリン・パウエル国務長官は二〇〇一年一一月に「アフガニスタンの復興はアフガン女性の権利の回復を含むものでなければならない［…］アフガニスタンの女性の権利は妥協の対象ではない」と述べている。実際はどうあれ、それが米国市民に向けて発せられたメッセージであり、多くの人々が女性の権利擁護をアフガニスタン戦争の重要な目的の一つと受け止めた。問題なのは、普段はブッシュ（子）政権に対して批判的な言論人や学者が、女性の権利を口実にした米国政府の「戦争広報」に対しほとんど沈黙していたことである（Engle, 2005, pp.431-434）。保守派のブッシュ政権が女性の権利を大義名分に掲げて行う戦争に自分たちが反対すれば、タリバーン政権下で抑圧されていたアフガン女性の権利保障を推進するうえで絶好のチャンスを失うことになる――。そんな考えがどこかにあったのだろうか。いずれにせよ、沈黙は容認と同じ効果を持った。

本章で具体的に取り上げる人権団体はＡＩとＨＲＷだが、それは両団体が他の多くの団体と異なり、戦争に関する考え方を公に明らかにしていることに加え、人権団体として大きな影響力を有するからである。ＡＩはイギリス政府の人権諮問グループの一員を務め、ＨＲＷは米議会の公聴会で意見を求められることもあるなど、欧米の政府や国連の人権政策に大きな影響力を有する。その調査報告や見解がマスコミで頻繁に取り上げられることから、世論を左右する力も持っている。

本章で考えようとする問題は、人権ＮＧＯだけに問われているものではない。すでに一二年も続くアフガニスタン戦争に対して、戦争を止めよという声は世界でも日本でも大きくはない。リビアへの武力介入に対しても、日本政府は議論もなしに支持を表明し、マスコミのほとんども十分な検討を経ることなく「介入やむなし」と結論した。日本はどちらの戦争にも軍隊を送ることはなかった。だが、これから起こる「対テロ戦争」や「「民間人保護」の戦争」に参加する可能性は十分にある。そのとき、私たちがそうした戦争を「最大の人権侵害」であり「平和を守らない」ものと捉えるのか、あるいは支持するのか、それとも沈黙してしまうのか、それが問われることになる。

一　「人道的」戦争？

戦争とは人権を侵害することであり、避けなければならないものだと考えている人々からすれば、AIとHRWの戦争に対する立場は意外で困惑するものかもしれない。両団体はこれまで繰り返し「われわれは平和主義者ではない」と説明してきた。国家間の戦争であれ内戦であれ、政治的目的のために武力に訴えることについて是非を判断しないという立場である。化学兵器使用疑惑をめぐるシリアへの武力行使の威嚇に関しても、多くの国や米国内の強い反対意見にもかかわらず、両団体は反対も賛成も表明しないという立場を固持した。

筆者はこうした姿勢が、人間の尊厳という人権団体が依って立つ価値と矛盾するだけでなく、より戦争をしやすくする体制を導く恐れがあると考えている。以下に、なぜ人権団体が戦争に反対しないのかを探り、それが持つ意味を考えていく。

■「われわれは平和主義者ではない」

AIもHRWも人権団体としての自らの役割は、戦争の当事者が国際人道法（武力紛争時にも人道が守られるために適用される国際法の総称。民間人の保護、負傷兵・病兵・捕虜の扱いなどを定めている）を遵守しているかどうかを監視することにあり、戦争に反対しないのはその際の中立性と信頼性を維持するためだという。

アフガニスタン戦争を例に取れば、ＡＩは開戦前、九・一一事件の実行犯を国際人権基準に従って、かつ死刑のリスクのない形で裁き処罰すべきと主張していた。戦争すなわち殺人の対極に位置する対処法である。しかし、いざ戦争が始まると、開戦そのものには反対せず、武力行使によってアフガニスタンの人々へのさらなる人権侵害が起きないよう国際人道法を遵守せよ、と呼びかけるだけだった（Amnesty International, 2002）。ＨＲＷも、戦争の合法性や正当性について判断しないという立場を表明するにとどまった（Human Rights Watch, 2001）。

しかし、ここには大きな矛盾がある。暴力による人権侵害をなくすための活動を行い、暴力の行使を是認しない姿勢を示しながら、奇妙にも戦争という巨大な暴力のシステムは不問に付されている。国家の行う人権侵害を非難しながら、国家が行う最大の人権侵害といえる戦争行為を問わないのである。

具体的にはどういうことか。両団体とも生命への権利を擁護する立場から死刑や拷問に反対し、氾濫する小型武器が戦争と人権侵害につながるとして武器取引の規制を訴え（その成果の一つが二〇一三年四月に国連で採択された武器貿易条約である）、非人道的であるとしてクラスター爆弾などの特定の武器の禁止を求めてきた。また、イラクのクウェート侵攻（一九九〇年）後の経済制裁がイラクの人権状況を悪化させたと批判してきた。ＡＩは、暴力を用いたり擁護したりした者は、ＡＩが釈放を求めてキャンペーンを行う「良心の囚人」（普遍的に認められた人権を行使したために投獄された人々）の対象者としない方針を取っている。団体として暴力を擁護しないという姿勢の表れである。

戦争犯罪を調査しその責任を問うこと自体は重要であり、ＡＩやＨＲＷのそうした活動は評価されるべきである。しかし、その調査の信頼性を確保するために戦争反対を表明しないというのは、意識的にか無意識的にか、二つの異なる問題が混同されている。調査の独立性を確保するために必要なのは、紛争当事者のどちらにも肩入れせず公平な立場で調査することであって、戦争に賛否を示すこととは別のことである。この点に混同がある。生命への権利擁護の立場から、紛争の暴力的解決を擁護しないと表明することは可能なはずだ。

むしろ、ＡＩやＨＲＷが戦争反対を表明しないのは、国家の交戦権を否定していないからだと考えるべきである。たとえばＡＩは、二〇一三年のマリ北部に対するフランス軍の介入（二〇一二年に分離独立を求めるトゥアレグ民族の武装叛乱が起きると、トゥアレグ民族とは別のイスラーム主義組織も加わって北部を支配下に置いた。これに対してフランス軍がマリ国軍らとともに武力介入、北部を制圧した）の前、武力介入をすれば人権状況が悪化すると警告していた（Amnesty International, December 21, 2012）。ならば介入に反対するのが論理的帰結である。しかし、介入が始まると、無差別・違法攻撃の恐れがあると懸念しながら、介入軍の撤退を求めることなく民間人保護を訴えるだけだった（Amnesty International, 2013）。あたかも、国家の交戦権については発言権を持たないと自ら宣言するかのようである。

戦争に反対も支持も表明しないという立場を取るのは、人権団体だけではない。人権団体とは異なり、人権の保護ではなく人道的観点から紛争被害者への救援に当たる人道支援団体の大多数もこの立場を取っている。無条件で暴力に反対する絶対平和主義の立場からすべての戦争に反対する人道支援団体はごく少数で、ほとんどは「人道主義イコール平和主義」とは考えていない（Slim, 2001, p.7）。これらの団体は自ら暴力を唱道することはしないが、国際人道法に定める一定の規範と範囲内で行われる暴力を正当と見なしているのである。

■違法な死と合法な死

しかし、武器を持たない民間人こそが主たる標的である現代の戦争において、国際人道法の枠内で戦争の正当性を認めることは、ある倒錯した結論を導く。戦争における民間人の死を、国際人道法に照らして「受け入れられないもの」と「許容できるもの」の二種類に区分するという結論である。ＨＲＷのケネス・ロス事務局長は、ジェノサイド（本書第7章訳注1参照）などの人道的危機への武力介入をめぐる議論の中で次のように述べている。

> 戦争において非戦闘員の意図しない殺害が起こることは避けられない。不幸にして起きた、しかし意図しない民間人の人命の喪失と、民間人を意図的に標的にし殺害することを区別するのに、現時点で最善の基準は人道法の定める基準である。人権侵害に当たるのは後者のみで、これは人権運動が絶対に反対しなければならない。前者は、提案されている介入がもたらす費用便益の全体を検討する際に考慮すべきものであるが、それ自体が介入を拒絶する理由にはならない（Roth, 2001, p.19. 傍点は引用者）。

国際人道法違反の民間人の死は絶対に受け入れられない人権侵害だが、意図的に標的としたのではない死は人権侵害ではないのだろうか。前者の死は人権団体が認定する人権侵害で、後者の死は「残念な事故」あるいは「費用便益」計算の一要素として扱われるにすぎないのか。しかし、人間の死の重みにおいて、両者に違いがあるはずはない。戦争における人権団体の役割が、人の死を国際人道法に照らして違法な死か、合法な死かを判定することであるなら、人間の尊厳の平等という、人権団体が立脚する根本的な価値を自ら否定することになる。しかも現実には、違法な死でさえ、それに対する責任が果たされることはほとんどない。イラクでも、アフガニスタンでも、リビアでも、民間人の犠牲に対し米軍や北大西洋条約機構（ＮＡＴＯ）軍は、故意に標的にしたのではない、「誤爆」だった、民家に戦闘員が潜伏していたなどの理由を挙げて責任を逃れようとしてきた。「ハイテク人道戦争」における民間人の犠牲は「事故」として扱われ、「付帯的損害」（コラテラル・ダメージ）として片づけられてきた。

国際人道法という戦争のルールの番人役だけに徹しようとする姿勢は、戦争をできなくするような国際システム作りに向かうのではなく、より戦争をし易くする体制作りに加担してしまう。なぜなら、人道に配慮しさえすれば戦争をしてもよいという結論を導くからだ。現に、湾岸戦争（一九九一年）のピンポイント爆撃以降、あたかも米国のハイテク精密攻撃が民間人を巻き添えにすることのない「人道的」な攻撃であるかのような印象が作られてきた。ＮＡＴＯはコソヴォ紛争における空爆（一九九九年）を「人道的戦争」とさえ呼んだ（Slim, 2001, p.6）。

しかし、「人道的」戦争などあり得ない。国際法下で合法的であろうとなかろうと、介入の動機が「正当」であろうとなかろうと、戦争が殺人であることに変わりはない。独裁者による殺戮を止めるためといわれようが、戦争の犠牲者にとっては不条理以外の何ものでもない。そして、忘れてはならないのは、戦争が殺人を犯す側の人間性も傷つけることだ。米軍では二〇一一年九月現在、全軍の兵士のおよそ二〇パーセントの四七万二〇〇〇人が心的外傷後ストレス障害（ＰＴＳＤ）を抱えていると推定され、イラク戦争とアフガニスタン戦争に従軍した兵士一八万七一三三人がＰＴＳＤと診断された（United States Department of the Army, 2012, pp.22-23）。戦場から遠く離れた安全な地で敵を狙撃する無人機（ドローン）のオペレーターにも、「バーチャル・ストレス」と名づけられたＰＴＳＤに似た症状を抱える者が続出している。

戦闘中の行為や捕虜・傷病兵の扱いを定めた国際人道法は、戦争の悲惨さを軽減する一方で、民間人の合法的な死を許容する。戦場での残虐行為に光を当てる一方で、戦場外で進行する人間性の破壊は法の保護の埒外に置かれる。戦争中の個々の人権侵害に光を当てることが必要なのは間違いない。しかし、そこだけに視点が集中すると、戦争が人命の被害以外にも、財産、経済社会基盤、健康、環境など人間生活のあらゆる分野を巻き込む大規模な人権侵害であることが見えなくなってしまう。

民間人こそが標的である現代の戦争において、戦争のルールを守らせるだけでは人間の尊厳は守られない。そのことがますます明らかになっている。戦争のルールそのものが現代の戦争に対応できていないこともすでに指摘されている（本書第7章二二九頁参照）。無人機の登場はその一例だ。そうであるなら、人権ＮＧＯは戦争の合法性という問題の立て方から離れて、生命に対する権利の侵害がいかなる理由で許容されるのかという根本的な問いに立ち返るべきだ。

二　「対テロ戦争」――非対称な戦争、軽視される「南」

戦争中の個々の人権侵害だけに焦点を当て、戦争の全体像をあえて視野の外に追いやるかのようなＡＩとＨＲＷの姿勢は、「対テロ戦争」への対応においても倒錯した混乱を生んでいる。ＡＩやＨＲＷは政治的「中立」を保つためという理由で、戦争の動機や目的という政治的、戦略的領域の問題に足を踏み入れようとしない。「対テロ戦争」が世界各地の個人の人権を侵害している、そのことを問題視し当該政府を批判はするが、「テロ」撲滅を名目とする武力行使には沈黙する。武力行使が起きている場所は、欧米や日本などの「北」ではなく、アフリカ、中東、アジアを中心とする「南」である。言い換えれば、武力行使に反対しないという方針は、結果的に「南」の人々の人権を軽視するものになっている。

■「対テロ戦争」下の人権の後退

九・一一事件後、ある国の政府高官がＡＩの代表団に対し「ニューヨークのツインタワーの崩壊とともにあなた方の役割も終わった」と言い放ったという（Khan, 2002）。われわれは「テロリスト」との戦争に入ったのだ、人権の出番などない、という宣言である。

その言葉どおり、米国は「テロリスト」には人権はないとのメッセージを強烈に打ち出し続けている。「テロ」容疑者は警察に逮捕されるのではなく、殺害されるか、米中央情報局（ＣＩＡ）によって秘密裏に拘束され、拷問され、国境を越えて移送され、キューバのグアンタナモ米海軍基地で裁判なしに、人によっては起訴されることもなく何年も勾留されている。阿部浩己はこうした状況を「『テロリスト』の非人間化」と呼び、「国際人権法のあり様を根幹から変容させかねぬ営み」であると危機感をこめて述べた（阿部、二〇一〇、二三頁）。人権の根本にある人間の尊厳の平等が否定されているからだ。「対テロ戦争」下では「テロリスト」の非人間化と同時に、人権全般の著しい制約が進行している。至るところに設置された監視カメラや、米国家安全保障局（ＮＳＡ）を筆頭に諸国家の情報機関によるインターネット上の膨大な通信記録の収集によって、政治活動と無縁の者の人権も知らぬまに侵害されている。九・一一後、新たに反「テロ」法を制定、または従来の法を改定した国は実に一四〇カ国以上にのぼる（Human Rights Watch, June 2012, p.3）。こうした反「テロ」法は「テロリズム」を広く定義して取り締まり対象を広げ、政府の捜査・逮捕・勾留・起訴の権限を拡大して被疑者の人権を制限している。

これらはみな「テロ」を未然に防ぎ、あるいは犯人を逮捕するのに不可欠だとして正当化されてきた。

とりわけ問題なのが、反「テロ」法がしばしば特定の人種・民族グループを取り締まりの標的にしていること、平和的な政治活動や政府への異議申し立てを抑え込むために使われていることだ。たとえば、オーストラリアでは反「テロ」法の適用がイスラーム教徒、クルド人、タミル人、ソマリ人に偏っていると報告され（*Ibid*., p.17）、トルコでは二〇一一年、教育の無償化を求める平和的集会を行った学生が、武装集団に関与した容疑で禁固八年五カ月の有罪判決を受けた（*Ibid*., p.3）。インドでは急激な経済発展にともなって加速する開発事業に反対する先住民族の運動が、「テロ」とのレッテルを貼られて弾圧されている（木村、二〇一一）。つまり「対テロ戦争」とは、国家の目から見て国の安全と安定を脅かす存在に対して行われる戦争である。

こうした人権への根本的な挑戦に対して、ＡＩやＨＲＷは九・一一直後から、安全保障の名のもとの人権の制限を広範な調査によって明らかにし、強く非難してきた。そうであればなおのこと、その延長線上に存在する「テロ」撲滅の武力行使に反対しないことの奇妙さが際立つ。

■グローバル叛乱掃討としての「対テロ戦争」

「対テロ戦争」が米国にとって持つ意味をきわめて率直に語った、デイビッド・マックスウェルという米国の軍人がいる。彼はこう言う。「米国の観点から見れば、グローバル対テロ戦争（ＧＷＯＴ）はグローバル規模の叛乱鎮圧作戦である。民主主義と自由を信じる者と、イスラーム主義独裁のもとに世界を奴隷化しようとする者との戦いである」（Maxwell, 2004）。しかも「叛乱」は、革命や反政府活動、分離独立運動にとどまらず、アフガニスタンで外国軍の存在に反対する、政治活動とは無縁な人々による抵抗活動もその対象に入るのだと、陸軍特殊作戦司令部アドバイザーを務める人物は語っている（Stars and Stripes, 2013）。

「対テロ戦争」はかつてのような対等な主権国家同士の戦争ではない。国家による非国家主体に対する戦争であり、「北」の諸国（とその意向を受けて同調する「南」の諸国）による、「南」の地域・人々への戦争である。武力行使の戦場はすべて「南」の諸国であり、その犠牲になるのは「南」の人々というきわめて非対称的な戦争である。もちろん、国家が介入する以前に武装集団によって殺害、誘拐、強姦、土地の横奪などの被害が生じている場合もあるだろう。しかし、国家の武力介入が状況をいっそう悪化させ、戦争を長期化させる可能性は常に存在する。現にアフガニスタンの戦争はすでに一二年も続いている。

「対テロ戦争」は、日常生活の監視から国家の治安権限の拡大、反政府活動の鎮圧までがひとつながりになった全面的な戦争である。「北」の市民への人権侵害と「南」の武装集団への武力行使は別々の事象ではなく、地続きなのだ。ＡＩの「人権のある安全保障」キャンペーンが、一人の個人への権利侵害が全員の権利侵害につながることを強調しているのも、そうした連続性を意識してのことだろう。

　それでもなお、一方の極に位置する武力行使に反対姿勢を取らないのであれば、米国を中心とする「北」の国々による「南」の叛乱に対する鎮圧・コントロールを、暗に容認することに等しい。それは、その戦争の犠牲になる「南」の人々の人権を軽視することだといってよい。その構造を問題にしない限り、戦争は終わることなく続き、被害は増え続ける。その問題に正面から向き合わない限り、人権団体は終わりのない戦争を継続させる役割を担い続けることになる。

三　「人権を守るため」の武力行使

戦争に反対しないという人権NGOの姿勢が最も論議を呼ぶのは、ジェノサイドなどの人道危機に際して武力介入を支持するときだ。この問題を、「武力行使は許されない」とのひと言で済ますことができないのは、「大量殺害が起きているときに何もしなくてもいいのか」という重い問いが常にそこに横たわっているからだ。しかしそこには、「武力介入をすればそれ自体がほぼ確実に犠牲を生む」というジレンマが存在する。したがって、HRWもAIも、自分たちが武力行使を認めるのは、あくまでもジェノサイドなどの極度の人権侵害が発生または切迫していて、ほかに手段がない場合の「例外」であると強調している。

しかし、たとえHRWやAIの主張するように、武力をもってしてでも介入すべき人道の危機があるとしても、実際に武力介入を行うとなると、そこにはさまざまな困難な問題がつきまとう。一般に、許容しうる「人道的介入」が満たすべき要件としては、①著しい人権侵害が存在すること、②武力行使が最後の手段であること、③介入目的が人権侵害の停止に限られること、④取られる手段が状況の深刻さに比例したものであること、⑤取られた行動の結果、相応の人道的成果が期待できること、の五つが挙げられることが多い（最上、二〇〇一、一〇三頁）。これらの要件を満たすことは、現実には本書第7章のマホニー論文が分析するようにきわめて難しい。

そのように捉えているのは「人道的介入」に懐疑的な人々ばかりではない。正しい戦争はありうるとする考え方（正戦論）の代表的な論客で、「人道的介入」を正しい戦争の一形態に位置づける政治哲学者、マイケル・ウォルツァーでさえ、過去に「人道的介入」と呼べるような事例はきわめて稀であったと結論づけているのである（ウォルツァー、二〇〇八）。ウォルツァーは特定の国の独断で介入の決定が行われることや、介入の目的が人道的な救命ではなく他国の支配であるような場合を恐れると述べている。かろうじて「人道的介入」と呼べるような事例としてウォルツァーが挙げるのは、キューバのスペインからの独立戦争を支援した米国の介入（一八九八年）と東パキスタン（現バングラデシュ）の独立戦争におけるインドの介入（一九七一年）の二例のみである（ただし、ウォルツァーはだからといって「人道的介入」を否定しているのではない。近年ではむしろその必要性を強調する傾向にある）。

ところが実際は、以下に見るようにここ一〇年ほど、自由や人権という価値を重視する人々の間で武力介入を支持する声が強まっている。そして、人道危機には武力行使を含めて対処すべきとする「保護する責任」（後述）が、国際的な規範にされようとしている。国際的な人権問題に取り組んできた人権NGOはそうした「介入せよ」という運動の中心的役割を果たしてきたといえるだろう。

しかし、この「介入せよ」という運動が後押ししたリビア介入で浮き彫りになったのは、そのような介入が「責任を取らない戦争」に他ならないということである。市民の保護を訴える人権NGOが「責任を取らない戦争」に加担しないためには、あらためて、戦争という暴力に対する考え方を見直すことが必要だと筆者は考える。

■武力行使を推進する人権派

本書7章のマホニー論文が書かれた二〇〇一年からほぼ一三年が経過したいま、人道危機への武力行使を容認・推進する傾向はいっそう強くなっている。HRWはかねてより、ジェノサイドや体系だった殺戮を止める／または防止するためには、一定の条件のもとで武力行使が正当化されうるという立場を取ってきた（〈ＮＧＯと社会〉の会、二〇一一）。それに比べてあまり広く知られていないが、ＡＩも人道危機への武力介入を容認する新たな方針を二〇〇六年に採択している。ただし、公正を期していえば、ＡＩはＨＲＷと異なり、介入する場合も「国連平和維持活動（ＰＫＯ）や同様の活動」に限定し、武力介入が人権状況を悪化させると判断する場合は、反対することもあるとしている（Amnesty International, 2006）。

「中立」にこだわっていたＡＩが方針転換に踏み切った背景には、人権を重視する人々の間での武力行使容認論の台頭があった。米国の法学者、カレン・エングルによれば、一九九五年、米国がボスニア・ヘルツェゴビナの国連平和維持軍（ＰＫＦ）への部隊派遣を検討していたときには、米国の人権ＮＧＯの間ではまだそれに対する抵抗が強かった。ＨＲＷも九一年に始まる旧ユーゴスラヴィア内戦の初期段階では武力の使用に消極的で、人道支援活動を遂行するために武力の使用を求めるようになるのは九三年からだった（Engle, 2007, p.201）。だが、ルワンダ虐殺（一九九四年）とボスニア紛争（一九九二〜九五年）における民族浄化・大量殺害（それぞれ本書第7章の訳注参照）を経て、それまで武力介入支持を表明したことのなかった人権団体が支持しはじめ、人道支援団体も紛争現場で自らの活動を遂行するために、軍による保護を求めるようになっていく。

こうした動きは人権・人道支援ＮＧＯに特殊なものではなく、人権を重視する考え方を持つ知識人、研究者、政治家、政党、運動体など、より広い層の個人・団体の間で起こっている大きな変化の一部である。たとえば、ヨーロッパでのそうした変化をジャン・ブリクモンは次のように記述している。

私は彼女［ベルギーのエコロジー運動の重要メンバー］に尋ねた。一九八〇年代、この運動の初期は、まだ冷戦の最中で、非暴力による市民的防衛の考え方を支持していたではないか、どうしてエコロジストたちは、たとえばコソボ戦争やEUにかんして現在の態度を取るようになったのかと。彼女の答えによれば、平和主義はもう昔の話であって、個人的意見では、今起きている大量レイプをやめさせるために、アフリカへの介入を願いたいのだと言う。［…］パレスチナ人を守るために介入すべきだし、三〇年代、ヒトラーに対しては予防戦争を行うべきであったと思う、とも述べた。［…］人道的介入権はあまねく認められているばかりか、「介入義務」になっていることもある。国民国家の内部で犯される罪を裁くための国際裁判所を急いで作る必要がある。そう強く主張する人がいる。世界は一つの村となったのだから、そこで起こることは何であれ無関心でいるわけにはいかないと」（ブリクモン、二〇一一、六二〜六三頁、［　］は引用者）。

リビア介入に際してドイツは国連安保理の決議採択を棄権したが、それを「致命的な誤決定」と非難し、「人道に対する犯罪に対しては非難するだけでなく、行動しなければならない」と空爆を積極的に支持したのは、反核・平和、エコロジー、フェミニズムを旗印にしてきた緑の党だった（水島、二〇一二）。

武力介入を容認するこれらの人々は好戦的な保守主義者なのではない。むしろ、自由や人権というリベラルな価値観を共有し、一般に国連などを通じた国際協調、国際協力に賛同する人々である。この人々は、「極度の人権侵害が起きているときにそれを傍観していることなどできない。国境の壁を越えて被害者を救済しなければならない」と考える。彼／彼女らにとって、それは非道な暴力に曝されている無辜の人々を救うための「正義」の武力行使なのである。通常、武力行使を容認しうるのは、ジェノサイドや戦争犯罪などに限られると考える人のほうが多いが（ＨＲＷやＡＩもこの立場である）、女性への性暴力に関する研究や言論活動で知られる米国の女性法学者のキャサリン・マッキノンは、女性に対する体系立った暴力（レイプなど）も「ジェノサイド」と捉え、武力介入の対象にすべきだと論じる（Engle, 2007, pp.217~218）。

人権侵害を救済するために「もっと介入を」と要求する声の高まりは、国際人権運動の勝利を意味するのだろうか？　たしかに、国際人権運動は世界中の誰もが普遍的人権を享有できるような体制の構築を求めて活動してきた。国境を越えて人権侵害の犠牲者を救済すること、これを絶対的な正義だと確信するならば、民間人が大量に殺害され、女性が組織だってレイプされるような状況を、国際人権運動は決して放置するわけにはいかないだろう。では、そうした状況に対して、「正義」の暴力で対抗あるいは懲罰することは正当化されるのだろうか？

それは多くの意味で困難である。それればかりか、新たな問題も生じさせてしまう。第一に、マホニーが明らかにするように、たとえ動機が「正しく」とも、武力行使を正当化しうるとされる要件を満たすことは、実際にはきわめて困難だ（本書第7章二一七~二二七頁参照）。とくに、介入しなかった場合に比べて介入したほうがより多くの人命を救える、という予測を行うことはほぼ不可能である。第二に、本章第一節で見たように、他の条件をすべてクリアできたとしても武力介入が新たに生む犠牲者の問題が残り続ける。これは人権ＮＧＯにとっては特に軽視できない問題である。しかし、「人道的介入」の議論の中でこの点が問題にされることはきわめて少ない。第三に、そうした武力行使に関わるジレンマや困難が、「正しさ」の確信があるがために軽視される危険性がある。たとえば、ＨＲＷのケネス・ロス事務局長は武力行使の決定に国連安保理の承認は必ずしも必要ないと考えているが、もし安保理の承認が必要ないとなれば、理屈の上ではどの国でも武力行使ができることになる（本書第7章二一八頁参照）。それは不完全ながらもこれまで積み上げられてきた戦争のない世界の実現への努力を捨て去ることを意味する。「正義の戦争」はその責任を問うことも難しい。日本への原爆投下が正当化され、今日までその責任を問うことすら難しいのは、第二次大戦がファシズムとの戦いという「正義」の戦争とされてきたからだ。

■「保護する責任」と責任を取らない戦争

現実には、二〇〇〇年代に入って以降、戦争の違法化に逆行する動きが進んでいる。「保護する責任」という形を取った、武力行使を含む介入の一般化、規則化の動きである。「保護する責任」とは、ジェノサイド、民族浄化、戦争犯罪から民間人を保護する責任を意味し、その責任が各国にはあり、もしある国がその責任を果たさない場合はそれに代わって国際社会が、必要なら武力を行使してでもその責任を果たすという考え方である（本書序章コラム参照）。人権NGOをはじめとする多くのNGOも「保護する責任」を支持し、二〇〇九年に設立されたNGOの連合体「保護する責任のための国際連合」（ICRtoP＝International Coalition for the Responsibility to Protect）には、HRWのほか、世界最大級の開発・政策提言NGOとして知られるオックスファム・インターナショナルを含む世界各地の五九のNGOが名を連ねている（二〇一三年八月現在）。

しかし「保護する責任」論が、マホニーが指摘するような武力介入をめぐるジレンマや問題を解消したわけではない。「保護する責任」の最初の実践例といわれたリビア介入は、当初からその意図が疑問視されていた介入だった。実際、NATO軍の攻撃は六カ月以上も続き、出撃回数は計一万八〇〇〇回近くにものぼった。「リビア・カダフィ政権による大量殺害からの民間人保護」という国連安保理が認めた目的を逸脱して、反政府勢力とともに内戦を戦い、政権を転覆させたというのが実態だ。その後は内戦を戦った民兵らによる前政権支持派への報復殺人、違法な拘禁・拷問などの重大人権侵害がいまも続いており、暫定政府がこれを統制できないという新たな問題も生じている。

リビア介入によって改めて浮き彫りになったとりわけ重大な問題は、介入が生み出した被害への責任問題であろう。ＡＩとＨＲＷはそれぞれ五五人（うち子ども一六人）と七二人（うち子ども二四人）の民間人死者を独自調査で確認し、ＮＡＴＯに調査の実施と被害者への補償を求めている（Amnesty International, March 2012; Human Rights Watch, May 2012. なお、これらの数字は両団体が調査で確認できた死者数であって、ＮＡＴＯによる武力行使の民間人犠牲者数全体を表すものではない）。しかし、ＮＡＴＯは「慎重に作戦を行い、民間人死者は確認していない」と述べ責任を否定した（New York Times, 2011）。国際リビア問題調査委員会（リビア介入の直前、リビアにおけるあらゆる国際人権法違反を調査する目的で国連人権理事会が設立した委員会）の報告書も、民間人の死者が出ていることは認める一方で、ＮＡＴＯの攻撃は「きわめて正確に行われ、民間人の犠牲を避けようという明確な意思があった」と結論した（International Commission of Inquiry on Libya, 2012）。

このように、介入が引き起こした被害の責任は議論の俎上に載せることすら難しい。特にリビアのように、建前上「民間人保護」を名目としている武力介入において、介入が引き起こした被害への責任を問うのはいっそう困難なように思える。なぜなら、民間人に犠牲が出ることはほぼ確実にもかかわらず、名目上は民間人の犠牲が前提とされていないからだ。したがって、被害に対する責任を誰がどのように取るのかが前もって議論されず、被害が出ても、「民間人の犠牲を避けるためにあらゆる措置を講じた」といえば責任を問われない。介入の決定は、被害の責任を取らないことを前提に行われるのである。責任を取らずに済む戦争は開戦のハードルも低い。

米国の評論家デイビッド・リーフは、「人道的介入」や「保護する責任」のドクトリンを、責任を取らずに戦争をするための方策だと喝破した（Rieff, 2011）。現状では、武力介入を決定する者、その決定に至る下地を作る者、その決定を支持する者は、誰一人責任を取らない構造になっている。大庭弘継はこれについて、「保護する責任」に代表される「グローバルな責任」論は、責任を取れといいながら、具体的な現場での実践を射程に入れていないために、場当たり的に責任が生じ消えていく状況を生んでいると論じている（大庭、二〇一二）。

人権NGOは自分たちが支持・黙認した介入がどんな結果をもたらすのか、その結果に誰がどう責任を取ることができるのかを、まず考えなければならない。そうでなければ「責任を取らない戦争」に加担したとの誹りを免れない。

おわりに――戦争は人権を保障しない

ほとんどの人権NGOや人道支援NGOは平和主義者ではない。だが、戦争が危機や紛争を解決できるとも考えていない。それどころか、ほとんどの団体は戦争がさらなる戦争をもたらし、中長期的に良い結果をもたらさないと考えている（Slim, 2001, p.8）。言い換えれば、戦争は人権を保障しないと考えている。これはきわめて重要な点である。多くの団体がこの点をあらためて認識し直し、戦争という暴力に対する自分たちの考え方を見直していくならば、暴力を用いない紛争や危機の解決への模索が生まれるかもしれない。しかし、いまのところ、ほとんどの人権ＮＧＯや人道支援ＮＧＯはその方向には向かっていない。その理由の一つは、マホニーが述べるように、実践的な「もう一つの道」の持つ可能性が、まだ知られていないからかもしれない。あるいは、人権ＮＧＯの場合、自分たちは普遍的人権の擁護者として、常に正義の側に立っているという確信が、その方向に向かうことを妨げているのかもしれない。

「暴力で紛争は解決しない」と誰もがいう。米軍の司令官でさえそう述べる。それは決してレトリックではない。問題は、それにもかかわらず、「暴力でもって暴力を制することはできない」という声より、「野蛮な暴力には正義の暴力をもって制するしかない」という声のほうが強いことである。本章で見たように、人権ＮＧＯの立場と行動は、後者の声を抑制するよりも、むしろそれをいっそう強くすることにつながっている。

「戦争は最大の人権侵害」という認識に立脚すれば、私たちが発すべき問いは「どんな条件下なら武力行使が許されるか」ではなく、「いかにすれば人権侵害や紛争を平和的に解決できるか」となるはずである。後者の道を追求することは決して非現実的な夢物語ではない。なぜなら、あらゆる戦争の被害者が知っているように、「戦争は平和を守らない」ことのほうこそ、現実だからだ。

引用文献

阿部浩己『国際法の暴力を越えて』岩波書店、二〇一〇。
ウォルツァー、マイケル／萩原能久監訳『正しい戦争と不正な戦争』風行社、二〇〇八。
〈ＮＧＯと社会〉の会「ヒューマン・ライツ・ウォッチへの質問状と回答」二〇一一（http://www.shinhyoron.co.jp/

blog/wp-content/uploads/2011/12/11.11.pdf)。
大庭弘継「「グローバルな責任」の死角―《国際社会の責任》と《平和維持活動要員の責任》の乖離」『平和研究』第三六号、二〇一一。
木村真希子「先住民族と「平和構築・開発」」藤岡美恵子・越田清和・中野憲志編『脱「国際協力」―開発と平和構築を超えて』新評論、二〇一一。
ブリクモン、ジャン／菊地昌実訳『人道的帝国主義―民主国家アメリカの偽善と反戦平和運動の実像』新評論、二〇一一。
水島朝穂「見過ごせない軍事介入―リビア攻撃とドイツ（1）」二〇一一年三月二八日（http://www.asaho.com/jpn/bkno/2011/0328.html）。
最上敏樹『人道的介入―正義の武力行使はあるか』岩波書店、二〇〇一。
Amnesty International: “Amnesty International Report 2002,” 2002.
Amnesty International: “Guidelines and procedures on the use of armed force and military intervention,” 2006.
Amnesty International: “Libya: The Forgotten Victims of NATO Strikes,” March 2012.
Amnesty International: Press Release, “Armed intervention in Mali risks worsening the crisis,” December 21, 2012.
Amnesty International: Press Release, “Mali: All parties must do utmost to avoid civilian casualties,” January 14, 2013.
Engel, Karen: “Liberal Internationalism, Feminism, and the Suppression of Critique: Contemporary Approaches to Global Order in the United States,” *Harvard International Law Journal*, Vol. 46, 2005, pp.427-439.
Engle, Karen: “'Calling in the Troops': The Uneasy Relationship Among Women's Rights, Human Rights, and Humanitarian Intervention,” *Harvard Human Rights Journal*, Vol. 20, 2007, pp.198-226.
Human Rights Watch: “Legal Issues Arising from the War in Afghanistan and Related Anti-Terrorism Efforts,” October 2001.
Human Rights Watch: “Unacknowledged Deaths: Civilian Casualties in NATO's Air Campaign in Libya,” May 2012.

Human Rights Watch: "In the Name of Security. Counterterrorism Laws Worldwide Since September 11," June 2012.

International Commission of Inquiry on Libya: "Report of the International Commission of Inquiry on Libya," March 8, 2012.

Khan, Irene: "Foreword," *Amnesty International Report*, 2002.

Maxwell, David S.: "Operation Enduring Freedom-Philippines: What Would Sun Tzu Say?", 2004 (http://www.army.mil/professionalWriting/volumes/volume2/june_2004/6_04_3.html).

New York Times: "In Strikes on Libya by NATO, an Unspoken Civilian Toll," *New York Times*, December 17, 2011.

Rieff, David: "We Have No Idea What We Are Doing in Libya," *New Republic*, July 21, 2011.

Roth, Kenneth: "The Choice for the International Human Rights Movement," *Human Rights Dialogue*, Winter 2001, Series 2, Number 5.

Slim, Hugo: "Military Intervention to Protect Human Rights. The Humanitarian Agency Perspectivem," 2001(http://www.ichrp.org/files/papers/50/115_-_Military_Intervention_to_Protect_Human_Rights_Slim_Hugo_2001_background_paper.pdf).

Stars and Stripes: "Military to unveil new counterinsurgency field manual," *Stars and Stripes*, January 28, 2013.

United States Department of the Army: "Army 2020. Generating Health and Discipline in the Force Ahead of the Strategic Reset. Report 2012," January 2012.

参考文献

岡崎彰「持続可能な戦争―スーダンの内戦を通して考える」足羽與志子・濱谷正晴・吉田裕編『平和と和解の思想をたずねて』大月書店、二〇一〇。

笹本潤・前田朗『平和への権利を世界に―国連宣言実現の動向と運動』かもがわ出版、二〇一一。

塩川伸明『民族浄化・人道的介入・新しい冷戦―冷戦後の国際政治』有志社、二〇一一。

中野憲志「「保護する責任」にＮＯ！という責任―二一世紀の新世界秩序と国際人権・開発ＮＧＯの役割の再考」藤

岡美恵子・越田清和・中野憲志編『脱「国際協力」―開発と平和構築を超えて』新評論、二〇一一。

最上敏樹『いま平和とは』岩波書店、二〇〇六。

山内進編『「正しい戦争」という思想』勁草書房、二〇〇六。

第7章

人権危機における武力介入
――人権運動の対応とジレンマ

リアム・マホニー

「はじめに」に代えて（訳者）

現代の戦争を考えるときに「人道的介入」の問題を避けて通ることはできない。本章は、国際人権政策評議会（ＩＣＨＲＰ＝International Council on Human Rights Policy）主催の国際会議「武力介入――人権の危機へのＮＧＯの対応」（二〇〇一年三月三一日～四月一日、ジュネーブ）に討議資料として提出された、リアム・マホニーの論文「人権の危機における武力介入――人権運動の対応とジレンマ」*（Military Intervention in Human Rights Crises: Responses and Dilemmas for the Human Rights Movement）の抜粋翻訳である。

同国際会議は、大量殺害や著しい人権・人道の危機に対する武力介入（「人道的介入」）について、人権運動に携わる者がどう考えなければならないかをテーマに開催された。それは九・一一事件とそれに続く対テロ戦争の開始直前、そしてジェノサイド〔訳注1〕などからの民間人保護を国際社会の義務とする「保護する責任」論が台頭する以前のことである。当時、欧米のNGOの中には、一九九〇年代に起きた一連の人権・人道の危機、とりわけ国連平和維持軍（PKF）が駐留する中で起きたルワンダの虐殺や旧ユーゴスラヴィア・ボスニアのスレブレニツァ事件（ともに本文中の訳注を参照）の衝撃を受けて武力介入を支持する団体が現れていた。

マホニーはこの論文の最初の三節（本章では割愛）においては、人権・人道危機に対する軍事介入が人権運動にとって喫緊の重要課題として登場してきた背景、および「人道的介入」に対する欧米の主だった人権NGOや平和運動団体の立場を概観している。特に取り上げているのはアムネスティ・インターナショナル、ヒューマン・ライツ・ウォッチ、人権のための医師団（Physicians for Human Rights）の三団体である。

マホニーは冒頭、「人道的介入」という語を使うべきではないと述べていることをまず指摘しておきたい。「人道的」という言葉が、実際には、決して人道的ではない国家の動機を体よく隠蔽してしまうからであり、人権NGOはそのようなプロパガンダを支持すべきではないと彼は警告している。

そのうえで、「人道的介入が正当化されうる要件」を具体的な事例を引きながら検討し、現実にはそれらの要件が満たされることはきわめて稀であることを明らかにする。そして、紛争や人権の危機を武力介入によらずに解決するための新しい考え方や対応方法を提案する。

本論文の発表から一三年が経過した。しかし、二〇〇六年、アムネスティ・インターナショナルが「大規模人権侵害を止めるためには武力行使もやむなし」とする立場に転換したことに示されるように

（本書第6章二〇二頁参照）、マホニーの問題提起はいまもその有効性を失っていない。マホニーは「介入を正当化した人権団体は絶えず介入政策の監視を怠ってはならないし、疑問が生じたときには、それを正当とした自らの判断を撤回する必要がある」とまで指摘している（本章二二八頁）。しかし、実際にそのように判断を撤回した例を訳者たちは知らない。マホニーはここで、人権ＮＧＯのみならず、紛争下で活動するすべてのＮＧＯ、さらには研究者にとっても非常に重要な問題を提起している。国家からのＮＧＯや研究者の独立性と自律性、また、その存在意義を鋭く問うているからである。

二〇〇〇年、政府・企業・ＮＧＯ三者協働による国際人道支援の新しい仕組みとしてジャパン・プラットフォーム（ＪＰＦ）が設立された。以来、多くの日本のＮＧＯが紛争地で人道支援を行うようになった。だが、日本の人道支援ＮＧＯや人権ＮＧＯの間では、本章が提起するような問題をめぐる議論はほとんど起きていない。また、研究の分野においても、最上敏樹氏の『人道的介入―正義の武力行使はあるか』（岩波書店、二〇〇一）以降、「人道的介入」や「保護する責任」をめぐる議論が一部で行われてはいるものの（たとえば南山大学社会倫理研究所発行の『社会と倫理』は二〇〇八年以降、「保護する責任」を二度にわたり特集している）、十分な検討が加えられてきたとはいい難い。

武力介入を容認する論調がいっそう高まっているいまこそ、市民を交えた「人道的介入」をめぐる議論がＮＧＯや研究者の間で深まることを期待したい。

＊原文は全五節からなるが、紙幅の都合上、著者の了解を得て、最後の二節をここに翻訳掲載する。なお、読みやすさを考慮し二節を四節に再編成した。文中の［　］は訳者による補足。原文は以下のサイトに掲載されている。http://www.ichrp.org/files/papers/49/115_-_Military_Intervention_in_Human_Rights_Crises_Mahony_Liam_2001_background_paper.pdf）

一　非暴力か正戦か？

死者を出す危険ではなく、人を殺すこと。武力行使に特有の問題はそこにある。結局のところ、政治的インパクトを与えるような人権擁護活動はたとえ非暴力の活動であれ、現場の活動家を死の危険に曝すものだ。ときには無実の市民にさえ報復の危険が及ぶこともある。人権運動はこれを証明するに十分すぎるほどの殉教者を出してきた。しかし、殺害は武力を選択した場合にのみ行われる。よく耳にする「戦いと死に値するものがある」という表現は確かに真実を含んではいる。しかし、人権をめぐるジレンマはそこにあるのではない。問題は、人を殺すに値する目的とは何かということである。

正戦論はこう主張する。できるだけ多くの人命を守るという至高の目的のためには、「目的が手段を正当化する」という考え方は許容されるどころか必要でさえある、と。たとえばディミトリナ・ペトロワ［ブルガリアの人権活動家。ヨーロッパ・ロマ権利センター元所長、現イコール・ライツ・トラスト所長］は次のようにいう。「もし人間にとって最も重要な価値が人の命であるのなら、特定の行動が期待されて然るべきだ。人を殺すことで、殺される者以上に多くの者を直接救えるのであれば、殺さねばならない。…もし人命を基本的な価値と認めるなら、五人の命は一人の命よりもより尊いことを認めなければならない」。これが後に取り上げる**比例原則**をめぐる倫理問題の本質である。人命に関するこうした計算は主観的で不確実にならざるを得ない。にもかかわらず、人権活動家の中には、介入による結果を十分に予測でき、倫理的なリスクを冒してでも介入を正当化できる場合もある、と堅く信じる者が大勢いる。

一方、非暴力主義者や平和主義者は、こうした単純な数の論理を受け入れない。非暴力／平和主義者は、むしろ結果を予測することの不確実性を強調する。人を殺すことは誰かを助けるかもしれない。だが、誰かを確実に傷つける。介入が思惑どおりの成果を上げるかどうかなど誰にもわからない。しかし、それによって誰かが被害を受けることは確実である。よって、非暴力／平和主義者はあくまでも原則上の問題として殺人を拒否し、その延長で他人による殺人も奨励しない。また、物理的な人命の損失とは別の価値にも重きを置き、殺人行為がそれを犯した者に及ぼす倫理的影響をも考慮する。つまり、単なる被害者の数以上の、殺人や暴力の蔓延が社会に与えるより広い長期的な影響を重視するのである。短期的な「救われた人命」の計算は不可能だ。ましてや、介入という選択によって生じた費用と便益を効果的に計測することなどできるはずがない。

だからといって、非暴力の立場は「何もしない」ことと同義ではない。その点では決して反介入主義ではない。献身的な平和主義者は、他者を守るために介入し、命を賭け、ときには命を落とす。彼／彼女はただ、人を殺すことを拒否する。平和主義の立場を取るなら、殺人に代わる非暴力的な行動を永久に模索することが求められるのである。

広い意味での人権運動をふり返るなら、何十もの非暴力／平和組織、平和主義の教会運動が非暴力の思想を守りながら、人権の国際的な促進に重要な役割を果たしてきた。これからもそうだろう。人権活動家の多くは、介入の問題に関して非暴力の原則を受け入れているし、一部の人権団体もそうである。自らを平和主義者と定義しようとすまいと、攻撃的な殺人を奨励するかどうかに関しては特に、その原則的な路線を選択する者が多い。なかには、国連憲章の根源的な精神を堅持するなら、死者の数がどうあれ、市民の（生命への）権利を不可避的に侵害する軍事作戦は決して擁護できないと主張する者もいる。

どちらの立場も、過去の経験に照らして誤りだと立証することはできない。特定の軍事介入が最終的にプラスの効果をもたらすか失敗するかを前もって証明することなどできない。実際、証明に必要な要素には曖昧模糊としたものが多く、双方の根本的な考え方の違いを考慮するなら、両者は最終的な効果を見積もり測定する尺度《パラメーター》についてすら合意できそうにない。

二　正当性の基準

ここで、軍事行動の正当性を判断する古典的な基準の枠組みに沿って、「正当な介入」をめぐる複数の人権団体の主張を詳しく見ておこう。

■正当な権威

「正当な権威」とは何か。これについては、国連安全保障理事会（国連安保理）がグローバルな法的権威を持つと広く受け入れられている。ただし、国連安保理が是認していない介入の合法性については、いまも議論が続いている。興味深いことに、人権団体は介入の合法性における「正当な権威」をあまり重視せず、誰が介入するかよりも、何を行うかに重点を置く。人権団体の多くは、国連安保理の無責任な不作為や中立性（一九九五年のボスニア）、あるいは拒否権による機能不全（一九九四年のルワンダ、一九九八〜九九年のコソヴォ）の例を挙げて、介入の決定に関する権限は国連以外の機関に委ねるべきだと主張する。

たとえば、人権NGOのヒューマン・ライツ・ウォッチ（HRW）の指針では、「［介入は］国際法に則ったものであること」と謳ってはいるが、後に同NGOの事務局長ケネス・ロスは「国際法、特に形成途上の今日の国際法は、中核の人権価値を守るにはいまだ不十分である」として、国連安保理の承認は不必要とまで述べている。ディミトリナ・ペトロワも、コソヴォ後、「北大西洋条約機構（NATO）軍によるユーゴスラヴィア空爆の合法性をめぐる議論は、国際人権保障体制《レジーム》の将来にとっては重要であるものの、決定的ではないし、決定的であるべきでもなかった。…成文法に執着するあまり、人権に対する関心が軽視されることがあってはならない」とロスへの共感を表明した。(1)

しかしこれらの見解だけでは説明責任の問題が依然として残る。国連が承認しない介入に対して、誰がその正当性を権威づけるのか。人権運動か？　もしくは、互いに異なる動機を抱えた国家群自身か？　国連で承認されなかった事例の一つ、西アフリカ諸国経済共同体／西アフリカ諸国経済共同体監視団（ECOWAS／ECOMOG）による一九九〇年のリベリア介入では、リベリアの安全保障の観点から「何か」がなされなければならないと広く認識されていた。[訳注2]しかし、同国の市民社会は、むしろ介入軍そのものによる人権侵害や犯罪に関し、然るべき説明責任のプロセスが欠落していたことが深刻な事態であったと指摘している。

正当な権威は、国際人権レジームの将来にとって非常に重要である。それは成文法に「執着」するからではない。そうではなく、将来もし、より強力で世界的に信頼される人権レジームが築かれたなら、世界中で数限りない人々の人権を守ることができる、と真剣に考えるからである。権威の裏づけのない攻撃を正当化することは、そのような未来の展望を信じないという悲観主義を意味し、個々の国家に対するあらゆる国際的な要求への信頼性を損なってしまう。実際、国連に拠らない介入は常に強い国家から弱い国家に対して行われるだろう。それを支持すれば人権団体は強者に与することになる。眼前で起きている犯罪を手っとり早く解決しようとするだけでは、永久に場当たり的な策を繰り返すことになる。そうなれば、国際的な行動は衝動的な、そして隠蔽された多種多様な目的でつながる単なる「有志連合」によるそれにとどまり続けるだろう。

これに対する解決策を提示したのが、コソヴォ独立国際委員会である。同委員会は二〇〇〇年、国連と国連安保理に対し、こうした危機に対する人道上の責任逃れを困難にするような、一連の改革を提案するとともに、国連安保理が介入に失敗した場合、国連に拠らない介入を正当化しうるような、どの国もが合意できる基準の設定を呼びかけた[2]。言葉を換えれば、権威に裏づけされない介入を仮に短期的にであれ許容するのであれば、少なくとも現在と未来の被害者に対して信頼できる対応を取ること、そして合法的かつ現実的で、能力のある「正当な権威」の確立に向けた長期的なキャンペーンが必要だということである。人権団体は、どちらか一方の解決策のみに関わり、もう一方には関わらない、ということがあってはならないのである。

■正当な意図

人道的介入をめぐる従来の議論では、介入する国家は対象国に対して人道的とはいえない戦略的目標や隠された動機、あるいは領域的、経済的な思惑を持っていてはならないとされている。人権NGO、アムネスティ・インターナショナルのピエール・サネ国際事務局長［二〇〇一年当時］は、同団体の年次報告書の「はしがき」のほとんどを、「国家の隠された動機」がまかり通っていることへの批判に費やしているが、この要件に照らせば、ほぼすべての介入事例が「人道的」といえなくなってしまうため、介入を要求する勢力はこの要件を軽視してきた。前項で取り上げたHRWはこれに関して何も指針を示していない。HRWのケネス・ロスは、他の動機が働いたとしても、人道的な関心が重要な動機である限りそれで十分だとしている。

一部の活動家は、介入の二重基準や選択性を非難する。たとえばピエール・サネは、「なぜリビアやイラクには制裁を科すのにイスラエルには科さないのか？　コソヴォには介入するのにルワンダには介入しないのか？　イラクのクルド人は保護するのにトルコのクルド人は保護しないのか」と問う(3)。一方、ケネス・ロスは、「このような選択性は不愉快で避けがたい現実ではあるが、だからといって効果的な行動を取れるのにそれを取る責任から逃れられるわけではない」と論じる。

こうしてジレンマは残り、短期的な成果を求める声と、世界的に信頼される人権レジームの構築を求める声とが対立することになる。国連を軸とする活動ならば、**正当な意図**に関する懸念の一部は回避できるだろう。しかし、それには将来の国連改革によって、個々の国家が介入プロセスを支配したり麻痺させたりするのを防ぎ国連が独立した行動を取れる、そのための資源が国連に確保される必要がある。

■正当な理由

人権団体は、武力介入の正当性（**正当な理由**）の根拠として、「ジェノサイドおよび／もしくは大量殺害」を最低基準にしている点で一致しているようだ。しかし、「大量」とはどの程度をいうのか？　ジェノサイドとは何か？

一九九五年七月のスレブレニツァ[訳注3]や九四年四月のルワンダ[訳注4]を経たいま、こうした介入の最低基準は人権運動全体の合意となっているといえるのかもしれない。一方、ラキヤ・オマール［アフリカ・ウォッチ元代表］とアレックス・ド・ワール［アフリカ・ウォッチ元代表、現フレッチャー法律外交大学院世界平和基金所長」は、ソマリアへの武力介入が検討されていた時期（一九九二年）、「人道団体は危機を過剰に誇張していた」と論じている。コソヴォの事例は、九九年一月のラチャク［訳注5］の虐殺の後、一部の団体や政治家が「ジェノサイド」という言葉を使用したために特に厄介である。

しかし、ユーゴスラヴィア連邦共和国（セルビアとモンテネグロの二つの共和国およびヴィイヴォディナとコソヴォの二つの自治州からなる。以下「新ユーゴスラヴィア」。一九九二年成立、二〇〇三年解体）がコソヴォに対して取った叛乱掃討軍事戦略は、多くの国々が（民衆の支持を受けながらも）テロを行う叛乱勢力に対して取った他の同様の戦略と原則的に異なるものではなかった。その一方で、掃討対象とされたコソヴォ解放軍（KLA）はこの内戦にNATO軍を介入させるため、意図的に一般市民の殺害を挑発した（そしてそれに成功した）。NATO軍の空爆開始（同年三月二四日）以前、コソヴォでは多くの避難民が出たにもかかわらず、死者の数はKLAの兵士を含めて年間一〇〇〇人ほどだった。たしかに多数ではある。しかし、これは「ジェノサイド」と呼べるのだろうか？　住民の大量追放が始まり殺害のペースが高まったのちであれば、まだその言葉を使う根拠があったかもしれない。しかし、「人権のための医師団」（PHR）が空爆初期の四月六日に最初にその言葉を使った時点では、その後の膨大な被害に比べれば、まだ死者の数は比較的少なかったのである。

ところが、ここでさらに困惑するのは、因果関係と説明責任に関わる問題である。PHRは、NATO空爆に対するセルビア人勢力の報復としてコソヴォ人の殺害と追放が起きることを予測していたにもかかわらず、後に、ジェノサイド条約に照らせばその報復から被害者を守るためにNATOの地上部隊の投入が必要だと主張したのである。

数は重要である。だからこそ誇張は禁物だ。加えて、人権団体は一致協力し、「大量殺害」や「ジェノサイド」といった用語の適用基準を明確に指し示す必要がある。基準が低すぎれば、ジェノサイド条約に基づいて介入せよとの要求を、諸国家は決して受け入れることはないだろう。

また、「進行中」のジェノサイド／大量殺害と、「予測される」ジェノサイド／大量殺害とを明確に区別することも必要である。一部の人権団体は殺害を「予防する」ための軍事行動は正当化されうるというが、それは殺害のレベルがジェノサイドと認定される基準に達する前に、攻撃的な軍事的殺害に乗り出すべきだということなのか。おそらく、そういう意味かもしれない。早期に行動すれば成功の可能性は高くなり、多くの生命を救えるかもしれない。しかし、予測能力を過信してしまう危険は大きい。人的被害をもたらす「予防的介入」は、合法性と倫理の点で疑念が残る。というのも、もし人権団体が予測に従いこうした殺害を正当化するなら、国家もまた、「起こり得たかもしれない」という口実のもと、いくらでも不正な介入を弁護できてしまうからである。

■最後の手段

軍事行動は、可能なあらゆる非軍事的方法が尽くされたあとの、もしくは殺害の進展がきわめて速く、時間を要する他の手段では危機に対処できないときの最後の手段である——。これについては、大方の合意が存在するようだ。しかし、**最後の手段**を取るべき瞬間はいつやって来るのか？　答えは、どの事例においても文脈によって変わり、極端に主観的なものとなる。

イラク北部では、米国のブッシュ（父）大統領は外交で危機を回避するどころか、［米中央情報局（CIA）を通じて］クルド人に反乱をけしかけて危機が起こるよう挑発を行っていた。湾岸戦争（一九九一年）の勝利をイラク全土へと広げるのではなく、差し迫る難民危機に非軍事的な手段で対応し、「国境を開けよ」とトルコに対し要求することもできただろう。しかし米国はそうしようとはしなかった。また、ソマリアでは、「静かな外交」と「氏族間の紛争解決努力」を求めて活動を続けていた一部のNGOが、過剰な軍事力によってこうした努力が阻害されることを恐れていた。アフリカ・ウォッチの元代表、アレックス・ド・ワールは、停戦交渉（九二年）に成功したこと、そして地元業者を活用して飢えに苦しむソマリ人への食料供給に成功したことを西側メディアが無視したと指摘し、「きわめて高くつき、危険な（軍事的な）方法よりも、成功した、よりコストの低い方法に戻るべきではないのか」と主張している(4)。

バルカン戦争（新旧ユーゴスラヴィアの一連の内戦）では非軍事的介入と外交は大失敗に終わった。「誠実に遂行された」とも「潜在的可能性が十分に引き出された」とも到底いえない代物であった。NATO軍のコソヴォ空爆は一九九九年三月に開始されたが、この時点で「最後の手段のときが来た」といえるかは甚だ疑問である。なぜなら、欧州安全保障協力機構のコソヴォ検証団ミッション（KVM）の活動によって、現場の状況はその前年の夏よりもむしろ改善していたからである。期限の押しつけや空爆の最後通牒は、交渉における唯一の選択肢だったわけではない。監視体制の強化と交渉の再開という選択肢もあり得たし、平和団体の多くは後者を支持していたのである。フランスのランブイエで行われた和平交渉の失敗後、間髪を入れずNATO軍が空爆を開始した最大の動機は、コソヴォ住民が置かれていた非人道的な状況ではなく、交渉が失敗したからには事前の警告を実行に移す以外にないという考えに基づいていたのである。

NGOの多くが「最後の手段のときが来た」という主張を疑問視したにもかかわらず、人権NGOはそうではなかった。人権NGOは「紛争解決」や「交渉」を自分たちの任務あるいは専門の一部とは考えていないようである。人権ＮＧＯは「最後の手段のときが来た」という判断を下す前に、紛争解決の可能性の複雑さをより深く理解する必要があるだろう。

■比例原則と成功の見込み

介入は**比例原則**に従わなければならない。すなわち、介入によって引き起こされる被害は、食い止めようとしている眼前の被害を超えるものであってはならない。また、介入する限り、失敗は許されない――。これは、介入のためのすべての原則の中で最も複雑で議論を呼ぶ原則である。

この原則には、さまざまな介入／非介入の結果は前もって予測可能でなければならない、という前提がある。結果の予測は何らかの手段で数量化され、比較考量されなければならない。さらに、複数ある選択肢の中から「最もありそうな」結果のみを考慮して済ますわけにはいかない。比例性を事前に慎重に予測するには、楽観的なものから最も悲観的なものまで、それぞれの選択肢から起こりうるありとあらゆるシナリオを考慮しなければならない。まずシナリオごとに費用便益計算を行い、次に各シナリオの実現可能性に従って加重値を与えたのち合算することではじめて、ある一つの決定方針の結果を予測できたといえるのである。

紛争が複雑でつかみどころがなく、不確実なものであることを考慮すると、そんな計算は途方もないと思えるかもしれない。しかし、他の社会的営為の領域では、エコノミストたちがこうした複雑な費用便益計算を常に行っている。このことは記憶にとどめてよいだろう。それに比べ、政治の世界では、政策決定者や活動家は自分たちの直観を信頼しがちである。精確さを避けようとすると、どうしても想定上の「最もありそうな」結果が起こる確率を過大評価するという罠にはまってしまう。固定観念があったり、過去の経験の評価が誤っていたりすると、自分たちが支持する選択肢の影響を過度に楽観的に予測しがちになる。

より精確な計測は不可能なようにも思えるが、必要であることは間違いない。人権団体がこうしたスキルに欠けているなら、それを開発しなければならない。もし人権運動が軍事介入に正当性のお墨付きを与えるというのなら、独自の計測に基づいてそうすべきであり、介入する国家の戦略中枢から発せられる評価やプロパガンダを単純に受け入れるべきではない。人権運動には国家から独立した客観性が必要とされるのであり、それは政治的、戦略的な影響評価のすべてに優先して市民の被害を重視するという、国家とは異なる尺度によって保持されなければならないのである。

コソヴォの例を考えてみよう。NATO軍の空爆は、大いに賞賛された精度にもかかわらず五〇〇人の市民を殺害した。もしあと少しでも精度が狂えば、死者数は五〇〇〇人を越えていたかもしれない。新ユーゴスラヴィアによる反撃は、一万人のコソヴォ人を殺害した。この事実は空爆が正しかったことを事後的に証明するものだという主張もあるが、NATOが戦争に踏み切らなければ、そもそも新ユーゴスラヴィア国内においてこうした軍事作戦を行うきっかけも政治的正当性も得られなかった可能性は大である。だとすれば、新ユーゴスラヴィアの攻撃による死者数はNATO軍のそれより少なかったかもしれない。また、戦後の体制は何百人ものセルビア人への報復殺害と逆民族浄化を促したが、その結果セルビア系コソヴォ人全員がコソヴォを追われることになった。被害の計測にあたってはさらに、米露、欧露、米中関係への長期的ダメージも計算に入れる必要がある。これらもまた人的被害に影響するからだ。そしてこれらのすべてを、空爆以前の一〇〇〇人の死者および大量強制移住と比較しなければならない。しかし実際には、当時、それらの一部でさえ効果的に予測できた者はほとんどいなかったのである。

軍事の専門性があろうとなかろうと、介入を提案する人権団体は必然的に、ある軍事戦略を提案していることになる。軍事介入は、（1）実効性があり、（2）利害が損害を上回り、（3）国際人道法[訳注6]に合致してはじめて正当化されうる。しかし、実際になされる軍事戦略や戦術は、この三つの基準を満たすものもあれば、満たさないものもある。もし「正当化されうる」軍事介入を提案する人権団体が特定の戦略を持たないのであれば、その提案が比例原則の要件を満たしているとは認められないだろう。

たとえどのような軍事上の戦術を提案しようとも、介入を一旦承認してしまえば、その戦術はまったく異なる戦略の正当化に利用されるかもしれない。コソヴォの場合、多くのＮＧＯが要請したのは地上部隊による介入だった。だが、人権保護のための介入圧力が高まると、一般市民や政策決定者は空爆を支持するようになる。作戦が始まると悲惨な結果が待っていた。空爆が始まるや、それを非難した人権団体も中にはあったが、ほとんどの団体は傍観し沈黙を決め込んだのである。

通常、人権団体は他の問題では比例原則の議論に強い違和感を抱いている。これは注目すべき事実である。たとえば、死刑容認論者は比例原則を採用し、「利益が損害を上回る」として死刑制度を擁護する。また、治安維持を理由に反政府勢力を弾圧する政府もこれと同じ主張をする。これらに対し、人権団体は通常、こうした費用便益計算の泥沼にはまって権利原則を犠牲にすることに反対し、むしろその堅持を主張してきたのである。

「正当な介入」をめぐる以上五つの基準（「**正当な権威**」「**正当な意図**」「**正当な理由**」「**最後の手段**」「**比例原則**」）の中で、人権団体が国際社会に提供できる専門的知見は「**正当な理由**」のみである。人権団体が専門とするのは、残虐行為が許容できない基準に達する前、あるいは越えてしまったときに、国際社会に対して警鐘を鳴らすことである。人権団体は「紛争解決」の専門性を持ち合わせない。そのため、「**最後の手段**」についての判断の妥当性と深慮の度合いには限界がある。さらにいえば、「**比例原則**」についての人権団体の議論は説得力を欠く。なぜなら、人権団体は長期的または間接的影響を捨象する傾向があるばかりか、軍事的専門性と予測能力を持たないからである。なかには「**正当な権威**」と「**正当な意図**」を判断する「法的な」専門性を持つ団体もあるかもしれない。だが、中立でなくなることへの恐れが、批判的に判断する意思と能力を減退させてしまうのだ。そして前述したように、「ジェノサイドを止めるといった」すぐに現れる成果を重視するあまり、これら二つの基準を過小評価する傾向がある。

したがって残るのは、「**正当な理由**」のみである。しかし、そうなると、「熟慮のすえの介入の呼びかけ」と「〈何でもいいから、何かせよ！〉という悲痛な叫び」の違いは判別しがたくなる。

三　介入がもたらす被害と長期的影響

■軍事的要素——意思決定と拡大

ひとたび軍事介入が始まれば、大いなる未知の世界に突入する。戦争は極度に不確実なものであるからだ。しかもこの不確実性は偏っている。市民への影響という点では、予測よりも「良い」結果を生んだことなど一度もない。五〇〜一〇〇万人が虐殺されたルワンダで、「［介入していたなら］こうなったかもしれない」という仮定を全面的に容認すべきでない理由の一つはここにある。一方、軍隊にとって、敗北は受け入れられないものであるので、軍事介入が始まってしまうと、市民がその決定に及ぼす影響力は、皆無とはいわないまでも極度に制限される。たとえば、軍は次の攻撃のための戦略の一段階である限りにおいて、退却を受け入れる。想定外の後退を強いられたときに取るお決まりの戦略は、戦闘をエスカレートさせることだ。[5] 介入政策に人権の観点から影響を及ぼすこと自体が困難なのだが、ひとたび戦争が始まってしまうと、それはいっそう困難になるのである。

これらのリスクを考慮しない人権団体は、苦境に立たされることになる。たとえばソマリアでは、「人道支援のための車両、物資を保護せよ」という人道・人権団体の要求が軍事介入につながった。そして介入後、米軍は軍事行動をエスカレートさせ攻撃的掃討作戦を展開したが、それは大失敗に終わった。米兵に死者が出て、屈辱的な退却につながったのである。しかし、ここで最も重要なのは、語られることがなかった何千人ものソマリ人の死という事実である。

軍事作戦の拡大は、比例原則に基づく予測に変更を迫る。したがって、介入を正当化した人権団体は絶えず介入政策の監視を怠ってはならないし、疑問が生じたときには、それを正当とした自らの判断を撤回する必要がある。しかし、そうした方向転換が実際に行われる可能性はきわめて低い。重大な間違いを自ら認めることになるし、もともと人権侵害を行っていた戦争当事者を政治的に支持しているように見えるからだ。ディミトリナ・ペトロワがコソヴォ戦争の事例で指摘したように、人権団体は流れに逆らわず沈黙を決め込むことで、被害拡大のプロセスを正当化する道に引きずり込まれていくのである。

■被害者、中立性と人道法

人権団体は戦争において、いかなる当事者も支持せず中立であると主張し、すべての市民の権利のために立ち上がると主張する。しかし、介入の是非を議論する際、人権団体が使う言葉には見過ごすことのできない矛盾がある。ジェノサイドや抑圧の被害者を表現するにあたって、人権団体は人間の良心を喚起すべく、苦悩に満ち満ちた、感情に訴えかける、きわめて私的な言語表現を磨き上げてきた。他方、介入軍の犠牲となった市民は、ただ単に「非戦闘員」と呼ばれ、それは「意図せざる損失」（**unintentional losses**）もしくは「付帯的損害」（**collateral damage**）として片付けられてきた。人道法で使われるこの無味乾燥な言葉を、中立性の原則を盾に人権団体は弁護する。だが、こうした表現は同時に、一般市民の犠牲を許さないという意識を麻痺させてしまう。

現実には中立などあり得ない。一方の住民の人間性のみが強調され、他方のそれは隠蔽される。この矛盾は一方の側の非人間化を促進し、結果的にその迫害を助長する。そして、このプロセスを悪化させるものに対して人権団体は沈黙する。たとえば、バルカン戦争の際、人権団体はセルビア人を悪魔化するような西側の言説と十分に対決しただろうか。否。同様に、人権団体はイラクの「フセイン」体制が悪であると確信していたため、制裁がもたらしたイラクの悲惨な人権状況を告発するのに、平和団体に数年もの遅れを取ったのである。

すべての近代戦争において、市民は主たる標的であり被害者である。戦闘員の死者数に対し市民の死者数の割合が大きく上回っている現状を考えると、率直にいって国際人道法の発展と執行は時代に追いついていない。ＨＲＷのケネス・ロスらが国連安保理の権威の限界について主張するように、現行の国際法が中核的な人権の価値を守るのに不十分だとすれば、国際人道法そのものの不十分さはそれよりずっと明らかなはずだ。人権団体は市民への影響を理由に、しばしば特定の武器の廃絶を訴えてきた。であるなら、「合法な」武器による市民の犠牲がますます増える中、人権団体はこう自問すべきではないのか。なぜ団体のマンデート（任務）と中立原則が戦争全廃を主張する妨げになっているのか、と。主張できない理由など何もない。もし人権団体がある国の体系立った抑圧政策や民族浄化イデオロギーの人権への影響を判断できるというなら、開戦や戦争継続の是非についても判断を下せるはずではないのか。

戦争に倫理的価値を与えるのであれば、人権団体はいっそう深い義務を負う。それは、倫理的観点から見たときのすべての戦争被害者が被る損害を、誠実かつ平等に考慮に入れるという義務である。先に見たように、介入国家の意図に対してきわめて懐疑的にならざるを得ない以上、あらゆる戦争に付き物の「市民への攻撃」が介入において避けられると想定するのはあまりに非現実的であろう。たとえば、アムネスティ・インターナショナルが懸念を表明したように[訳注7]、コソヴォ戦争時、ＮＡＴＯの主要国（米国、フランス、トルコ）はジュネーブ条約の追加議定書に署名すらしていなかったのである［当時フランスは第二追加議定書には批准していた］。

法ではなく倫理的観点から見れば、もし戦争が正当性なく始められた場合、合法であれ非合法であれ、市民であれ戦闘員であれ、すべての死は不当である。ひとたび戦争が始まれば、人権団体は中立原則と、自ら進んで受け入れた国際人道法に縛られ、人道的とはいえない介入や戦争に、反対の立場を取ることができなくなる。それゆえ、一部の人権団体は片意地なまでにタカ派的立場を取ってしまう。国家に対して「戦争せよ」と要求しても、「止めよ」とはいわないのである。

■二次的影響

介入案の「影響」測定には、直接的な短期の効果と間接的な長期の効果の両方が含まれるべきである。たとえば、外部からの軍事介入やコントロールは市民社会の力を損ね、社会組織を弱体化させ、構造的要因を持つ紛争の長期的な解決を難しくする。ソマリア介入はこの点で強い批判を受けた。アレックス・ド・ワールとラキヤ・オマールはソマリア介入後に、「軍事介入はソマリアの惨状に対する解決策足り得ない」と論じた。[6] 戦闘をしながら〔惨状の変革や紛争の解決に向けた〕市民のイニシアティブを育てることはできないのである。可能なのはせいぜい現状を凍結することであり、変革につながることなどめったにない。

介入の影響はグローバル社会にも広がる。国連大学のラメシュ・タクールによると、ＮＡＴＯの独断によるコソヴォ空爆の結果、他地域においても地球規模の安全保障に対して強い危機感が生まれた。ロシアと中国だけが脅威を感じたわけではない。インドでは、ユーゴスラヴィア介入が核兵器開発推進論に拍車をかけた。[7] ＮＡＴＯの「意図」と「説明責任」の欠落に対する懸念の声は、世界中に広がったのである。

■米国の覇権と人権の名によるお墨付き

世界は本当に、今回の議論〔本論文が発表されたＩＣＨＲＰ主催の会議での議論〕が前提しているように、冷戦時代から変化したといえるのだろうか。今日、「人道的」ミッションは超大国が支配する国家連合によって行われている。人権運動は本当に、そこに信頼を置くべきなのか。米国の政策決定者は、介入をめぐる議論を純粋に米国の外交政策の問題と捉え、次のように述べる。「すべての力仕事を担っているのはわれわれである。本格的な介入ができるのはＮＡＴＯだけ、つまり米国だ。介入が実行可能かどうかは、われわれにかかっている」。ハイチ（一九九四〜九五年）やコソヴォのように実際に介入が行われると、米国は介入から得られるあらゆる「道徳的な」利益を引き出そうとし、自らの覇権的地位の正当性を確立しようとする。

ディミトリナ・ペトロワはこれに関して次のように述べる。「私たちは強大国によって人権文化が次第に簒奪されていくのを目撃している。人権文化は、まさにこうした大国に都合の良い世界の現状を肯定する言い訳にされている」。彼女は東欧の市民社会全体が従順に、西欧、とりわけ米国の資金や政治的支援に依存していると指摘する。また、アレックス・ド・ワールは、「いまや外部の目には、一九九〇年代の米国では政府と人権活動家の主張がほとんど同じであったことがはっきりと見えている」と指摘する。

コソヴォやハイチ等、米国主導の軍事行動を人権団体が承認してしまうと、そのお墨付きは間接的に米国の外交政策一般を正当化する「マーケティング」に使われてしまう。そこで正当化される政策とは、自由市場イデオロギーの世界的な押しつけや、大規模な軍事産業あるいはトルコやコロンビアなどの抑圧的体制への支援を指す。米国の政策の一部が人権の利益につながることはあるかもしれない。しかし米国は、グローバルなパワーを持ち資本主義イデオロギーに立脚するがゆえに、世界最大の人権侵害推進者となっている。したがって米国と人権団体は奇妙な同床異夢の関係にある。人権団体がこうした覇権的関係性に見て見ぬふりを続けるならば、その誠実さと社会的信頼を自ら損なうことになるだろう。

四　軍事介入に代わる戦略

以上述べてきた「人道的介入」に対する批判的議論は、人権の危機に対して軍事介入を奨励してきた団体にとっては難題である。実際、介入を支持すれば運動の信頼性を著しく損なう恐れがあるという意見もある。結局のところ、戦争を奨励することは人権侵害を奨励することであり、軍事行動に進んで参加する諸国家の側に立つことを意味する。もし倫理的誠実さが人権運動にとって最も重要な信用であるなら、軍事的解決の提唱はその信用を傷つける。そればかりか、利己的な目的のために人権団体の誠実さにつけこみ操ろうとするシニカルな勢力に、足元をすくわれかねないことにもなる。

　しかし、武力行使に反対する人々に対して、「ではどのような代替策を被害者に提示できるのか」と問いかけるのも筋の通ったことだろう。アムネスティ・インターナショナルの国際事務局長［当時］ピエール・サネは「予防は常に可能である」と論じている。しかしこの主張は、証明できないばかりか、予防できなかった危機が常に発生し続けるという点でも不十分だ。危機が少なくなるよう願うことはできるが、被害者の要求を無視することはできない。

　答えの一つは、残念だが私たちの能力の限界を認めることである。サネはこう述べる。「いま苦しんでいる人を目の当たりにして、声高に武力行使を叫ぶ声から距離を置くことは難しい。それは、自分たちの限界を認識するという痛みをともなうからだ」。介入を支持したものの、実際にはチェチェン人に何も提供できなかった人たちの悩みも本質的にはこれと変わらない。結局のところ、たとえ軍事介入の正当性を理論上想定できたとしても、正当性の条件を満たすような状況は実際にはほとんど無いといってよい。ましてや、軍事介入がすべての危機の万能薬であると主張する者など誰一人としていないのだ。

　軍事介入を奨励することが道義に反し、おぞましく、効果的でさえないといいながら、かといって、傍観することも受け入れられないなら、軍事介入に代わる実行可能な戦略を模索し練り上げ、それによってジレンマを克服するほかない。残念ながら、非暴力の戦略に関するこれまでの議論は通常、国家による外交圧力と経済制裁に限られてきた。しかし人権団体にはこれらに対する懐疑的《シニシズム》な傾向があり、それが彼らの戦略的思考と戦術的実験を妨げてきた。〔現実には〕もっと多くのことが可能なのだ。

人権運動は二、三〇年前とは比べものにならないほど大きく成長した。私たちが懸命に努力すれば今後も成長を続けるだろう。しかし、人権運動は同じように成長を遂げているグローバルな市民社会のほんの一部を構成しているにすぎない。未来の代替戦略を検討し練り上げるにあたっては、いま実現可能に思えるもののみに囚われてはならない。むしろ、「何を可能にすべきか」という目標を設定し、その実現に向け行動を起こすべきである。そのためには新しいスキルや仕組みが必要となるだろう。人権団体には、その過程で指導的役割を果たす義務がある。だが同時に、組織としての制約が少ない他分野の団体との間でも、より積極的な「運動間対話」が不可欠である。それらの団体は、危機に対する効果的な介入と紛争解決を探るために、これまで膨大な量の実験と創造の努力を積み重ねてきたからである。

たとえば、何十ものNGOが、民族間の緊張状況の中でコミュニティ主導の紛争解決法を探求し続けてきた。ハイレベルの和平交渉の専門的スキルを培い、諸国家や国連が行動に踏み切るはるか以前から（行動に踏み切るといっても、相互疑惑を克服できない場合がしばしばだが）、武力対立が続く集団間の対話促進に努め、効果を挙げてきた団体もある。市民への影響を最小限に抑え、国家の指導層への打撃を最大化することを狙った「スマート・サンクション」という制裁方法の理論的かつ実践的な研究・検証も行われている。これらは「巨大な氷山の一角」にすぎないのである。市民社会の国際的役割を大幅に強化するグローバル化の過程は、まだ始まったばかりだ。人道危機に対する効果的な介入は、必ずしも国家に頼らなくともできる。可能性は無限である。

その一例として、いまだ有効には活用されていない、もっとも単純な手法について考えてみよう。それは危機的状況において現場で監視を行う民間人の活動である。国連は、多様な紛争状況において、多数の民間人監視員の存在が人権に大きな影響を与えると繰り返し述べている。ＮＡＴＯ軍の空爆以前、先に触れた欧州安全保障協力機構のコソヴォ検証団ミッション（ＫＶＭ）の存在は、悪化する戦況の中でも市民を守っていた。

ＮＧＯは、長年にわたって監視と保護の活動に携わってきた。ＮＧＯは国家や政府間組織に比べ独立した行動を取り、国家が懸念する主権をめぐる問題を回避することができる。紛争下での豊かな活動経験を持つＮＧＯはまた、通常であれば兵士のみが負う生命の危険を含めて多大なリスクを自ら引き受け、人間としてのふれあいを通じて現地の人々と強い絆を結ぶことができる。さらに、国家による介入と異なり不純な動機・意図が少ない。だからこそ、ＮＧＯはほとんどの場合、早い段階で現場に入ることができ、早期警戒情報に迅速かつ創造的に対応し、現場でより良い信頼関係を築くことができるのである。

イギリスの政治学者メアリー・カルドーは次のように述べている。人権団体がコソヴォで早期警戒情報を発していた一九九〇年代初めの時点で、より多くの国際機関やＮＧＯが地域に入っていたなら、それ以降に起こった事態はもっと違った経過をたどっていたかもしれない、と。仮に九八年の戦争勃発が避けられなかったとしても、そうした危機的状況下で、あるいはそこまで事態が悪化する前に、訓練を受けた何百人、いや何千人もの人権監視員から成る、独立したＮＧＯの部隊の派遣準備が整っていたとしたら、どれだけのことができたことか。戦争は違ったものになっていたはずである。

一九八〇年代、ニカラグアの農村部の村々で米国の支援を受けたコントラ（反革命傭兵軍）がサンディニスタ革命政権と代理戦争を行っていたとき、世界の連帯運動や平和運動は、米国の政策を変えさせるためのロビー活動のみに終始したのではなかった。米国やヨーロッパから何千人ものボランティアがニカラグアに入り、危険に曝されている人々と生活をともにした。あるいは、そうした人々を自国に招き、西側の市民や政策決定者に対する教育活動を盛んに行った。イギリスに国際事務局を置くＮＧＯ、国際平和旅団はほぼ二〇年にわたり、危険に曝された現地の活動家や住民と生活をともにするために、きわめて危険な地域にボランティア監視員を派遣してきた。ハイチのクーデター時代（一九九三年）においても、「正義の叫び連合」という米国やカナダのＮＧＯの連合体が、危険に直面していた農村部に何十人もの人々を派遣した。連帯組織のネットワーク、東チモール国際連盟は、一九九九年八月、国連による住民投票監視活動を補うため一〇〇人を超えるボランティアを現地に派遣している。

一九九九年の「ハーグ平和アピール」以降、「非暴力平和隊」という新たなイニシアティブが世界規模で始まっている。その目標は右に述べた平和戦略をより大規模に実施することにある。[訳注8]すなわち「人々の死を防ぎ、人権を守り、それによって、非暴力の闘争、対話、平和的解決の模索を可能にするような空間を創出する」ために、監視、同行、紛争解決、その他の平和創造のスキルの訓練を受け、暴力に訴えずに個人としてリスクを冒す意思があり、紛争地に派遣される用意のある、二〇〇〇人の現役メンバーからなる部隊を一〇年以内に作ろうというイニシアティブである。(8)[訳注9]

ナイーブ？　無分別？　失敗するに決まっている？　そのすべてが当てはまるかもしれない。しかし、右に見たようなＮＧＯの成功例も、当初は、斜に構える人々から冷笑されたものである。よりよい戦術を創造的に探求しようとするなら、多少の物笑いは覚悟しなければならない。もしそのうちのわずかでも実を結ぶのであれば、挑戦する価値は十分にあるだろう。

こうした希望を非現実的として退けることも、すでに成果を挙げている分野の任務に閉じこもってしまうことも、たやすい。肝心なことは、人権団体もこうした探求に挑戦してみることである。そして、いま構想されている解決策がダメだというなら、速やかに代替案を模索すべきである。人権団体は紛争と人権のダイナミクスについて独自の経験を有しており、人々を動かし、情報を提供する能力にも長けている。ただ問題を指摘するだけにとどまらない、大きな仕事ができる潜在的力を持っている。人権団体は、自分たち自身で実行できる、真の問題解決のための戦術作りに取り組む段階に来ているのかもしれない。中立維持の原則を少し柔軟に捉え、団体としての任務の範囲を広げる時が来ているといえるかもしれない。これまでは中立原則や組織としてのミッションが足かせとなって、他の市民社会組織との協働が生む大きな可能性を活用することができなかったのである。

ルワンダの大量虐殺（一九九四年）では介入は行われなかった。では、ルワンダで以下のような介入が行われていたらどうなっていただろう。資源と政治的影響力と勇気を持った非暴力の二万人のＮＧＯボランティアが、危険に曝された住民の間で活動する姿を想像してほしい。当時のことをＨＲＷは次のように報告している。(9)「ルワンダ中で、殺害者たちは国際社会が自分たちの行為をどう考えているのかを、熱心に尋ねていた」。

殺害者たちの声を聞くためにやって来たボランティアの監視員は、リアルタイムで衛星中継ができるビデオカメラを携えている。その彼／彼女らに殺人者たちがドアを開いたらどうなるか。もちろん、監視団の活動を阻止したり頓挫させる手段はいくらでもあるだろう。もしかすると、監視団員は殺されるかもしれない。しかし、ジェノサイドを食い止めることもできるかもしれない。どちらであれ、そうしたＮＧＯの行動は、一九九四年にどの国家が取った行動よりも悪い結果に終わることはないだろう。

（木村真希子・藤岡美恵子・中野憲志訳）

原注

（1）Dimitrina Petrova, "The Kosovo War and the Human Rights Community," *East European Constitutional Review*, Vol. 8, Number 3, 1999.

（2）Independent International Commission on Kosovo, *Kosovo Report*, 2000, pp.190-197. これらの改革案では、国連憲章第一条、第二四条、第三九条において人権への言及を挿入し、国連安保理の責務を「国際の平和と安全の維持および、基本的人権の尊重」と再定義することを含んでいた。また、同じ趣旨の、憲章よりソフトな解釈宣言と総会決議の採択を提案した。国連安保理常任理事国の拡大と、機能麻痺を防ぐための現行拒否権制度の慎重な調整も勧告していた［しかし、この提案はその後実現されることなく現在に至っている］。

（3）この選択性は国益（もしくは国益の欠落）、したがって各国の意図に関係している。ほかに、大国（たとえばチェチェン問題に関してはロシア）との対立を避けたいから介入しない、というタイプの選択性もある。このタイプは、**正当な意図**と**比例原則**［後述］をつなぐものである。

（4）Jay Mathews, "Rights Group Fires Opponent of U.N. Intervention," *Washington Post*, December 4, 1992, Final Edition p.A24.

（5）ソマリアからの米軍の撤退は非常に例外的なケースである。もし、米国にとってより大きな国益があると考えられていれば、もっとひどいシナリオが予想された。米海兵隊はいまも住民と戦い続けていたかもしれない。

（6）Alex de Waal and Rakiya Omaar, "Can Military Intervention Be 'Humanitarian'," in *Middle East Report: Humanitarian Intervention and North-South Politics in the 90's*, Issue 187-188, June 1994.

（7）ラメシュ・タクールによるプリンストン大学での公開講演より（二〇〇〇年三月）。

（8）David Hartsough and Mel Duncan, "A Draft Proposal for a Global Nonviolent Peace Force," December 1, 2000（http://www.nonviolentpeaceforce.org）.

（9）Human Rights Watch, *Leave None to Tell the Story*, 1999, p.26. フランスが「ルワンダはさらなる国際批判を避け

るべきだ」と主張したのを受けて、「千の丘自由ラジオ・テレビ」〔ルワンダ虐殺時、その放送がフツ人によるツチ人虐殺を煽動したとされる地元メディア〕は即座に、「これ以上、道端に死体が見えず」「これ以上、笑っている人々に囲まれる中で人を殺さない」という条件でフランスは援助を増やす用意がある、と報道した。一方、米国がこれに同意しないと告げると、ルワンダ当局は虐殺行為を統制下に置き、各地域にこの行為を隠蔽するよう命令を下した。しかし、これを受けてある地域の評議会では…市長が地域指導者たちに、上空の衛星が虐殺現場を捉え、それが報道されれば米国との関係再建が不可能になると警告した。

訳注

［1］ ジェノサイド条約（集団殺害罪の防止及び処罰に関する条約。一九五一年発効）はジェノサイドを「国民的、人種的、民族的または宗教的集団を全部または一部破壊する意図を持って行われた」行為として、（1）集団構成員を殺害すること、（2）集団構成員に対して重大な肉体的又は精神的な危害を加えること、（3）全部又は一部に身体的壊滅をもたらすために意図された生活条件を集団に対して故意に科すこと、（4）集団内における出生を防止する措置を科すこと、（5）集団の児童を他の集団に強制的に移すこと、を含むと定義している。身体的殺害のみに限定されないこと、「大量殺害」と同義ではないことに注意が必要である。

［2］「然るべき説明責任のプロセス」（legitimate process of accountability）とは、介入軍による人権侵害・犯罪の加害者の逮捕、訴追、裁判、処罰、被害者への補償、再発防止策の公表等に関する一連の法的・政治的措置を意味する。

［3］ 内戦中のボスニアのスレブレニツァで起きた、セルビア人勢力によるムスリム人の大量殺害事件。約七〇〇〇人が殺害されたとされている。

［4］ 人口の八五パーセントを占めるフツ人と一四パーセントを占めるツチ人の対立が、フツ人のハビャリナ大統領の乗った飛行機が撃墜されたのを機に激化。フツ人過激派が主体となって、五〇〇万人から一〇〇〇万人のツチ

人と穏健派フツ人が虐殺された。

[5] コソヴォのラチャク村で四五人のアルバニア系コソヴォ人がセルビア人勢力に殺されたとされる事件。セルビア側は犠牲者はコソヴォ解放軍（ＫＬＡ）の戦闘員であると反論した。この事件が本当にあったのか疑問視する意見も当初からあった。

[6] 国際人道法とは、戦争や武力紛争における交戦法規および犠牲者の保護を定めた法規の総称。傷病兵の保護、捕虜の待遇、一般市民の保護などを規定している。

[7] ジュネーブ条約第一追加議定書（正称、国際的武力紛争の犠牲者の保護に関し、一九四九年八月一二日のジュネーブ条約に追加される議定書）。同第二議定書（正称、非国際的武力紛争の犠牲者の保護に関し、一九四九年八月一二日のジュネーブ条約に追加される議定書）。ともに一九七八年発効。武力紛争の形態の多様化、軍事技術の進展にともない、従来の武力紛争に適用される国際人道法を補完・拡充したもの。

[8] 一八九九年の第一回ハーグ平和会議の一〇〇周年を機に、一九九九年五月、世界の平和ＮＧＯがオランダのハーグに集まり、二一世紀の平和構築の課題と方法を明確にするために開催した市民平和会議のこと。この会議においては、それまでの平和ＮＧＯの成果を基礎にして、人道的危機に際して緊急かつ大規模に派遣できる組織、「非暴力平和隊」を立ち上げる提案がなされた。

[9] 非暴力平和隊（Nonviolent Peaceforce）は二〇〇二年に結成され、ブリュッセルに本部を置き、米国ミネアポリスに米国事務所を持つ。二〇一二年現在、約二〇〇人のメンバーがフィリピン、南スーダン、南カフカス、ミャンマーで活動している。ウェブサイトは http://www.nonviolentpeaceforce.org/L.pdf。

第8章

「テロとの戦い」とＮＧＯ
——私たちがなすべきこと

長谷部貴俊

はじめに

二〇一三年八月三〇日、在日・米国大使館近くで、シリアに対する軍事介入を米国政府に思いとどまらせるための緊急抗議がピースボート、ワールド・ピース・ナウ、「イラク戦争の検証を求めるネットワーク」等、複数のＮＧＯの共催のもとで行われた。「私たちは、米国を中心とする国々の武力介入に反対する！　米国政府はイラク戦争の教訓から学ぶべきである」「日本政府はイラク戦争への支持・支援を反省し、真の平和国家として貢献すべきである」と、私が所属する国際協力ＮＧＯ、日本国際ボランティアセンター（ＪＶＣ）も「イラク戦争の検証を求めるネットワーク」の一員としてこれに参加し、訴えた。

その背景としては、すでに米軍によるシリアへのミサイル攻撃の可能性が報道されていたことが挙げられる。攻撃の理由はシリア・アサド政権による「化学兵器の使用」とされていたが、「イラク戦争の検証を求めるネットワーク」は以下のように訴えた。「化学兵器の使用に関する国連調査団の報告を待ち、化学兵器使用者に対して司法の場で裁きを受けさせるべきである。国連安全保障理事会の合意のない軍事介入が許されないことはもちろんだが、軍事介入そのものは一般市民に重大被害をもたらし、また、シリア国内にさらなる混乱をもたらすだけである」。

同年の九月後半時点で当面の軍事攻撃は回避されることになった。米ロの交渉によりアサド政権が保有する化学兵器の国際管理ならびに廃棄が、関係諸国の間でほぼ合意に至ったからだ。しかし、この一連の動きの中で、日本政府は米国との連携を強調するのみであった。イラク戦争の教訓からシリアへの軍事介入を否決したイギリス議会の動きには目もくれない有様であった。

「われわれの将来は暗い」。これは二〇一二年二月、私がカブールを訪問した際に、アフガニスタンのNGOネットワーク団体の一人が語った言葉だ。彼のこの言葉は、現在のアフガニスタン市民の多くが持っている気持ちだろう。アフガニスタン東部にあるJVCジャララバード事務所の地元スタッフが「かつて僕は、難民としてパキスタンに出ていた。今やっとアフガニスタンに戻れたが、将来が見えないので、またパキスタンに行きたい」と漏らしたとき、私ははっとした。二〇〇一年一〇月の英米軍によるアフガニスタン空爆によりタリバーン政権は崩壊し、代わってカルザイ政権が発足したが、以来、JVCを含む多くのNGO、国際機関がアフガニスタン各地でさまざまな支援活動を続けてきた。これによって、多くの子どもたちが教育を受けられるようになり、地方でも以前に比べれば公立診療所の数も増えて、基礎サービスの向上といった面では一定の成果を挙げられるようになった。しかし、治安の悪化、カルザイ政権の腐敗などからタリバーン政権時代のほうがまだ治安もよく、汚職が少なくてましだと感じている人が、南部や東部の地域では多いのである。なぜこのようなことになってしまったのだろうか。

私たちＪＶＣは二〇〇一年一〇月の空爆以来、当初はアフガニスタン国内での緊急支援活動を、そしてその後はアフガニスタン東部の人口二万人を越える農村地域で医療支援・教育支援活動を行ってきた。同時に、「対テロ戦争」を現場の視点から一貫して批判してきた。「暴力での解決方法は何ももたらさない」と。その予想どおり、米英軍によるタリバーン政権への攻撃により政権は崩壊しても、その後のカルザイ政権も十分に機能せず、地域によっては無政府状態に陥っているところもある。そのため多くの住民は、いまも不安を抱えて毎日を過ごさざるを得なくなっている。とすれば、「対テロ戦争」の名目で行われたアフガニスタンでの戦争は、どうみても失敗であったといわざるを得ない。しかも、空爆から一二年、米軍は新たな統治システムを構築できないまま、多くの犠牲者を生み出し続けながら撤退しようとしている。まさに、その検証すら十分に行われていない状況下であり、さらにこの状況は、イラクでも同様である。イラク・ボディー・カウント（二〇〇三年一月に設立され、英米人によって運営されるＮＧＯ）によると、イラク戦争開始後一一万から一二万の市民が犠牲となっている（本書第6章一八八頁参照）。

「九・一一」以降、「テロとの戦い」という言葉は、イスラエルによっても使用されてきた。「テロから市民を守る」という理由のもとに、パレスチナ自治区のヨルダン川西岸地区ではイスラエルが一方的に領土を奪うかたちで「壁」の建設が行われ、検問所を置き、パレスチナ市民の生活を分断してきた。私は、二〇一二年一〇月、一八年ぶりにパレスチナとイスラエルを訪問したが、かつて壁もなかった地域に、七メートル以上のコンクリート壁ができ、これまですぐに行き来ができていた家族すら、数時間も迂回しなければ行けない状況を目の当たりにした。現在、ＪＶＣは、もう一つのパレスチナ自治区、ガザ地区において、現地ＮＧＯと共に地域の母親グループのための栄養教室を実施している。しかし、長年のイスラエル政府の経済封鎖と、隣国エジプト社会の混乱のため、エジプトからガザ地区に無数に延びていたトンネルが破壊され、トンネルを通じた物資供給が二〇一三年八月頃から極端に減少、ガソリンはこの数カ月で倍近く値上がりし、一リットル一九〇円となって一般生活に大きな打撃を与えている。このようなヨルダン川西岸地区やガザ地区の異常な社会環境を国際社会は容認し続けているのだ。

「対テロ戦争」を支援した日本政府も、その後の検証をいっさい行わないと述べていることは周知のとおりである。それどころか、日本政府は対米強化とリンクしたかたちで集団安全保障体制の地固めを着々と進めてきた。私たちはこうした動きに異議を唱えるものだが、本章では、「対テロ戦争」そのものではなく、「対テロ戦争」に対するＮＧＯの姿勢、そしてそれが今後のＮＧＯ活動にどれだけの影響を与えていくのかについて考えてみたい。

一　人道主義の限界

人道主義という考え方の歴史は、赤十字国際委員会の誕生に端を発するといっても過言ではないだろう。赤十字国際委員会は、戦時における傷病者や捕虜の保護を目的に一八六四年に設立された。「［赤十字は］苦痛と死とに対して戦う。それは人間がいかなる状況においても人間的に扱われることを要求する」（ピクテ、二〇〇六、二二頁）。これは、人道の原則を示した言葉である。この原則に従い赤十字国際員会はこれまで、人命が危機に曝されたあらゆる紛争下において、政治的立場にかかわらず、人命の救助を第一に活動してきた。そしてこの考え方は、以後、人道支援活動に携わるあらゆるＮＧＯに共有され、その活動を支える一大原則とされてきた。

この原則は崇高な考えであり、紛争下においても人間的に生きることを手助けする重要性を説いている。しかし、「政治的立場にかかわらず、人命の救助を第一に」とするこの人道主義には、「政治的なもの」からは中立でなければならないというもう一つの原則をも常に付随させてきた。それゆえ、実は矛盾のようだが、人道主義を貫く原則は一方で、もっとも生命を危険に曝すはずの戦争そのものを否定はしてこなかったのである。

さらにいえば、現実には、「政治的なものからの中立」それ自体がかなり難しい。たとえば、一九七〇年代後半に始まるカンボジア難民への支援は、東西冷戦構造という政治性に強く影響された事例といえるだろう。当時、タイに流出した大量のカンボジア難民に対しては、国連機関をはじめとする多くの団体が積極的に支援に乗り出すことになった。実際、日本の多くの国際ＮＧＯもこのときを契機に設立されたものが多い。タイは西側陣営、カンボジアは東側陣営の影響下にあった。そのため西側諸国は、タイのカンボジア難民を地理的には西側と見なして全面的に支援し、ソ連やベトナムなど東側陣営の影響下にあったカンボジアの国内にとどまったカンボジア人にはほとんどの支援を行わなかった。人道的要請があったにもかかわらず、国内にとどまったカンボジア市民にはソ連などからのわずかな支援が行き渡ったにすぎなかった。熊岡路矢（一九九三、八九頁）によると、一九八六年、タイ国内にいるカンボジア難民への一人当たりの支援額は一四二ドルだったが、カンボジア国内にとどまった市民一人には三ドルの支援しか行われなかったと述べている。八五年当時、カンボジア国内で活動していたのはオックスファム・コンソーシアム（イギリス。現オックスファム・インターナショナル）、チャーチ・ワールド・サービス（米国）、そして私たちＪＶＣなど、限られた一五団体程度のＮＧＯだけであった。これは、自分たちの立ち位置をどう考えるかについてあまりにも無自覚であったか、カンボジアに関わる日本、欧米諸国のＮＧＯ全体で十分な討議がなされていなかった結果の現れともいえる。タイにいるカンボジア難民への支援そのものは人道的な行為だったに違いないにしても、自分たちの行為がもたらす政治的な意味を十分吟味することなく、ただ善意に基づく活動に集中したために、結果的にその行為は東西の冷戦構造の中で政治利用されることになってしまったのである。支援行為そのものが大きな構造の中でどのような政治性を帯びる可能性を持つのか、私たちＮＧＯはカンボジア難民支援の経験を常に教訓としていかなければならない。

ＮＧＯの支援活動の政治性は、今日では特に「対テロ戦争」の中でいっそうその意味が問われているように思われる。伊勢崎賢治は二〇〇三年のイラク開戦直前のイギリス市民社会、人道支援ＮＧＯの状況について次のように報告している。「ＮＧＯのメッカであるイギリスで、伝統的に現場で人道支援をやってきた事業実施型ＮＧＯは、反戦運動をそんなにしていなかったのだ。［反戦運動を］やっていたのは、どちらかというと反体制の市民団体やアドボカシー系のＮＧＯだ」（伊勢崎、二〇〇四、二〇六頁）と。また、当時ＪＶＣのスタッフであった清水俊弘は、イラク空爆直後、自民党本部で同党議員とＮＧＯの緊急会合が開かれたときのことをこう振り返っている。自民党議員が「日本は難民支援の部分で貢献したい、ついては皆さんは現地で難民支援をするなら政府としても資金補助をする用意がある」と述べたことに対して、「日本政府の一方的な米国支持には疑問がある。まずは、攻撃を停止して査察を継続されるように進言すべきだ。それ無しに、ただ難民支援とはおかしい。一切協力するつもりはない」と異議を唱えたのは自分だけであった、と(清水、二〇一三、二頁)。これらの報告からは、政府が人道支援団体を「壊れたものをただ修理する集団」としか見ておらず、人道支援団体自身も、中立性を重んじるばかりにそうした評価に甘んじている姿が浮かんでくる。

個々のNGOが地域の「ニーズ」に基づいて学校を建設し、医療サービスを提供する――。その誠意あふれる活動自体は確かに地域住民に裨益する。しかし、そうした人道的な行為は戦争遂行者にとってどのような意味を持つのだろうか？　アフガニスタン介入直後の二〇〇一年一〇月、当時のパウエル米国務長官は米国NGOのリーダーを前にして、NGOを「我が戦闘チームの一員としての部隊増強要員」と呼んだ(http://avalon.law.yale.edu/sept11/powell_brief31.asp)。戦争遂行者である米国政府は、人道支援NGOを「戦争処理部隊」としてしか位置づけていないということである。

このことは日本の文脈にも当てはめることができる。イラク開戦後、自民党議員は日本のNGOを「我が部隊増強要員」とまでは呼ばなかったが、少なくとも「対テロ戦争」のソフト戦略の一環としては位置づけていたかもしれない。日本政府がインド洋で米国艦隊への給油活動を行っている時期、私は国会議員や外務省職員などの政策担当者が次のような発言をするのを何度か耳にした。「日米同盟の堅持のために、米国の行う世界戦略に日本は協力する必要がある。その一つとして対テロ戦争への協力があり、インド洋での自衛隊の給油活動はそれゆえに重要である」と。もちろん、国際協力機構（JICA）の職員や専門家、外務省職員など多くの方々と、アフガニスタンやイラクとどう真剣に向き合うべきかについて話し合うこともあるにはあった。しかし、先のような論理展開に初めて接したときには、私はアフガニスタンのことばかり考えていたので驚きを隠すことができなかった。このような発言をする人はアフガニスタンで実際に何が起きているか何ら情報を持たず、それを想像することすらなかった。

これには二重の驚きを感じた。極端にいえば、「彼らはアフガニスタン支援を日米同盟堅持の手段としか見ていない」と感じた。ある一定層の政策立案者にとっては、アフガニスタンやイラクの現状がどうなっているのか、あるいは人々がどんな支援を欲しているのかなど念頭になく、人道支援というものを日米同盟の手段、「対テロ戦争」支援のソフト的な手段としか見ていないことがはっきりとわかった。

しかし、さらに問題なのは、私たち人道支援団体がこのような現実の中で無自覚に支援活動を行っていることではないのか。果たして私たち人道支援団体は自らの行為が孕む危険性をどれだけ自覚しているのか、と疑わざるを得ない。

「対テロ戦争」においてはなぜこれほどまでに、NGOによる人道支援が政治利用されているのか。この点を現場レベルから考えてみたい。人道支援は紛争下でも実施されるが、通常は紛争当事者が停戦に応じる前後に開始され、停戦、和平合意の時期を経て終了し、復興・開発支援へと移行していくケースが多い。イラク、アフガニスタンでの場合は紛争当事者として誰が誰と戦闘しているのかさえわからない複雑な状況下で紛争が長期化し、その中で人道支援も長期化しているというパターンである。米国をはじめ欧米諸国はそれゆえに人道支援を軍事活動の一部として利用するのである。そしてそのことが、NGOの人道支援活動をより難しくさせている。

アフガニスタンでは二〇〇二年一一月に導入された地方復興チーム（PRT＝Provincial Reconstruction Teams）という、軍事組織と文民組織が共同で復興に携わる取り組みが行われてきた。実際には軍主導の直接支援活動である。これによって特に米軍型PRTは、地元民に対して援助と引き換えにタリバーンに関する情報提供を求めたり、援助を人心掌握の目的に利用してきた。そのため、タリバーンはじめ反政府勢力は、人道支援を「対テロ戦争」の一部と見なし、NGOをソフト・ターゲットとして攻撃の対象に加えるようになった。JVCが医療支援活動をする東部でも、二〇〇五年に米軍PRTが突然やって来て、物資や医療品のばらまき活動を連続して実施し、その間、米軍による射撃も発生している。幸い、JVCがタリバーンから攻撃を受けることはなかったが、住民たちからは米軍との協力を疑われ、その誤解を解くことに神経を費やすことになった。JVCをはじめNGOは米軍PRTに激しく抗議した。その結果、二〇〇八年後半あたりからは、東部ナンガルハール県におけるPRTや軍の人道支援活動は減少していった（長谷部、二〇一一、一七六頁）。

現地の住民にしてみれば、米軍の人道支援活動とNGOの人道支援活動とを区別することは難しく、タリバーンがNGOを攻撃対象としてしまうことも不思議ではない。それまで人道支援活動であることを現地の人々に示して安全を担保してきたNGOにとって、こうした事態は衝撃なものであった。軍事と人道復興支援の境界がなくなってしまったのである。

国家と国家がぶつかり合う従来型の戦争においては、当事国の政府間で合意が成立すれば停戦も終戦も可能であった。こうした合意が成立する中では、過渡期はあるものの、紛争と紛争後は区分され、紛争地における「人道支援の中立」ということも可能であった。しかし、合意の前提が崩れた現在の「対テロ戦争」においては、この中立性を確保することが非常に難しい。しかも、それを難しくさせているのは、攻撃を仕掛ける「テロ」の側だとはいい切れない。むしろそうさせているのは、欧米諸国側が軍事と人道支援の境界をなくしてきた結果だと見るほうが正しいであろう。

リバーンに関して次のように述べている。

二　私自身の中のオリエンタリズム

アフガニスタンに対する私自身のかつてのイメージは、「カルザイ政権＝善。タリバーン＝悪」といった善悪二元論に近かった。二〇〇一年九月二〇日、米国議会での演説でブッシュ（子）大統領は、タリバーンに関して次のように述べている。

アフガニスタンの国民は、残忍な仕打ちを受けて続けている。多くが飢餓状態にあり、多くが国外へ避難した。女性は学校に通うことを禁じられている。テレビを所有しているというだけで投獄されることもある。指導者が定める宗教のみを信仰でき、あごひげを十分に伸ばしていないアフガニスタンの男性は、投獄されることもある。（http://www.presidentialrhetoric.com/speeches/09.20.01.html）

この描写からは、アフガニスタンの人々は抑圧され、自由がないというイメージが浮かび上がる。私はこのブッシュ大統領の発言を批判的に見ていた一人である。タリバーンといえども、少なくともアフガニスタンの主要民族であるパシュトゥン人から信頼されていたからこそ統治ができたのであり、アル＝カーイダとタリバーンがいつも蜜月関係にあるわけではないという事実も一方では知っていたからだ。しかし、メディアからの影響で、知らず知らずにタリバーンを絶対悪として否定的に見ていたことも確かである。タリバーンに鼻を削ぎ落とされた女性の写真が掲載されるなど、現在でも多くのメディアがタリバーンを悪と見なす描き方をしているが、なぜ南部、東部を中心にこれだけタリバーンが台頭し、住民からの支持を広く得ているのかといった側面については、なかなかメディアで取り上げられることがない。その影響を私も少なからず受けていたのであろう。

私は二〇〇五年に初めてアフガニスタンを訪問した。以降、訪問を重ねるたびに、「カルザイ政権＝善。タリバーン＝悪」という見方に疑問を持つようになった。カルザイ政権内では、内戦時代に多くの民間人を虐殺した経歴を持つ者も要職に就いている。アフガニスタンの市民の多くは「どうしてこの人が政府の公職に就けるのだろう?」との疑問を持っている。カンダハール州議会議長を務め、二〇一一年七月に殺害されたカルザイ大統領の弟、アハマッド・ワリ・カルザイはアフガニスタン市民、米国関係者の間では麻薬栽培で大儲けをした人物として知られているが、私自身、何人かのアフガニスタン市民から、「表向きカルザイ政権は麻薬の栽培を禁止し、小麦などへの作付け転換を推進しているのに、どうして大統領の弟だけが許されてきたのだろうか」と疑問を投げかけられたこともある。人々の間ではカルザイ政権への不信感がいまも渦巻いているのだ。

たしかにタリバーンは、女子教育の禁止、ハザラ人（モンゴル人の末裔といわれ、中部に居住。ダリ語を使用）の虐殺という負の事実があり、それ自体、強く非難されなければならない。しかし、本書第2章でレシャードが報告するように、一方では、タリバーンがどのように国民の支持を得て、首都カブールを陥落（一九九六年）させたのかという事実を、日本や欧米諸国は忘却しようとしている。現状では、二〇〇八年頃より、復興の遅れ、腐敗の問題からカルザイ政権への批判が高まっており、「タリバーン時代の治安はよかった。タリバーンは汚職をしなかった」という回顧主義的な考え方がアフガニスタンの南部、東部では広まっている。タリバーンは一般市民から隔絶した武装集団としてではなく、人々の期待を背景にして勢力を伸ばしてきたのである。

サイードは『オリエンタリズム』の中で、西欧が描くオリエント（東洋）には政治権力がからみ、優越性や偏見が含まれていると指摘したが、かつての私もそうであったかもしれない。アフガニスタンの人々自身がこの国の情勢をどのように見ているかではなく、メディアを通じて日本や欧米がこの国をどのように描いていくかという視点に支配されていた。アフガニスタンを訪問することで、私はそのことに気づかされたのである。

三　支援と文化

普遍的な価値と見なされる「民主化」「女性の解放」という欧米由来の考え方が、巧妙に「対テロ戦争」のレトリックの中で利用されている。アフガニスタンのNGOネットワーク組織であるACBARの代表ハッジ・イブラヒム・ワイールは、ジェンダー（社会・文化的性差）への配慮や女性の権利等の重要性を認めつつも、こう述べている。「女性の権利を掲げるプロジェクトは欧米ドナーからの資金がつきやすい傾向にある。政治プロセスの中で、NGOはアフガニスタン政府や国際ドナーにとって都合のよい形で編成されている」と。これは、復興支援のためのプロジェクトがアフガニスタンの人々よりもドナーの意向に沿って形成されがちな傾向を批判的に指摘したものである。

地域社会の文化を十分理解しない外国軍の振る舞いは、地元の人々の反感を買っている。白川徹は、アフガニスタン東部で自ら行った米軍への従軍取材で次のような光景を目撃している。通常、アフガニスタンの女性は家族以外に顔を見せない文化がある。ところがあるとき米軍は、地元の家の主人が「女性兵士だけなら家の中に入ってもいい」と条件を付けたにもかかわらず、それを無視し、男性兵士をも母屋や納屋に入りこませてしまった。地元の住民はなす術もなく、それをただじっと見ているしかなかったという（白川、二〇一二、三八～三九頁）。私が参加した「アフガニスタン支援のための国際市民フォーラム」（二〇〇八年五月、開催地フランス）でも、カンダハールの長老が民間人への攻撃について問題提起する中で、家族以外の女性しか入れない領域に外国軍がずかずかと入っている現状を批判し、怒りをこめて抗議していた。人のいのちと同様に、文化の問題は大変重要なのである。

地域の文化、習慣を無視したこうした行動は外国軍のみならず、ＮＧＯの支援活動においても見られる。たとえば、東部のクナール県で活動するある欧米ＮＧＯの事例がそうである。このＮＧＯは二〇一〇年、女性のみを対象とする教育活動を開始した。ところが、長老はじめ地域住民に対して何の説明もなしに行ったため、スタッフは脅しを受け、銃を持った住民から「もう二度とこの地域には来るな」と追い出されてしまった。通常、アフガニスタンの村の中で女性たちだけが集まって集会を開くことは稀である。ＮＧＯのこの行動は長老たちに、「いったいこのＮＧＯは、こそこそと女性たちを集めて何をする気だろうか」と強い不信感を抱かせたに違いない。このときの住民の対応を、イスラームによる女性蔑視の現れとして理解すべきではない。むしろ、ＮＧＯ側に地域文化への配慮や事業への説明が欠けていたことの結果と見るべきであろう。

ここでＪＶＣの活動地の村、ナンガルハール県ゴレーク地域で行われてきたもう一つの活動事例を紹介する。東部の中心都市、ジャララバード市から二五キロ以上離れた片田舎だ。この地域でも女性が自分たちのみで集会を持つことはほとんどない。そのため、ＪＶＣは村の女性を対象とした健康教育支援を行うにあたり、あらかじめ長老と何度も話し合うことにした。そしてこの支援の意義を理解してもらったうえで初めて女性だけの健康教室を開始することにした。原則を頭から振りかざすのではなく、常に地域の現状を見ながら活動すること――地域の文化を熟知したNGOによる役割はとても重要なのである。この点で、JVCの地元スタッフ、ワハーブ医師が取った手法は興味深い。彼は長老から構成される保健委員会のメンバーに母乳の重要性や母親の健康を伝える際、『クルアーン』の「雌牛の章」に書かれている次の一節を用いた。「母親で、授乳をまっとうさせたいと思う者は、満二年間、自分の子に乳を飲ませなければならない。そして父親は誠意をもって彼女に衣食を与えるべきである」（藤本ほか訳、二〇〇二、四四頁）。健康診断の結果、地元の女性たちの多くが貧血で健康な状況でないことがわかったため、男性である長老たちにも問題意識を身近に持ってもらおうと、ワハーブ医師は彼らの価値体系である『クルアーン』を引用したのである。

本書第2章で触れているように、イスラーム教はすべての人々の平等を謳い、イスラーム共同体（ウンマ）内部の困窮者に対する救済を説いている。喜捨はその具体的実践である。ところが二〇〇一年以降、アフガニスタンでは、多額の国際援助よるばらまき政策によってイスラーム精神に根づくこの喜捨の精神が失われ、地域社会が分断される傾向を強めている。援助の恩恵を預かる人とそうでない人との格差の拡大も指摘されている。

そのような状況の中で、JVCの活動地の一つ、クズ・カシュコート村では長老たちがJVCに大きな診療所を運営するよう強く要求していた。二〇〇八年のことである。しかし、これに対してJVCは、「私たちの活動は単にモノだけの支援ではありません。要求する大きな診療所はアフガニスタン政府の基準では開始できない事情もあるが、むしろ小さな診療所を運営しながら予防や教育の改善に力を入れていくほうが大切です。まずは住民への健康診断を行いたい」と訴えた。数カ月後、長老たちの理解と協力を得て、健康診断は実施されることになった。アフガニスタンの都市部でさえ健康診断を受けられる人は稀である。そうした実情の中で長老たちは場所の提供や村での広報活動に全面協力してくれることになったのである。健康診断の結果、女性の多くが貧血に悩まされていることがわかった。JVCは現在もその対策に力を注いでいる。

これらの活動はJVCがそのすべてを行うのではなく、むしろ地域の人々の手で一つひとつ主体的に実施される方向に向かうことが持続性の観点からも重要である。地元の長老たちはいま、村々の井戸管理の活動として、井戸に塩素を入れて定期的な水質検査を行っている。

村人からのこうした理解は単なる「ばらまき援助」では得られない。JVCによるこれらの活動は、地域固有の組織体を重視し、ねばり強く話し合いを続けてきたからこそ実現できたのである。

おわりに——私たちのなすべきことは？

「対テロ戦争」支援の手段として人道支援が扱われ、それが政治性を帯びうる状況の中で、私たちNGOはいったい何をなすべきなのか。

一つは、メディアの役割を果たすことだ。米英・オーストラリアなど有志連合によって開始されたイラク戦争（二〇〇三年）の翌年、JVCはイラク中西部アンバール州ファルージャで緊急支援活動を行っていた。この年、ファルージャでは一万人を超す米・イラク両軍が戦闘を行い、多くの一般市民が逃げることもできず攻撃に巻き込まれた。ファルージャから脱出できたとしても避難民は十分な水や食料にアクセスできずに苦しむことになった（いまでもこの地ではイラク政府軍とアル＝カーイダとの戦闘が続いている）。私たちJVCはその悲惨な実情を日本で報告し、提言活動を行ってきた。また、アフガニスタンについては、軍による人道支援の問題や民間人被害の実態を、幾度にもわたって日本の政策立案担当者や一般の市民に訴えてきた。イラクやアフガニスタンの紛争現場においては、日本の大手メディアはなかなか現場に入ることができない。それゆえに地域住民の視点からの報道は限られてしまう。地域に根づいた支援活動を続けてきたからこそ、地域住民の置かれている実情や「対テロ戦争」が生み出している非人道的行為を正しく伝えることができる。これは、NGOにしかできない重要な使命であろう。

国境なき医師団の元理事長ロニー・ブローマンは、「人道援助は戦争から生まれ、戦争を通じて存在していながら、同時に戦争にたいし賛成とも反対とも全然言わない」（ブローマン、二〇〇〇、四六頁）と述べ、専門職業と化した人道支援活動を鋭く批判するとともに、人道支援が蛮行への承認になることに深い危惧を示している。彼はまた、人道支援には「政治的な世界観を構築するための理論的基礎がない」とも述べている。ここでブローマンが問うているのは、人道支援に特化したときの、NGOそのものが持つ限界についてである。NGOはどのような社会をめざそうとしているのか、それを真剣に構想しようとしないNGOへの痛烈な批判である。言い換えれば、一般の市民が抱いている戦争への嫌悪感、否定的な考えにNGOはどう向き合い、理論的にも実践的にもいかなる取り組みで応えようとしているのかと問うているのである。

では、NGOにはいったいどのような政治的世界観が求められているのだろうか。ここに、NGOがなすべきことの二つ目の課題がある。人命を救うことを第一とする人道支援NGOは、本来ならば人命を危機に曝す戦争そのものを否定すべきではないのか。しかし、現状のNGOの在り方からすれば、人道支援を生み続ける戦争そのものの否定は、論理的には人道支援という専門職の出番を奪うことになるから、そのようなスタンスは自ら行っている活動に矛盾を来たすかもしれない。また実際上も、そのようなスタンスを取れば、さまざまな紛争当事者からの圧力で、現場での人道支援が続行できなくなるという懸念もある。この点では私やＪＶＣも例外ではないだろう。私たちはアフガニスタン国内での活動中、軍による人道支援の問題を直接米軍に訴えたことは何度もあるが、現場の米兵に、いますぐに戦争をやめて出て行けと言ったことはない。これも一つの矛盾であろう。こうしたジレンマを抱えながらも、ＪＶＣは他の市民団体や数は少ないが実働型ＮＧＯとともに先に触れたようなメディアの役割を日本国内で果たしつつ、日本政府に向けては「対テロ戦争」支援をやめ、イラク戦争の検証を行うよう訴えて続けているというのが現状である。

人道支援における政治的世界観を構築していくには、今後も地域社会のあり方を草の根から問い続けることが何よりも重要であろう。ＪＶＣは二〇〇四年から二〇〇六年まで、パレスチナの無医村や難民キャンプで巡回医療支援を行った。パレスチナＮＧＯやイスラエルＮＧＯとの共同活動である。当時これに参加したＪＶＣスタッフの藤屋リカは、この活動には単に医療の提供ではなく、それを超えた目標があるとして次のように述べている。「それは相互理解である。イスラエル医師がパレスチナに行き、診療する。そこで何が起きているかをイスラエルの人が見て人々に伝える。パレスチナの人はイスラエル人は兵士や入植者だけでないことを知る」（藤屋、二〇〇六、四頁）。

このような行為は、「対テロ戦争」の長期化に歯止めをかけ、その後の社会構想や人道支援の政治的な世界観を考えるための大きな手がかりになるのではないか。

これらはまだまだ限定的な取り組みだが、確かにいえることは、今後も世界的なさまざまなネットワークと連携しながら非戦の動きを作り、人道支援のジレンマを乗り越えていかねばならないということである。これが、私たちNGOに与えられた最大の使命であり、また、その可能性を広げる最大のアクションだ。

引用文献

伊勢崎賢治『武装解除—紛争屋が見た世界』講談社、二〇〇四。

熊岡路矢『カンボジア最前線』岩波書店、一九九三。

清水俊弘「イラクでの活動の一〇年を振り返る」JVC会報誌『トライ・アンド・エラー』二〇一三年三・四月号。

白川徹『悲しきアフガンの美しい人々』アストラ、二〇一一。

長谷部貴俊「アフガニスタンにおける民軍連携とNGO」藤岡美恵子・越田清和・中野憲志編『脱「国際協力」』新評論、二〇一一。

ピクテ、ジャン／井上忠男訳『解説　赤十字の基本原則』東信堂、二〇〇六。

藤本勝次・伴康哉・池田修訳『コーランⅠ』中央公論新社、二〇〇二。

藤屋リカ「九・一一後の世界とNGO」JVC会報誌『トライ・アンド・エラー』二〇〇六年一・二月号。

ブローマン、ロニー／高橋武智訳『人道支援、そのジレンマ』産業図書、二〇〇〇。

参考文献

金敬黙『越境するNGOネットワーク』明石書店、二〇〇八。

サイード、エドワード／板垣雄三・杉田英明監修、今沢紀子訳『オリエンタリズム』平凡社、一九八六。

第9章 DIALOGUE 2

国際人権と人道的介入
――人権は武力行使を止められるか?

阿部浩己
(聞き手=編者)

――そもそも市民にとって法とか人権とは何なのか、また何であらねばならないのか。たとえば「人権左翼」や「人権弁護士」という言葉があるように、日本では人権がきわめてイデオロギー的に語られ、人権運動が社会的にマージナル化(周縁化)される傾向がとても強い。本章のテーマである「人権と武力介入」は、集団的自衛権の行使や改憲論議とも深く関係しているわけですが、それ以前的な問題として、常に現状維持に落ち着いてゆく、その意味で保守的な法や人権に対する社会的通念を問い直す必要があると思っています。

この問題を考えるためには、さらにその背後にある、人権の中身を定義する法というものが、大学までの日本の教育制度の中でどのように教えられてきたか、その内実までを含めて再考せざるを得ません。自分がこの国で受けてきた教育をふり返ってみても、法とか人権が自分にとって何なのか、それを考えさせるような教育を受けた記憶がありません。それらはむしろ学校の外、大学の外で学んだように思います。

人権概念は、たしかにありうべき人間と人間の関係、その社会の価値観を表現しているという意味でイデオロギーであることは間違いありませんが、日本にしろ世界にしろ、人権侵害の犠牲者を国や行政が率先して守り、その補償責任を果たす、ということがなされない中で「人道的介入は人権を破壊し、人道に背く」といくら主張しても、どこか虚しいものが残ります。もっと根本的なところから議論を深めたいと思うのです。

一　法と人権
――「人権の主流化」の中のマージナル化

■官僚法学

日本の場合、法は官僚法学として作られてきました。

――長年水俣病患者の治療や救済に取り組まれた、故原田正純医師がいっておられた「官僚医学」と同じですね。

統治者の視点に立った、統治の手段としての法学のことをここでは官僚法学といいます。日本では、法を学べば学ぶほど、具体的な人間の苦しみや怒りへの共感が薄れ、その一方で、高度に抽象化された無機質な条文を裁く側に立って解釈する、そういう技を競う態度が涵養されてきたところがあります。こうした思考態度のもとでは、「下からの社会変革」のために法を動員する営みは軽視されるか、あるいはそもそもそうした発想自体が養われにくい。

その中で人権も啓蒙主義的な教えられ方をしてきた。知識の足りない人を教え導くというやり方です。「あなたは権利を持っているんですよ」とか「権利を実現するために、もっと勉強しなきゃいけませんね」とか。闘い取られた人権の本来の姿と歴史からまったく遊離したところで「人権」が語られてきたわけです。そうなると結局、人権は単なる知識に終わってしまって、血肉化しない。

日本では人権は政府にとって怖くないものになっています。政府が人権行政を推進し、啓発活動を行っているけれど、本来、人権は政府にとって怖いはずのものだし、そうでなければならない。フィリップ・アロットというイギリスの国際法学者は、「人権は、政府にとって怖くないのなら、むしろ有害なものだ」とまでいっています。日本では法や人権が統治者の発想の中に組み込まれ、それが中学・高校・大学と系統的に教えられてきた。むろんすべての人がそうだと断ずるのではありませんが、教える側もそれに根源的な違和感を覚えなかった、ということではないでしょうか。

国際法の中でも人権は重要な位置を占めるテーマです。これは一九八〇年代後半から九〇年代以降の現象で、それ以前は国際法の中で人権のポジションはなかったといっていい。でもいまは国際法を教えるときに人権に触れないわけにはいかず、武力紛争、平和と並んで人権が重要な柱になっています。その意味では、この二〇数年の間に相当様変わりしました。

「国際法とはこういうものだ」という社会認識の形成にあたって、国際法の専門家集団の発言や書くものは決定的な重みを持ちます。ですので、国際法学者の間に国際人権の重みについて共通の理解があるということは、社会一般における国際法の認識変容にも当然に連動していくことになります。ただ、国際法に人権が入ってきて、共通認識になりつつあるといっても必ずしも喜ばしいとはいえない。たしかに、いま国際法について語るときには必ず人権について言及するし、ひと昔前に比べると随分様変わりもした。しかしそれでよくなったのか、もろ手を挙げて歓迎できるようになったのかといえば、少なからぬ疑問が残る。世界に広がっている、より大きな文脈の中に、いま起こっている現象を位置づけ直す必要があると思います。

「人権のマージナル化」に関連していえば、現象だけ見ると人権は主流化している。日本でも政策の中に人権が入り、人権はあちこちで語られていて、マージナル化ではなく主流化しているように見えます。ところが、主流化されたかもしれないが、人権が実現しようとしている価値は反対にマージナル化されているように思えます。そういう意味ではまさしく人権はマージナル化しています。人権の保護のためという理由で軍事力が行使され、それによって大規模に人間の尊厳が損なわれてしまうという状況が生じている。人権は主流化しつつも、その理念は逆にマージナル化されているのかもしれません。

■人権の価値

法にしろ人権にしろ、具体的な規範を作るのは特定の時代の特定の人間の経験です。たとえば、世界人権宣言（一九四八年）に「何人も恣意的に国籍を剥奪されない」という条項がありますが、これは天から降ってきたのではありません。ユダヤ人は、国籍を剥奪され、保護してくれる国をなくしたことによって大規模な迫害や、殺戮への道を滑り落ちることになった。そういうユダヤ人の経験がこの条文の中に埋め込まれている。特定の時代の特定の人間の経験が人権規範を作り出しているというのは、まさしくそういうことを意味しているのです。

問題は誰の経験が人権規範を作ってきたのかというところですが、実は、そこにはきわめて偏頗な側面が見て取れます。たとえば、二〇世紀が残した誇るべき人類共通の遺産というべき世界人権宣言には、端的にいって、西洋の人間以外の経験はほとんど反映されていない。西洋中心主義的なのです。でも、宣言中に用いられている抽象的な条文は、西洋中心的な人間像を広げ、世界各地に生きる多様な人間の経験を組み入れる契機も同時に秘めている。その意味では特定の人間の経験が未来永劫人権条項のあり方を制約していくというのではありません。特定の人間の経験が生み出した人権条項が、今度は他の人間集団の尊厳の実現のためにも使えるようになるという可能性があるのです。人権規範の解釈は、そのように拓かれていくものなのです。それを可能にしているのは、人間の解放のために世界各地で連綿と続けられている具体的な実践活動なのですが、国際法教育の場にあって人権規範は、人間の具体的な姿や支配的価値に挑戦していく民衆の実践活動から切り離されて、統治者的視点のもとに簒奪されている状況が続いているように思います。

■自民党の改憲草案をめぐって

——それは日本国憲法についても当てはまると考えますか。改憲論議に立ち入る余裕はありませんが、一国の憲法や法というものは下から、つまり市民の側から国家や行政府、政治権力を縛り、社会を創る導きの糸であると同時にそのツールでもなければならない、そうした憲法観や法の理念に戦後憲法はどこまで貫かれているか。その辺のところから議論し直す必要があるのではないかと思っています。人権の「主流化の中でのマージナル化」という現実を踏まえると、われわれ近代市民にとって憲法とは、そして基本的人権とはいったい何なのか、この問いに向き合うような数年に及ぶ、市民レベルの憲法／改憲論議が必要なのではないかと。

法にはどうしても安定志向、秩序維持志向があります。ただ日本はそれが強すぎる。官僚法学のなせるわざです。しかし同時に、不正義に対峙するときに頼りになるのも法です。具体的正義を実現することと社会の安定を保つという二つの要請を法は持っている。社会にルールを作るのは、むき出しの力がぶつからないようにするためであって、市民に困ったことが起きたときにそれをサポートするのも法。一方で秩序を維持すると同時に、法は可能性として不正義を排除する力を常に秘めている。それをどう生かすかというときに専門家や市民運動の力量が問われてきます。だから法自体が悪いわけではない。問題は誰が法を作り、生かしていくかというところにこそある。

改憲に関しては、立憲主義に立脚する九六条の会の人たちの懸念を私も共有します。自民党の憲法改正草案は精確には憲法の改正ではなく、憲法の破壊であり、改正草案は近代立憲主義の潮流にはそぐわないものです。近代立憲主義の考え方によれば、憲法は、国家権力を制御し人権を保障するものでなければならない。それを取り払ってしまうと、もはや憲法ではなくなる。皮肉を込めていえば、自民党の改正草案は、憲法とは何のためにあるのかという基本的な理解を再確認するチャンスを、私たちに与えてくれているのかもしれません。

いままでの改憲や護憲の議論は九条をめぐるものでした。もちろん九条の平和主義は最も大切なものにほかなりませんが、自民党の改正草案が出てきたことによって、もっと根本的な問題が問われるようになった。憲法とは何かという問題です。これまでの日本国憲法は個人が主体でしたが、自民党の草案はまず国家があって、そこから国民が発生してくるという考え方です。これでは基本的人権は保障されない。憲法が国家を制御するのではなく、反対に国民、市民を制御するものになる、そういう危険性を持っています。だから憲法九条を改正したい憲法学者でさえ「自民党の草案はおかしい」といっているほどです。

まっとうな法学者であれば、自民党の改正草案は憲法を破壊するものだと考える。ですので、まずそれを食い止めて、そのあとで九条その他を議論したらどうかという認識が広がっています。その意味で今回の改正草案は、市民一人ひとりが「憲法とは何か」考える、つまり本当の意味で憲法を獲得するチャンスとして逆に利用できるのはないでしょうか。

繰り返しますが、自民党の改正草案はもう憲法の体をなしていない。人類の歴史、近代の歴史の積み重ねの上に日本国憲法はできたわけですが、それを取っ払おうとしている。歴史を無視しているし、いまの世界における日本の立ち位置についても大いなる問題を引き起こしかねないものです。立憲主義を日本が否定することになれば、まさに国際社会の一員としてまっとうな扱いを受けられなくなります。だからグローバルなレベルから見ても、歴史の流れから見ても話にならない。

もしも自民党の草案に基づく「憲法」が成立するのであれば、そんな社会は底抜けというか知性がない、〈知〉のない社会になる。これまでは憲法改正というと九条の問題が中心だったので距離を置いていた憲法学者も、今度は基本的人権全般の問題ということで立ち上がったわけです。

――「底抜けの社会」にならないようにするためには、統治者によって秩序化される主体としての市民から、市民としての政治・経済・社会・文化全般にわたる権利を権力者から闘い取る主体への転換が不可欠ですね。われわれはそういう意味で「近代市民」の形成途上にあるとつくづく思います。少なくとも、初等教育修了段階で基本的人権の何たるか、暗記ではなくその程度は血肉化される教育がなされないと話になりませんね。

主体は英語では subject であり、「従う」ということも意味します。権利の主体は権利を実現できる力を与えられるが、それは条約や制度によって与えられる限りにおいて、です。制度の枠内の存在になるということです。制度内の存在として認知されるが、しかしその範囲内でのみ自己実現のツールが与えられる。それが、subject となることによってもたらされる二面性の内実です。

その意味からも、条約の批准や法の制定は常に暫定的、戦術的に考えるべきです。条約の主体になるということは歓迎すべきことでありつつも、制度に取り込まれるということです。だからそこが最終ゴールなのではない。必要な限りにおいてそこに従属しつつ権利を実現するということであって、それでは不十分だというときには subject＝主体を越えていかなければならない。subject＝主体に固執しているのでは、制度の僕《しもべ》になってしまう恐れがあることを忘れてはならないでしょう。

二　国際法の「西洋中心主義」

■大学研究と教育の現実

――先ほどいわれたような人権の基本的考え方は、大学や法科大学院教育の中で貫徹されていると理解していいですか。また、たとえ数は少なくともそのような観点で教える人はそれなりにいるのでしょうか。

官僚法学的な発想が強い以上、貫徹されているとは到底いえません。

人間の具体的経験に想像力を及ぼすには、ポストコロニアル（脱植民地的）な考え方に立つことが有効です。あるいはフェミニスト・プローチや第三世界アプローチを用いてみるとよいのですが、そういうアプローチはいまの日本の国際法教育にはほとんど入っていない。

――そうしたアプローチを取る研究者は、この二、三〇年の間に少ないながらも増えていると見ていいですか。

国際法事象にアプローチするやり方は、日本ではむしろ過去のほうが多元的だったのではないでしょうか。なぜかというと、世界的に見ると、たとえば一九七〇年代には発展途上国の力がありました。非同盟主義があり、新国際経済秩序を作るんだという機運もあった。国際法研究も価値多元的な世界で、マルクス主義も大きな力を持っていた。

ところが、ベルリンの壁が壊れ東西冷戦が終結し、米国の力が突出して大きくなっていく状況の中で第三世界的な物の見方が過去のものとされていきます。そして、米国的民主主義モデルが支配的になっていった。価値的に一元化された思考が支配する世界になっていきます。そうした状況にあって、日本では「いろいろな見方に立って国際法を使っていく」という態度が急速に薄れていったように思います。

しかし、抑圧が強くなればなるほど抵抗が出てくるのは事理の必然であり、世界的には米国的な一元的思考が広がる事態に対し「これではいけない」と言うかのように、いろいろなアプローチが出てきました。欧米やオーストラリア、インドなどでフェミニスト・アプローチやポストコロニアル・アプローチが台頭し、第三世界アプローチも打ち出されていきます。

先ほど七〇年代が価値多元的だったといいましたが、それはかなり問題含みの多元性でもありました。たとえば、発展途上国の国際法学者たちは国際社会を民主化するといいながら自国の民主化にはあまり関心を示しませんでした。「自分たちは被害者だ」といい、「世界秩序を変えなければならない」と主張していた。実はそういう人たち自身はエリートであって、国の中ではとても恵まれていた。しかし、誤解を恐れずにいえば、そのことにまったくといってよいほど無自覚でした。だから、そこにはぬぐい切れぬ偽善の影が漂っていた。

一方、いまの第三世界アプローチを採用している学者たちは自分の依って立つ位置自体をふり返りながら世界を変革していくという姿勢を持っています。七〇年代と比べて性質が大きく違います。もっとも、七〇年代の経験があったからこそ、いまの第三世界アプローチが豊かなものになっているのだとは思いますが。

マルクス主義も、先鋭的なものとして輝いて見えましたが、極端に色が付いていると見なされたために、政治状況の変化とともに支持を得られなくなりました。だから昔が価値多元的だったといっても、それは時代の中で大きく限界づけられた多元性だったといえます。いまも、もちろん時代的制約を免れているわけではないでしょうが、もっとしなやかさを湛えた多元的なアプローチが世界の国際法学には見て取れます。しかし日本では七〇年代のほうがまだ多元的だったと思えるぐらい、価値的に一元化されているような状況にしか感じられません。脱政治化された言説をもって支配的な価値を投射する法実証主義が圧倒的です。

――「人権の普遍性」の主張に対しては、世界人権宣言の成立過程からその後、つまり一九四〇年代後半から国際的にはさまざまな異論なり意見表明がなされ、論争みたいなこともあったと思うのです。阿部さんのお話を聞いても、多元性と多様性の中の普遍性という認識が専門家の中にもあったような気がします。しかし、そういうさまざまな異論や議論を吟味せずに、つまり可能性としての普遍性を普遍主義的に語ってしまうと、人権イコール西側の「トロイの木馬」、西洋イデオロギーの一種として受け取られたとしても仕方がないところがある。宣言の受け止め方の問題でいえば、先ほど指摘されたようなことは、少なくとも研究者の間では一応の共通理解があると見てよいですか。

さあ、どうでしょうか。日本では人権が啓蒙主義的な枠組みの中で語られることに加えて、法実証主義が圧倒的に支配的ですので、人権に関する条約や宣言は所与のものとしてあるということになり、その所与のものをいかに教えるかということになります。

人権条約や宣言は、宗教の教義や経典と似ているところもありますが、同じものではありません。そもそも人権は条約や宣言という「人権法制度」の内に収められてしまうほど狭隘なものではなく、また、社会正義を実現するうえで人権それ自体が全能であるわけでもないのです。人権条約や宣言がなぜできたのかを知り、さらにそれを場合によっては否定してみせるぐらいの批判性がなければ、人権や人権法制度を鍛え上げていくことはできないように思います。

条約や宣言は具体的な人間の経験をもとに作られますが、それらが一番輝いているのはできた瞬間です。その後、制度化が進んでいくと、保守の力学が強く働くので、それらを使って社会を統治していこうとする力学が増殖していきます。だから常に暫定的というか、常にそれを作り直していく力を働かせていないと条約や宣言は輝きを失ってしまうのです。啓蒙主義的教育は制度保守の力学にとてもよくなじむものです。できあがった条約や宣言を経典化し、その存在自体を疑うことを基本的に許さないのですから。人権が具体的な人間の経験を背負っていることを忘れさせ、その輝きを失わせる上手な手法には違いありませんが。

人権運動についても同様の問題があると思います。条約や宣言を戦術として使うのはいいが、戦術を通り越してそれに完全に依拠してしまう傾向が強い。それでは世界人権宣言や国際人権規約の枠内でしか運動を展開しないことになる。しかし人権は人権条約の中に限られるわけではありません。もっと広がりのあるものです。

そもそもなぜ人権が必要とされているかというと、人間の尊厳を脅かす社会状況が出てきたときにそれを払いのける手段として人権が有効と考えられているからです。人権を「打ち立てる」、それによって人間の尊厳を守る。自由に物をいえない社会を変えていくために「表現の自由」という手段が必要になるのであって、その意味で人権は手段、戦術です。

けれど、もしかしたら人間の尊厳をよりよく実現するためには別のやり方もありうるかもしれない。たとえば人権は人間を自律した個として見ますが、それは西洋的な人間観ですね。そういう人間観を世界に行き渡らせようとする流れがいまいっそう勢いを増しています。しかし世界には、必ずしもそうでない社会がたくさんある。「自律した個」というよりも、相互に依存し合いながら生きていく人間集団もあって、そこではもしかしたら既成の人権概念というものはうまく機能しないかもしれない。

人間の尊厳を実現するために人権（条約・宣言）を用いることが有効であれば、どんどん使えばいい。でも「人権を学びなさい」とか「人権が幸せを保証しますよ」となっていくと、本来の人権の意味ではなくなってしまいます。

人権運動もなぜ運動をしているのかといえば、不条理を感じるから、不正義をなくしたいからでしょう。それを払拭するにあたって、別に人権条約が用いられなくてもよい場合もあるかもしれない。だから「人権条約が力を持つ場合もある」というかたちで人権法に接していくのが本当はいいのではないかと思います。世界人権宣言や人権条約の枠内に運動を入れてしまうと自らを限界づけてしまう。それでは運動が制度の中に取り込まれ、萎縮してしまう。制度を作り、変容させる、つまり作り直すのが運動の妙味なのであって、制度の中に取り込まれてしまうのでは運動の持つ最大の力をそぐことになってしまいかねません。

――ポストコロニアル・アプローチを含め多様なアプローチがまだ日本の大学の現場には十分に紹介されていない、それは今後の課題ということですか。

よくいえばそうです。すでにそういう学問的潮流があることはみな知っている。でも採用しないのです。いま研究者は結構欧米などに出かけて行くので、わざわざ日本でこういう研究が外国において行われていることを紹介しなくても、直に知ることができます。多元的なアプローチについて現に触れてはいるが、選択の結果としてそれを採用しないということだと思います。

日本の国際法の専門家は、社会を改良することには抵抗感はないようですが、社会を変革することや場合によっては秩序に挑戦することには抵抗感が強いように感じます。法や人権は既存の秩序・権力と戦うときの武器にもなり、そのように法を動員する人々は、秩序を守る側から見ればとても危険な存在になる。危険視されるのを歓迎しないということなのでしょうか。社会運動的な人権観や法の動員の仕方ではなく、統治者の視点で人権を見ているので、秩序そのものを動揺させることがなじまない。だから「ヨーロッパなどには多元的なアプローチがあるが、日本では広がらない」ということになるのかもしれません。研究者は異端であることが最大の矜持だと思うのですが、異端ではなく中心に近いところで自分のポジションを固めたいという無意識の選択行動の現れかとも思います。

■国際法の多元性

ポストコロニアル・アプローチや第三世界アプローチを取っている研究者は非常に面白い。国際法のスターと呼ばれる人たちがそこにはいるんですが、そういう研究者は、国際法研究の中心というより、少し横に置かれている存在ではある。それゆえに、研究者として輝いているのです。最初からそういう人々と接して研究者としての道を歩んでいけば、いままでの研究者とは違う感覚を身につけることができるかもしれない。そこに未来の希望があるかもしれません。若い研究者に対して私も意識的に国際法は多元的だと語りかけたいと思ってはいます。

――国際法の多元性について、もう少し詳しく説明してください。

国際法の歴史には「国家から個人へ」という流れがありますが、全体として見ると国際社会において権力を持っている人たちの考え方がいまでも如実に反映されています。経済の分野は特にそうです。環太平洋戦略的経済連携協定（ＴＰＰ）も然り。多国籍企業やそれを支える人たちがルールを作り、そのルールのもとで、利益を得ている。空法や宇宙法などは米国の大手の航空会社や宇宙産業などが実質的にはルールを作る。しかし誰がその真の起草者だったのかは明らかにされず、ルールは抽象的な言葉だけになる。国際人権についても、そういうところがあることはすでに述べたとおりです。

しかし、国際人権が議論され、作られる場は、日本のようにガチガチに官僚化されたところではないので、日本国内では信じられないような、自由に動けるスペースがあります。たとえば、強大な力を持った国だけがすべてを支配するというのではなく、あるところに隙間があって、そこにうまく入り込んでゆく人たちがいます。そういう人たちがいつの間にか、人権のルールを作ることがあるわけです。

国際法にはこのように、いろいろな人たちの利益を反映したルールがいっぱいある。強者の利益そのものというのもあれば、「どうしてこんなに力のなかったはずの人たちがこんなルールを作れたのか？」と思わせるものもある。人権分野においてその最たる例の一つが、先住民族の権利宣言でしょう。

国連先住民族権利宣言（二〇〇七年）は、そうとう牙を抜かれるかたちで採択されましたが、従来にはなかった革命的な先住民族運動の成果だと思います。

戦後世界における脱植民地化は一九五〇年代から始まりますが、特に一九六〇年を境に、旧宗主国からの国民国家の「独立」がアフリカ各地で進みます。これによって国際法の世界で「民族自決権」が確立したといわれていますが、ふり返ってみると、当時の「独立」は欧米が引いた国境線に基づくもので、国家の元首も欧米の宗主国と関係の深い人物がなったりしたわけです。

欧米諸国にとって六〇年代の自決権は怖くなかった。自分たちの作った境界内で自分たちの息のかかった者が政治指導者になったわけですから。欧米諸国は「独立」国家の登場後、七〇年代、八〇年代を通じて、軍事独裁政権であろうがどんなに人権抑圧国家であろうが、自決権尊重の名のもとに彼らとの関係をつないでいった。まさに北と南の談合状態です。

八〇年代に入って先住民族が主張しはじめた自決権は、「北と南の談合」を前提にしていませんでした。その意味で、欧米諸国にとって真の脅威なのではないか。先住民族の運動は、欧米諸国が打ち立てた境界を崩していく契機を秘めているからです。もっといえば、国家中心の国際秩序への根源的な挑戦にもなっている。だからこそ、本来ならば先住民族の権利宣言を真っ先に支持してよさそうなカナダやオーストラリアも、宣言の牙を抜こうとした。しかし、そうした根源的な挑戦にこそ、次世代の国際社会のあり方を切り拓く国際人権の大きな可能性があるのではないでしょうか。よくぞ先住民族が八〇年代以降の国際舞台に登場してくれたものだと思っています。

人権条約機関の専門家も自由に動けるスペースの中にいます。日本で専門家というと審議会に入ったりして「政府に完全に取り込まれ、政府と同じようになってしまう人」という印象がありますが、人権機関に入ってくる専門家は必ずしもそうではありません。政府の推薦を受けて入ってきているにもかかわらず、考えられないほど政府から独立した発言をする人が結構いるのです。自分を任命した政府と異なる意見を表明し、それが条約機関の見解になったりする場合がある。それはある意味で「隙間のスペース」が発揮する「思わざる効果」だといえます。このように国際法、特に国際人権の世界は、支配的な力学が強く働く場である一方で、多様な人々の権利を表現するアクターが多様な人々の権利を守るルール作りに関与している多元的世界でもあるのです。

三　国際人権と平和——介入論を疑い、超える

——本題に入ります。人道的介入についてのご意見をお願いします。

湾岸戦争（一九九一年）の頃から、国連が武力行使を外注して介入するようになりますが、もっと時間をさかのぼると、国連や国際組織の歴史そのものが介入の歴史であったことがわかります。一九二三年に始まるパレスチナの委任統治、五六年のスエズ動乱、六〇年のコンゴ紛争もそうですが、国際組織は一貫して国際社会の「周縁」に介入してきた。周縁の統治が目的です。そういう意味では、介入という点で何か新しいものが出てきたわけではない。ただ、如実に人権・人道という言葉を掲げ、しかも武力で介入するようになったのが九〇年代以降の特徴です。

最上敏樹さんの『人道的介入』（岩波書店、二〇〇一）にも書かれていますが、「人権・人道のため」といわれると面と向かって反論をしにくくなります。これをどう考えるかですが、深刻な状況が訪れた瞬間に「介入すべきかどうか」ではなく、国際社会はずっと介入し続けている、そういう事態を作り出したのは国際社会に大いに原因がある、というところから議論してはどうでしょう。経済活動がまさにそうですね。武力紛争がまだ起きていない日常での強度の介入が秩序を破壊し、武力行使を必要とする状況を作り上げているのかもしれない。「危機」ではなく、「日常」に焦点を当てた思考に転換

する必要があります。瀬戸際外交のようなかたちで、目の前でジェノサイドが起きているときに「何もしないのか」と問われると「する」と答えるしかなくなってしまう。そういう脅迫をされるような場面で問いを発せられる前に日常的な介入をきちんと見ていくことが必要です。また、深刻な事態が生じているときに「軍事介入しないでいいのか」と問われて、「しないほうがいい」という回答を出してみるとどうなるのか。これについてもきちんと考えるべきだと思います。

シリアについても、武器輸出を含めてたっぷり介入してきました。国連が何も行動を取らないじゃないか、といわれてきましたが、もうたっぷり介入して大混乱状態に陥らせている。だからそれをはっきりさせて「介入するな」と言うべきではないか。「介入せよ」ではなく「介入しない」ことの持つ意味をきちんと考えてみるべきだと思います。

ただ、これまで介入してきた責任として、すべてを放り出してしまうわけにはいかないでしょう。武力行使をすることだけが介入ではない。最上さんは『人道的介入』の中で「上流で介入せよ」と書いています。武力介入という「下流」に至る前に、たとえば栄養不良の状態にある子どもたちを救うために介入せよというその趣旨に私もまったくもって同感です。しかし、忘れてならないことに、九〇年代のルワンダにしても八〇年代のスーダンにしても、実は上流でも、最上さんがいうのと異なる意味で、すでにたっぷりと介入していたのです。特にスーダンの場合には、国際金融機関による構造調整と、それによって縮小した政府機能を実質的に代替したNGOによる介入が、長期にわたる紛争を持続可能なものとしたと指摘する向きもある。こうした類いの上流での介入を控えていれば、下流で介入する必要はなかったかもしれません。

■国際経済と人権

国際法の研究者や人権NGOは、経済活動の持つ政治性への批判がとても弱い。国際法では、貿易にしても金融にしても経済分野が価値中立的に、テクノクラティックに書かれています。国際経済法というのは明らかに市場経済を行き渡らせていくという明確な政治的メッセージを湛えている。どういう経済のあり方がいいのかを踏まえたうえで市場経済を選択するのならまだいいし、そのうえで新自由主義的なものがよいというならそれもいいでしょう。しかし、市場原理主義的なものを大前提として投資協定ができたり、世界貿易機関（WTO）のルール作りが行われたりしている。ところが、国際経済法の世界ではそのことの意味づけは一切ない。そうしたルールを支えている経済のあり方についてはまったくといっていいほど批判的に議論されていないのです。

今日、経済は人間の生活に一番大きな影響を与えるものになっていると思います。日本がまさにそうです。投資や株価の変動に一喜一憂することはもとより、市場経済的なものの考え方が社会の隅々を覆うようになっている。多国籍企業が先兵になって世界中にその力を行き渡らせていますが、それを支えているのが国際法・国際経済法なのです。

けれども、国際経済法が広める経済活動によって人間の生活が破壊されたり貧富の差が生まれ、そこに憎悪感情や民族、人種の枠組みが組み込まれて紛争が大きくなる。経済あるいは経済法のあり方がもたらしてきたこうした機能をきちんと見る視点が、これまでの国際法の研究者にはやや欠けていたように思います。もちろんその中には私も含まれます。最上さんの著書は、そうした国際経済法の機能に関する研究によって補完されなくてはなりません。

——この間の「テロとの戦い」や人道的介入をめぐり、そういう意見が研究者の中から出たことはありますか。

研究者の中には、国際経済法は技術的な営みだという理解がある。ＴＰＰにしてもそうです。市民社会の間ではアジア太平洋資料センター（ＰＡＲＣ）などが「これは大変だ」ということで問題にしていますが、法実証主義が支配的な日本の国際法学の世界ではＴＰＰは単なる一つの条約で、これをどう解釈するかという問題になる。企業が直接に国を訴えることができる制度についても「いままでは国家中心だったのが企業も提訴する主体になれるのだから結構なことではないか、国際法の担い手が広がるではないか」という発想が一般的ではないでしょうか。

国際経済法の暴力的な側面も、統治者の視線ではなかなか見えてこない。国際経済法によって生活を破壊されている側の視点に立てるかどうか。ポストコロニアル・アプローチはそれを可能にしてくれる。しかしそれが採用されていないのが日本の国際法研究の現況です。

自覚しているしていないにかかわらず、日本の国際法研究者の多くは自分自身の価値を統治者の視点に置いて学問を構築している。だから、経済がいかに負の影響を社会に与えているか、いかに人間の生活を変えているかについては選択的に排除されているのではないでしょうか。武力行使については、人間の生活を脅かしていると してこれだけ議論しているのに、経済が人間の生活を脅かしている現状については、ほとんどまともに議論していない。これは意図的にしていないか、問題関心がそこに及ばないかのどちらかでしかないと思います。

——それは人権論に引きつけていえば、全体としては国際法研究者による社会権の概念的把握や主体化の内実が浅いというか、薄っぺらだということですか。

それもあります。市場原理主義はジェンダー平等と両立するところもある。働き手としての女性の能力を活用すべきだということを新自由主義は力説していますから。でも、新自由主義者は自己責任論なので、弱い立場の人たちを連帯の精神で支えることは拒否します。社会権は連帯の精神に立っているので、市場原理主義のあり方を問い直さなければどうしても排除ないし軽視の対象にされてしまいます。

■イスラーム国家と人権

——上流と下流の介入の話が出たので、次に進む前に少しだけイスラーム社会の人権について触れたいと思います。たとえば国家のレベルでは、大沼保昭さんが『人権、国家、文明』（筑摩書房、一九九八）の中で紹介している「イスラームにおける人権に関するカイロ宣言」（一九九〇年）などがあります（三三三頁）。これは当時のイスラーム諸国会議機構、現イスラーム協力機構（加盟国五七カ国、オブザーバー五カ国と八組織）で採択されたものですが、法的拘束力はない。ある意味では、抽象的精神みたいなもので、その社会的実体化は時の政権の恣意的政治判断に委ねられてしまっている。その政治判断に作用しているのはイスラーム的価値というより、現実政治のロジックだと思います。

私が一番気になっているのは、中東、アラブの人たちには国際人権法が届いておらず、まったく信用されていないことです。国際法は自分たちの利益になるものではなく独裁者を支えるもの、と考えられてきた。アラブにも地域人権文書はありますが、「アラブの春」（二〇一二年）の後、イスラームの研究者にアラブ人権文書が役に立ったのかと訊くと、そんな文書など知ったことではないという。ましてや民衆はその存在すら知らない。

つまり、人権文書は政府のエリートによって談合状態で作られたということです。「人権の普遍性と特殊性に関する議論」は文書の中で行われただけで、民衆はまったく置き去りです。アラブの政治指導者が欧米のエリートと共謀してそういう状態を作り上げてきたといえるのではないでしょうか。

だから、何よりもまず、そこに住む人たちの声を聞き届けられるような国際人権制度に作り変えていくことが必要です。日本だってそうです。たとえば福島の人たちの声は聞き届けられていない。本当に人権を必要とする人々に人権の制度が届いてこなかったことが最大の問題です。それを変えていくためには、研究者は、限界を十分にわきまえながらも、人々と「ともにあろうとする」ことが大事です。既存の枠組みを出て、制度化されないところで生きている人たちと「ともにあろうとする」べきです。

いまある人権法がいいのか悪いのか、それを真に検証できるのは、それを真に必要としている人々です。しかし、彼／彼女らはサバルターン（権力構造から疎外された人々）なのでその声は届かない。そこにこそ、研究者がわずかであれ果たすことのできる役割があるのかもしれません。

■武力行使と人権

――主題に入ります。今日の「戦争の常態化」という状況は、国連憲章のもとで「戦争の違法化」をタテマエとしながら作られてきたものといえます。国家の武力不行使原則というそうしたタテマエの中で、その最新の例外規範として「保護する責任」が登場したわけですが、これについてどうお考えですか。

「保護する責任」は武力行使に関する新しい国際法規則を作ったわけではありません。国連安保理の既存の仕組みに人道という要素を流し込んだだけです。「保護する責任」は「人道的介入」のルールを確立したわけでもない。だから、憲章のもとで武力行使ができるのはいまも極めて限られた場合しかない。ところが、実際には安保理が武力行使をしてもいいと結論するから、武力行使の機会は増えています。

武力行使を狭めるためにはどうすべきか。現状では「平和に対する脅威、平和の破壊、侵略」の有無を安保理が決定できることになっている。しかし、その決定は二重基準の腐臭に満ちている。安保理が黒といえば黒になるのかと、多くの人が疑問を持っています。実際、安保理を統制しようという声も上がっている。安保理を統制し、そのあり方をただすことが、武力行使の可能性を狭めるための一つの鍵となるでしょう。

すでにアフリカ連合が安保理の決定に異議を申し立てたり、テロリストとして安保理からリストアップされた人が人権侵害を理由に国内裁判所や国際人権機関に訴えを起こし、その訴えが認容されたりしています。「安保理のやり方はおかしい」という意見を表明し、安保理の行動をチェックする動きは世界各地で大きくなっています。これは、自分たちのできる範囲で安保理のいうことに従わないという選択行動です。そういう潮流の台頭を認識することが必要です。それが安保理へのある種の圧力になり、武力行使を狭めることにつながるかもしれません。こういう動きは世界にたくさんあるのです。

東南アジア諸国連合（ＡＳＥＡＮ）とかラテンアメリカ、南アジア、アフリカの国々など、数からいうと世界の圧倒的多数の国は安保理に唯唯諾諾と従っているわけではありません。結構、安保理の判断に抗う行動を取っています。いってみれば現代国際社会における「市民的不服従」の行動です。強大化した安保理の恣意的な判断には従わないという意思表示です。それがグローバルなレベルで相応に行われているのです。

――日本では常任理事国入り問題がずっとあって、何のために国連に金を出すのかという議論もすべてそこに収斂していくような状況がいまだにあります。それが背景にあって国連報道においても安保理や常任理事国の権力性が議論されることはほとんどゼロといっていい。

あまりに国連自体が美しいものとして、国連＝善として描かれすぎてきました。

武力行使については、入口の段階で安保理が許可したら形式的には合法になる。そして「安保理が許可したからには仕方がない」という認識になる。しかしその後は武力紛争状態になるので、国際人道法や場合によっては国際刑法が適用されることになる。国際人権法ももちろん適用されます。だから、安保理が武力行使を許可しても、そうした諸法の遵守を求めることはできますし、そうすべきです。

また、いまも昔も敗者、戦闘行為で負けた側のみが責任を負うという片面性がありますが、それはもうやめようということで、「安保理が武力行使を許可するのは結構だが、武力行使によって生じた国際違法行為についてはその当事者がきちんと責任を取れ」と問うこともできる。この場合、個人が刑事責任を問われるし、違法に物を壊したりしたら関係国あるいは国連が損害賠償を行わねばならない、そういう覚悟をもってやれと。個人が刑事責任を負わず、損害を生じさせたことについて誰も賠償責任を取らないのであれば、武力行使をすべきでない。やるならそれぐらいの覚悟を織り込んでやれと。つまり介入した後の責任ですね。

――ヒューマン・ライツ・ウォッチ（HRW（本書第6・7章参照））などは、ロシアや中国を意識し、安保理自体が非民主的だからという理由で、武力行使にあたっては安保理の決議さえときに必要ないかもしれないとまで言っていて、違う意味で安保理を乗り越えようという動きがあります。問題は武力行使の「入口」のところ、また武力行使に向かうプロセスにおいて、武力行使反対派である国際人権の専門家や人権NGOのほとんどが「するな」という立場表明をしないことです。これについてはどう思いますか。国際法の専門家や人権NGOは、基本的にその時その時に現に起こっていることを問題にすることから出発するので、武力行使以前とその瞬間においてそれを批判し政策的対案を出すのは事実上難しいということでしょうか。

人権NGOに限らず人権法学者も、戦争が最大の人権侵害だと一般にいわれているにもかかわらず、武力行使自体に反対の声を上げることはあまりないですね。武力行使ができるかどうかについて、人権法は直接には関わらないと考えられているからでしょう。

また、人道法というのはまさに武力行使が開始されてから適用される法です。開始された後、最低限の人道的な待遇を保障しようとする法です。つまり武力行使の可否は人権・人道法の問題ではなく、自衛権と安保理の許可の問題なのだと。人権法や人道法は武力行使が始まった後にその遵守のいかんを判断するための法であるという役割分担、区分、境界線が引かれているように思います。

――しかしそれでは国際法や人権の専門家、NGOが、武力行使を止めようとする民衆パワーに関与することができない。役割分担や境界線の問題でいえば、国際法や政治学研究、NGOの世界も専門分野化が極度に進み、それが固定化されたままさらに細分化されていく傾向があるように思います。そうした傾向ゆえに、国連の改革議論においても常任理事国と安保理に権力が集中しているという構造を崩していくことができなかった。それがこの二〇年の大まかな流れだったし、その中で「最後の手段」としての武力介入を合法化する「保護する責任」の「規範化」が、新たに生まれてきたのだろうと思います。

その意味では、研究者サイドにしろNGOや運動サイドにしろ、もっとみんなジェネラリストというかジェネリックに問題を立てる志向性を持つべきではないかと思います。そうでないと細分化された専門分野の外の世界が見えてこないし、自らの専門の中に自らを閉ざすというか、頭の上に自分で蓋をしているような現状がいつまで経っても打破できないように思うのですが。

■「平和への権利」――人権と安全保障をつなぐ

日本や欧米諸国は多くが反対のようですが、いま国連の人権理事会で「平和への権利」宣言が起草中です。「平和への権利」は安全保障の問題と人権をつなぐブリッジとして非常に重要な概念だと思います。平和の文化を築くとか、良心的兵役拒否とか、そしてこれは少し問題含みではありますが「人間の安全保障」とか、いろいろな要素が包括されています。これは基本的に、武力行使そのものが人権を損なうものであるという発想に親和的であり、「自衛権と安保理の許可があればいい」という硬直した議論へのアンチテーゼになっていくように思います。だからこそ日本や欧米は反対しているのでしょうが。

スペインのNGOなどが一生懸命これを推進しており、日本のNGOも奮戦しています。

国際法は欧米の国々を中心に作られてきたことから、その国際法を支える「人間の経験や記憶」は、実は侵略者の記憶だったといっても過言でない。しかしいま、国家レベルでの市民的不服従も含め、いろいろな声が多元的に出はじめている。中国やインドの国際的影響力がますます大きくなる中で、この両国がこれまで背負ってきた被支配の記憶をきちんと生かすことができるなら、欧米とは大分違う記憶を持った大国として、国際法の変容を促していけるのではないか。米国やイギリスのようになってしまう危険性もあるかもしれないが、背負ってきた歴史＝記憶が英米とは違う。被支配の記憶です。その意味では、これまでの英米とは違う大国になる可能性も両国は秘めている。つまり、侵略者にはない記憶が国際法の支配的な言説の中にも入ってくる可能性があるということです。そうなれば、アフリカ、南アジア、ラテンアメリカなど、侵略された地域の人々の記憶ももっと国際法に入ってくるようになり、武力行使や軍事介入をやめるべきだという言説も国際社会においてもっと力を持つようになるかもしれない。「平和への権利」という概念はそれを掬い上げていけるし、その意味では非常に重要な役割を果たしてくれるだろうと思います。

日本や欧米諸国は侵略者の記憶をそのまま維持したいので「平和への権利」を毛嫌いするが、可能性としては、この「平和への権利」こそが武力行使と人権をつないでいく、とても重要な概念になることは確かです。

――「平和への権利」の実現に人権運動がコミットするには、人権問題を単に「国内問題」として捉えるのではなく、戦争が最悪の人権侵害であるという観点に立ち、国の外交・安保政策をも人権侵害、人種・民族差別につなげて思考することが問われてきます。欧米のマイノリティの反戦運動にはこうした捉え方がかなり根づいていますが、日本ではそれが弱い。「外交・安保」と「人権」は別という発想が支配的だからと思いますが、そうなると、実は外交・安保政策に埋め込まれているはずのオリエンタリズムやレイシズム（人種主義）が捉えられなくなる。たとえば外務省は、日本が中東やアフリカを侵略したことなど一度もないとして現在の開発戦略を自画自賛するような言説を流布しているわけですが、そういう重大な勘違いが許されてしまうことになる。「日米同盟」主義の対外政策を問うための問題意識を育むには、どうすればよいのか…。

たとえば沖縄の位置づけについて、日本の市民社会は沖縄の人たちの問題だとして、他人事のように考えているところがあるのではないでしょうか。しかしこれは日本の問題そのものです。日本が温存する植民地主義の問題ですから。アイヌも在日コリアンの問題もそう。人種主義に対し先鋭的な考え方を持っているNGOならば、そういうところをつなぎ合わせて考えることができるでしょう。また、日本における人種主義の問題は、最近では、在日特権を許さない市民の会（在特会）の出現とヘイトスピーチ（憎悪言論）によって顕在化しているので、市民社会の意識も変わってきているかもしれませんが、それでもやはり、その最大の試金石は沖縄の状況とどう関わるかというところにあるでしょう。沖縄に対する本土の人種主義的振る舞いを克服せずして、人種主義の問題との根源的対峙は難しいのではないでしょうか。

議論の延伸として沖縄が独立する可能性もありうるわけですが、国際法はそれをサポートできる論理を持っています。沖縄に対する本土側の姿勢は植民地主義と人種主義の現れそのものなのですが、沖縄が自らの安全保障を実現しようとしたら日本の安全保障は根底から揺さぶられることも忘れてはなりません。つまり、日本の安全保障は、沖縄が自らの安全保障に主体的にコミットすれば脅かされるという関係性に立ってしまっている。そこに介在するのが人種主義で、非常に緊張した状態です。こうした植民地的状況に鑑みれば、沖縄が最終的に独立宣言をしたら、国際法的には自決権の行使としてそれを認める議論がありうる。そのときに日本の安全保障は根底から揺さぶられる。日本の安全保障は沖縄の構造的犠牲のもとに成り立ってきたことはよく知られていますが、それを当然のものとする人種主義的思考は、もはや現代国際法の規範的潮流とは相容れないものになっています。

四　国際人権運動の今後
――ローカルな運動とつながる

――最後のテーマとして、これまでお話いただいた大学研究と人権運動の現状を乗り超えてゆくための課題と展望について、少しお聞きしたいのですが。

■大学の現実

大学はいま秩序化されたキャンパスになっています。立て看板もない大学が増えています。チラシを置く場所も大きさも決められているところすらある。教員もそれにあまり抵抗しない。それが日常の風景になっていくと、そのうちそうでないキャンパスがあることを誰も知らなくなる。そういう状況にあって、教室の中だけで「社会は多元的なんだ！」といくら言っても、教室を一歩出たら秩序化されているわけだから、あまり希望が持てる状況ではありません。

それでも人権や運動に関心を持つ学生は結構いると思います。ただ、法を専攻する学生は、一般的にかなり内向きになっている感じがします。法を学ぶと保守化するというのは昔からそうだったとしても、内向きの原因は、「秩序変革のための法の動員」という態度がますます薄まっていることともけっして無縁ではないでしょう。これは、秩序変革のために法を社会的に動員するというより、統治のために法を学んでいるということの顛末かもしれません。

大学自体がいっそう深く国家の中に組み込まれている。研究者の意識・態度も縮んできている。もっと「狂気」を大切にしないといけないですね。「正気」ばかりです。こういう物言いは風変わりに響くかもしれませんが、研究者としてはむしろ前者が王道であろうと思います。研究者は半分ぐらい「おかしく」ないといけない。とはいっても、法を勉強している者として、私の中にも基本的には保守的な行動パターンが刷り込まれています。やっているのは、せいぜいのところ秩序の中でいくばくかの逸脱行動程度です。

問題は、全体としてそのちっぽけな逸脱行動さえしない状況が広がっていることです。いい意味での遊び心が劣化して、みんな従順になった気がします。

私の感覚では二一世紀に入ってからこの傾向が強くなったように思います。やはり国公立大学の法人化（二〇〇四年）とそれにともなう私大改革が盛んに議論されるようになってからですね。国公立大学の法人化を許したら私学に影響が及ぶといわれていたが、当時はあまり実感できなかった。「国立大学の問題であって私学には関係ない」と思われていたのです。しかし私学に影響が及ぶことははっきりしていた。制度設計者がいたのかどうかはわかりませんが、文科省は見事に大学を変えてしまったと思います。

もちろん、大学はこれまで常に国の制度の中で棲息する組織でした。それでも大学が大学たりえたのは、誰の目も及ばない自由空間がそこに少しくあったからです。そのスペースを利用しながら、時に逸脱行動を取る、それが大学の自律的存在を支える一助になってきたのだと思います。いまも、実質的に何がどこまで許容されるのかをそれぞれが試せばいいと思うのですが、それをしない。その結果自由のスペースを自らどんどん縮めています。大学教員は、言葉の最も悪い意味においてサラリーマン化しているのではないでしょうか。

実は、法学の分野では、研究者のすそ野も縮んでいます。法科大学院ができてしまったために研究者養成が先細ってしまい、研究者を養成できる大学も限定されてきています。これも大問題です。

——法科大学院制度がむしろ研究者を減らしてきたということについて、もう少し説明してください。安倍政権は、司法試験合格者を年間三〇〇〇人程度とした政府目標を撤回し（二〇一三年）、実績が乏しい法科大学院の定員削減や統廃合を進めるために、二〇一五年までに強制的な「法的措置」の検討を行うとしていますが。

日本の法科大学院制度は、米国型の法曹養成を日本でも実現したいという相当に無理のある発想からスタートしたために、瀕死の状態にあります。法科大学院をめざす志願者が激減し、募集停止を行うところが陸続と出てきています。米国では、法科大学院を経て実務を経験してから再び大学に戻り研究生活に入る人が一般的で、日本もこれに倣おうとした。日本もこれからは法科大学院を修了し法曹資格を持った者が博士後期課程に入って研究者になるのが望ましい、と。しかし、考え方はよいとしても、実際にそのようなルートを悠長に歩める者はあまりおらず、研究者養成の道（法学研究科博士課程）はやせ細っていくことになります。

　また、法科大学院では当初、国際人権法は大いなる期待をもって先端展開科目の中に導入されたのですが、司法試験合格率の低迷などもあって、司法試験に直接関係のないこうした科目への関心は低下していきます。一方で、「要件事実論」という科目に象徴されるように、法科大学院での教育は、裁判を強く意識し、しかも最高裁の判例や最高裁調査官の解説をそのまま脳裏に刻むことを良しとする、従順な姿勢を生み出すようにもなります。秩序改革のために法を社会的に動員するという視座は周縁化され、さまざまな学説等を参考に既存の判例を批判的に乗り越えるという知的作業も余力のある者のみがなしうる仕事となっていきます。司法試験をいかにクリアし、その後いかに職を確保するかということに汲々とせざるを得なくなった人たちを前に、国際人権法の意義を口にすることすら難しくなってしまったというのが私の偽らざる実感です。

――先ほど、逸脱行動さえしない、できない研究者が増えているというお話が出ましたが、大学や学校にこそ「表現の自由」「集会・結社の自由」といった自由権、基本的人権の確立が求められているのではないか、そう改めて強く感じました。法人という制度化された組織の中での個人の逸脱行動、これについては、NGO関係者や企業人、もっといえば社会運動や市民運動の人たちにも同じことが問われているように思います。この点についてはおそらく多くの人が悩んでいるところだとも思います。しかし、既存の組織論や組織観、あるいは制度化された固定観念を崩していくとか、個人レベルの連携やネットワークとしての運動のあり方を再考していくなどしない限り、こうした課題を乗り越えるには厳しい社会、時代状況になっていると痛感します。

■組織と運動の「二足の草鞋」

研究者にせよNGOにせよ、自分自身がムーブメントとオーガニゼーションの二つの側面を持つよう努めていかなければならないと思います。自己を変容させていく。組織をなくすという意味ではなく、組織を常に更新していく。現実的にはなかなか難しいですが、少なくとも自分や組織をそういうムーブメントとして位置づけていくことが大事です。

　国際法の世界では、一九八〇年代後半から九〇年代にかけてNGOが入ってきて、それまでの国家中心的な考え方の中に新しい波を起こしました。ところが、NGO

自身が制度の中に取り込まれてしまった。非政府組織なので、政府がなくなると自分たちもなくなる。一方で、その存在は「結社の自由」的な社会の中にあるので、融通無碍というかアイデンティティがわからない存在ではない。ＮＧＯはむしろアイデンティティがはっきりした存在です。実は、九〇年代までは、国際法学者にとってＮＧＯを語ることは「際物」的なところがあった。ところがいまでは、既存の秩序を補助するようなＮＧＯや、社会を変革するのではなくせいぜい改良するだけにとどまるＮＧＯが多くなっているので、そういうＮＧＯに関しては学者も非常に安心感をもって語るようになっています。

　しかし、多元的な考え方というのは、社会運動に感覚としてなじまないと出てこないものです。だから研究者もＮＧＯも、制度の外に片足だけでもしっかり置いていないとだめになると思います。

　たとえば、アムネスティ・インターナショナルは組織と社会運動の両面性を多少とも備えていました。アムネスティという組織はアムネスティという運動でもあったのです。この両面性がどれだけ意識されていたかはわかりませんが、確かに体現されていた。しかし、少なくとも日本にあっては、運動の部分がとても弱くなり、組織の維持を図る側面が前景化してしまったように見えます。官僚化と効率優先の考え方が組織運営の中に深く入り込んでいる。ＮＧＯが企業のような組織になっているのは世界的な潮流でもある。だから、ＮＧＯにとっては組織が大きくなればなるほど、こうした状況を変えていくのが難しくなっていると思います。

――二〇年程前の米国のアムネスティは、イギリスの国際事務局がキューバの人権侵害を非難していたので確かにそのキャンペーンもやっていましたが、各州のローカル・グループの間では、キューバとの民衆レベルの連帯運動に関わっていた会員の人たちが自律的な活動を行っていました。そういう自律的な活動をするグループ、個人のネットワークという印象が九〇年代前半までのアムネスティにはありました。しかしそれ以降、関係者の人たちには大変申し訳ないが、アムネスティは徐々に変質していったように思います。

　それでもローカル・グループの存在はHRWにはないアムネスティの強みであり魅力だと思います。二〇一二年、北大西洋条約機構（ＮＡＴＯ）の会議がシカゴで行われたとき、アムネスティUSAがアフガニスタンをめぐるＮＡＴＯへの呼びかけとして「Keep the Progress Going」（前進を続けよ）というポスターを街中に張って問題になったことがあるのですが、アムネスティの会員の中にはこれを批判し、「ＮＡＴＯの戦争をやめさせるべきだ」と異議申し立てを行った人々もいた。いまでもそういう人々がいるのは、どこか救われる思いがします。

いい意味での草の根性がアムネスティの強みでした。それをいまは、うまく活かすことができずにいます。グループがだんだん呼吸できなくなっている。脱中心的に動くグループの献身的な活動がアムネスティのこれまでにおける一番の強みでしたが、いまはそうした動きへの効果的な支援があまり見られない。実際のところ、グループや各会員の「下から」の提案の意義がどれだけ事務局レベルで認識されているのか、一会員でもある私にはよくわからないところがあります。いまＨＲＷのプレゼンスが大きくなっていますが、アムネスティの強みがどこにあったのかをきちんと認識できないと、社会的プレゼンスは低下の一途をたどることになるかもしれません。

冷戦が終わって、ＮＧＯはみなステークホルダー（利害関係者）になることを重視しはじめました。ステークホルダーとして認められ、政策決定過程に入りたい。たしかに可能性としては、内部に入れば政策決定の中心との距離が縮められ、影響力を持てるから、やりたいことの一部は反映されるかもしれない。しかし、入っていった先の国際機関や国家の政策が本質的に変わっていなければ、結果的には自らも中心の一部になったにすぎない。ステークホルダーになることの問題点は、それによって他者性や外部性を喪失し、批判の力を弱めてしまうことです。それでも、政策決定に携わりたい。

冷戦期のアムネスティは政府と距離を置いて政府を批判し、他者性や外部性に依拠して政府の政策を変えようとしていました。しかし冷戦が終結すると、活動に逡巡が見られるようになる。というのは、アムネスティの活動の本丸はソ連や共産圏だったからです。ラテンアメリカの軍事独裁政権による人権侵害に関心を寄せていたアメリカズウォッチ（後のＨＲＷの一部）も、ラテンアメリカ諸国で次々と民主化が進む中にあって、組織の活動をどのようにしていくべきか大いに悩むことになります。冷戦が終わり、民主化が実現し、人権ＮＧＯとしての役割が終わったのだから組織は解散しましょう、と結論づけることもあり得たかもしれません。しかし、そうはならなかった。そこで推進されるようになったのが、ステークホルダーへの移行です。「政策提言をして、一緒になって政策を実現していこう」――そういう方向になったのです。たとえば、「移行期正義」や「平和構築」を政府と一緒に手掛けていくということです。人権を擁護するということ以上に、組織維持の原理が根底で強く作動していたところもあったのではないでしょうか。しかし、人権の最大の切れ味は周縁性にあると私は思っています。中心＝メインストリームに入ってしまったら人権は切れ味を失ってしまうかもしれません。

もっと、社会運動の持つ可能性を大切にしてはどうでしょうか。社会がダイナミックに変わるのは運動があるからです。変わらなくても、変わるかもしれないという躍動感を感じさせる運動。たとえば原発にしても再稼働になればどうなるかわからない状況の中で、ああいう運動が各地で盛んに行われています。憲法改正についても九六条の会をはじめ、憲法を考えようという動きがあちこちで出ています。

社会が動いていけばそれにわれわれも巻き込まれ、大学やNGOのあり方にも大きな影響を与えていくと思います。場合によっては自分が先頭に立ってやりたいという大学人も新たに出てくるかもしれない。大学は何のためにあるのかという問いも発せられるようになるでしょう。「社会が動くこと」が、大学やNGOが変わる可能性の一つの回路になるのではないかと思います。そのためにも、現行制度を超え出ていく運動の存在が重要になるのです。

——阿部さんはヒューマン・ライツ・ナウという国際人権NGOの理事長もされていますが、今後の活動について、最後にひと言お願いします。

平和で真に公正な社会の実現のために少しでも貢献したいと願ってはいますが、かといって、平和で公正な社会とは具体的にどのような社会を指すのかという点については、あまり明確な絵図は描いていません。結局、目の前の出来事にどう対処していくかという積み重ねではないでしょうか。大義を掲げてそこに向かっていくというやり方もあるかもしれないが、その大義自体が誰かにとっては暴力的なものかもしれない。美しければ美しいほど暴力的になるかもしれません。

人権NGOとしては目の前の不正義を取り除いていく、その積み重ねだと思っています。だから常に暫定的です。条約も必要な限りで使えばよいし、条約のあり方を批判することもある。枠組み的な制約が始めからあって、その中でいま私たちはここにいるというのではなく、実践の上では、あらゆる制約にとらわれず大切と思う目の前のことにその都度対処していく。

ただ、たとえば「近い将来、東アジアに人権保障共同体の創設を！」——ASEANはいよいよその方向で成果を上げはじめていますが——となると違うでしょうが、こうした動きに対しても今できることは、同じような考えを共有する人たちとの交流だと思います。実践は現場でのこだわり以外ないような気がします。

ポストコロニアル的アプローチというのは、大きなビジョンを掲げて「世界をこういうふうに持っていく」といった問題の立て方にはあまりなじみません。いまある支配的な秩序や問題に対して批判的に臨み、一つひとつ成果らしきものを積み上げていく。フェミニズム運動にしても、われわれは男女が平等な社会というものを一度も経験したことがないのですから、男女平等の社会とはこういう社会なのだ、といった明確な姿を想定し描き出すことは難しいでしょう。

しかし、だからといって何もしなくてもよいのではなく、目の前の差別の問題を一つひとつ除去していく。その積み重ねの延長線上に何か大きなものが開けてくるかもしれないし、開けないかもしれない。だから、その意味では、「正義を追求する」というよりも「不正義に対処していく」ということになるでしょうか。

同じように、不正義に対処する際にも、人権が役立つ場面もあれば、そうでない場面もあるでしょう。人権や人権法を頼りとしながらも、それによって活動のすべてをからめ取られることもない。そうした運動的なやわらかさ、しなやかさがないと、ＮＧＯに携わる妙味も半減してしまうとは思いませんか。

参考文献

阿部浩己『国際法の暴力を超えて』岩波書店、二〇一〇。

阿部浩己『抗う思想／平和を創る力』不磨書房、二〇〇八。

チャールズワース、ヒラリーほか／阿部浩己監訳『フェミニズム国際法—国際法の境界を問い直す』尚学社、二〇〇四。

Kennedy, David: *The Dark Sides of Virtue: reassessing international humanitarianism*, Princeton University Press, 2004.

Mutua, Makau: *Human Rights: A Political and Cultural Critique*, University of Pennsylvania Press, 2002.

Rajagopal, Balakrishnan: *International Law from Below: Development, Social Movements, and Third World Resistance*, Cambridge University Press, 2003.

編者あとがき

本書は、二〇一一年と翌一二年、「〈NGOと社会〉の会」（代表・藤岡美恵子）が法政大学国際文化学部との共催で行った三つのシンポジウムを基にしています。二〇一一年一一月のシンポは、人道的介入と「保護する責任」の問題点を考えながら、外交・安保政策との一体化を深める日本の「国際協力」を問い直すというテーマで、また翌一二年六月と一〇月の二回のシンポは、「アラブの春」以降の中東・イスラーム世界の民主化のうねりをムスリムの市民社会の胎動として考えようというテーマで企画されました。後者の連続企画においてメイン・テーマとして設定したのが、ムスリム市民社会と「イスラーム的価値」との関係や、一九九〇年代半ば以降急激な伸長をとげ、イスラーム世界の民主化闘争の中で重要な役割を果たしてきたムスリムNGOの存在でした。

これら三つのシンポジウムのテーマに今日のパレスチナ、シリア情勢をめぐる分析を加えて編まれたのが本書です。本書の編集は、これらのシンポジウムのコーディネータ役を務めた編者が担当しました（なお、各シンポジウムの概要・資料は、新評論ウェブサイト内にある「〈NGOと社会〉の会」のブログに掲載されています。詳細はそちらをご覧ください）。

本書が時事的情報として扱っているのは、全体的には二〇一三年秋までのものです。読者は各執筆者の所属団体や関係団体のウェブサイトへのアクセスを通じて、アップデートされた現地情報、活動報告などに触れることができます。これらの他にも、情報は盛りだくさんです。ぜひ一度、覗いてみてください。

本書で論じられている各テーマについては、すでに数えきれないほどの文献が出版されています。対テロ戦争や人道的介入は言うに及ばず、「保護する責任」に関しても、この一〇年ほどの間に国連でしきりに議論され、日本でも徐々に論じられるようになってきています。また、シリア、アフガニスタン、パレスチナなど中東・イスラーム世界の個々の国、地域に関する文献も枚挙にいとまがありません。

しかし、対テロ戦争、人道的介入、「保護する責任」等を、現代の〈終わりなき戦争〉を構成する要素として位置づけ、それを現代世界の平和にとって必要不可欠な中東・イスラーム世界の平和や、日本の外交・安保政策との関連の中で「包括的」に捉えようとした点で、本書はこれまでにない新しい試みだといえるかもしれません。

もちろん本書は、まさに本書が捉えようとしている現代世界の実相の一断面を切り取ったにすぎません。とりわけ、紙幅の関係で取り上げることができなかった、アフリカ大陸のイスラーム圏における〈終わりなき戦争〉の実態およびアフリカ諸国、諸地域のムスリム社会や諸民族の生活に与えているその影響については、日本ではほとんど何も知られていないのが実情です。

この間、アフリカ大陸をめぐっては、中国の資源開発と覇権構築熱に対抗するかたちで「西側」の開発・投資・援助熱が昂じています。日本でも「アベノミクス」の目玉商品の一つとして産官学協同の「アフリカの開発」に莫大な税金が投入され、マスメディアを通じて盛んに喧伝されています。しかし私たちは、アフリカの平和よりも日本や大国の成長と資源確保を優先するこの「二一世紀のアフリカの再分割」を、国家や多国籍開発企業・投資家と一緒になって浮足立ち、喜ぶことはできません。実際には、アフリカの人々が潤い、絶対的貧困から脱するどころか、経済格差は広がる一方で、大規模な土地強奪と環境破壊が進み、逆にアフリカから巨大な資本（資金）が海外に流出していることが報告されているからです。本書の「続編」として、〈終わりなき戦争〉と「アフリカの平和」をめぐる批判的な分析が求められています。そこではまさに、ヨーロッパ列強（帝国）による「アフリカの分割」と植民地支配、その後の「独立」と脱植民地化の挫折といった過去の中に記されているアフリカの現在と、現在の中に映し出されているアフリカの未来を同時に捉える〈眼〉が必要になるでしょう。アフリカ大陸のイスラーム圏をフィールドとする研究者、NGO、個人の手による独創的で質の高い論考、レポートが期待されます。

平和を和平として考える

本書を閉じるにあたり、あえて平和を和平と同じものとして考える、このことの重要性について、ひと言だけ触れておきたいと思います。というのも、〈終わりなき戦争〉の現代は、「平和」という言葉がそれ自体では何の実質も持ち得ない時代であるからです。本書の発刊を目前に控えた二〇一四年二月初旬のいま、眼を「国際政治」に転じてみても、この言葉がただ虚空に漂いながら消えてゆく、そんなリアリティが迫ってくるばかりです。けれども、虚しくこだまする「平和」を、「和平」という別の日本語に置き換えてみると、政治のリアリティは違った様相を示しはじめます。

「武力によらない紛争の解決」――。本書序章でも触れたように、これが国連創設のモットーであり、「戦後」日本の国是とされてきました。ところが「戦後」世界の歴史をふり返ってみると、武力による紛争の拡大が「国際政治」のリアリズムとなり、日本では国是を神棚に上げる動きが徐々にではあれ確実に進行してきたことがわかります。「武力によらない紛争の解決」とは、和平の実現のことです。平和をこの和平の実現につなげて着想し、「平和」という言葉の実質とすること。本書をふり返りながら、いま、そのことの重要性を改めて痛感しています。

私たちは、平和を和平と一体のものとして着想することに慣れていません。そのような教育を受けたこともありません。平和運動を和平運動とは呼ばないように、「平和に和平は欠かせないが、和平は平和という概念の中に含まれるもの」、つまり「平和と和平は別のもの」という考え方が一般的であり、支配的だからです。

これまで私たちは、和平といえば劇場型のパフォーマンスのみが演出される「国際政治」ばかりを連想し、一市民とは無縁な「高度な政治問題」と考えがちでした。しかし、戦争や紛争のない世界は、ときに数十年を要する和平のプロセスなしには決して到達することができません。だからあえて、平和を和平と同じものとして考えることが重要なのです。

和平とその実現を国家や武装勢力の論理からではなく、そこに生き／残っている人々やそこを追われた人々の生活の眼線から着想すること。そうすれば、互いに和平を遠ざけ合いながら、笑顔で握手を交わし続けてきた、そんな現実政治の本当の姿も見えてくるような気がします。また、これまで「通説」とされてきた「戦争と平和」の歴史や言説も、違ったふうに見え／読めてくるはずです。

たとえば、丸一三年目を迎えたアフガニスタン戦争の歴史も、米国をはじめとする「支援国連合」がアフガニスタンの〈和平〉を決して実現しようとはしてこなかった（というよりそんなことは考えもしてこなかった）歴史として見直すことができます。政治家たちは口では「和平」を語ってきた。しかしその実態は、武装解除に応じないタリバーン「急進派」の解体・殲滅戦の継続でした。「支援国連合」によって育成されてきた国軍・警察機構はその「テロとの戦い」の捨石とされ、自国の民衆を弾圧し、殺害してきたのです。停戦合意なき和平などあり得ないように、和平合意（とその履行）なき平和的権力移行もあり得ません。この真実を私たちはアフガニスタンで知りました。シリアでもまた同じことをくり返すのか？　このことがいま、「国際社会」に問われています。

六六年前に始まった「中東戦争」の歴史も同じです。もしかしたら、私たちはまだこの戦争の只中にいるのかもしれません。そう考えると、この四〇年近く語られてきた「中東和平」なるものは、もともとパレスチナ民衆の自己決定権を認める意思などまったくない、そもそもその始まりからフィクションだったという仮説さえ成り立ちます。パレスチナ出身の研究者の間では、そうした「仮説」をめぐる研究が進んでいます。日本でも「中東和平」の歴史的プロセスにより内在した分析と研究の成果がもっと広く公表されていくべきだと考えます。

さらには、安倍政権が語る「積極的平和主義」も然りです。これを「積極的和平主義」に置き換えてみると、その錯乱ぶりがより克明になってきます。日本を含む「国際政治」が世界各地の「紛争」の政治的解決を和平の実現を通じて本気で目指すなら、あえて「自衛軍」が海外で武力行使したり、米軍を含む外国の軍隊と「一体化」する必要など、まったくないからです。「積極的和平主義」は、安倍政権が掲げる、私には理解不能な「地球を俯瞰する外交」などでは実現できない、これからの日本の「外交」と「国際協力」が選択すべき鮮明な指針を指し示してくれるに違いありません。

このように平和を和平として考えることは、ＮＧＯや市民組織が平和運動に果たす役割を再考するにあたっても重要な示唆を与えてくれます。とりわけ人権・人道分野で活動する国際ＮＧＯは、和平プロセスそのものが「国際政治」のリアリズムによってズタズタにされてきた／されていることに、もっと目を注ぎ、ともすれば「自分たちの活動分野とは別の領域」と捉えがちであった「和平プロセス」への関与を積極的に検討すべきときを迎えている、といえるかもしれません。

国家・軍・武装勢力が主要なアクターとなった「上からの和平」に対し、戦争／紛争の犠牲者の眼線に立った「下からの和平」をそこに生きる人々とともに構想し、「国際社会」に働きかけること。「和平なき紛争」が人々の人権を根絶やしにし、人道的危機を生み出している〈現場〉を知る団体、個人であれば、これまでの日本の平和運動やNGO運動には経験と実績の乏しいこうした活動がいま、切実に求められていると実感しているに違いありません。「虐殺を止める」と称して国家に武力介入を要請する以外に、NGOや市民組織がやるべきこと／やれることは無限にあるのです。

では、「私たち」に何ができるのか？　冒頭でも触れましたが、本書の執筆者たちが関係する団体のホームページに、ぜひアクセスしてみてください。ヒントはそこで得られる〈情報〉の中にきっとあるはずですから。

本書が、中東・イスラーム世界の平和に関する理解を深めるための一助となり、人と人のつながり、支援と運動のネットワークの広がりに、少しでも貢献できることを願ってやみません。

最後に、本書を二〇一三年に逝去した故越田清和氏と故村井吉敬氏に捧げます。

ほっかいどうピーストレード事務局長（当時）の越田氏には「〈NGOと社会〉の会」結成のきっかけとなった『国家・社会変革・NGO――政治への視線／NGO運動はどこへ向かうべきか』（新評論、二〇〇六）や本書の前篇ともいえる『脱「国際協力」――開発と平和構築を超えて』（新評論、二〇一一）に藤岡美恵子氏や本書編者とともに共編者として携わり、早稲田大学教員（当時）の村井氏には後者の共著者として、その巻頭論文「政官財ODAから地球市民による民際協力へ」を飾っていただきました。謹んで、両氏のご冥福をお祈りいたします。

二〇一四年二月三日　グァテマラの古都にて

中野憲志

最大の国際貢献」が信条。著書に『開発を問い直す』（共著、日本評論社、2011）ほか。

藤井詩葉（FUJII, Shiyo　ふじい・しよう）　本書第３章翻訳協力者。2007年からヨーロッパ・アフリカ各地を巡り、本書第３章に登場する「人権と自由と人道支援のための財団」（İHH）のほか、イギリスやモロッコのユダヤ教徒、ヨーロッパのパレスチナ難民などへのインタビューをNGO「パレスチナの平和を考える会」の機関誌『ミフターフ』に掲載する。

藤岡美恵子（FUJIOKA, Mieko　ふじおか・みえこ）　国際人権NGO反差別国際運動（IMADR）で事務局次長、グァテマラ・マヤ先住民族のコミュニティプロジェクトコーディネータを経て、現在、法政大学大学院非常勤講師（国際人権論）、「〈NGOと社会〉の会」代表。著書に『福島と生きる―国際NGOと市民運動の新たな挑戦』（共編著、2012）、『脱「国際協力」―開発と平和構築を超えて』（共編著、2011）、『国家・社会変革・NGO―政治への視線／NGO運動はどこへ向かうべきか』（共編著、2006）（いずれも新評論）など。

役重善洋（YAKUSHIGE, Yoshihiro　やくしげ・よしひろ）　NGO「パレスチナの平和を考える会」のメンバー。福祉作業所職員、街づくりNPO職員等を経て、現在、京都大学大学院人間・環境学研究科博士後期課程在籍。主要論文に「イスラエル占領下の「開発援助」は公正な平和に貢献するか？」（『脱「国際協力」』新評論、2011）、「内村鑑三の再臨運動におけるシオニズム論と植民地主義」（『人間・環境学』21、2012）。また、ビデオ・ドキュメンタリー作品に「被占領下パレスチナを訪ねて」（2004）がある。

リアム・マホニー（MAHONY, Liam）　米国人。紛争地における民間人保護に関する専門家。1980年代、国際平和旅団（PBI）［紛争地に訓練を受けたボランティアを派遣し、非暴力的解決を促進する国際NGO］からグァテマラに派遣されたのを皮切りに、エルサルバドル、スリランカ、コロンビアでの現場経験を持つ。現在は、Fieldview Solutions（http://fieldviewsolutions.org/）を主宰し、国連機関や国際NGOに対して非暴力の民間人保護に関するコンサルティング・サービスを行っている。

レシャード・カレッド（RESHAD, Khaled）　アフガニスタン人医師。1969年来日。76年京都大学医学部卒業。西日本各地や島田市民病院（静岡県）で病院勤務の後、93年島田市にレシャード医院開業、院長を務める。99年介護老人保健施設アポロン、2003年特別養護老人ホームあすか、2011年介護複合施設アポロン伊太設立、ともに理事長。2002年アフガニスタン支援NGO「カレーズの会」発足、理事長。2004年京都大学医学部臨床教授就任。2008年から2012年まで島田市医師会会長を務める。地域医療に貢献する傍ら海外でも医療奉仕活動を続け、2009年には第61回保健文化賞受賞など数々の賞を受賞。

執筆者紹介（50音順）

阿部浩己（ABE, Kohki　あべ・こうき）　神奈川大学法科大学院教授。専攻は国際法・国際人権法。主な著書に『国際法の暴力を超えて』（岩波書店、2010）、『無国籍の情景—国際法の視座、日本の課題』（国連難民高等弁務官駐日事務所、2010）、『テキストブック国際人権法』（共著、日本評論社、2009）、『国際人権の地平』（現代人文社、2003）、『人権の国際化—国際人権法の挑戦』（現代人文社、1998））など。

イヤース・サリーム（SALIM, Iyas）　パレスチナのガザ生まれ。カナダのビクトリア大学にて国際政治学（現代日本史・文化研究）を学んだ後、韓国、中華民国、マレーシア、日本などで教職・翻訳の仕事に就く。その後、占領地パレスチナにて10年以上にわたり国際開発機関の仕事に携わる。現在、同志社大学大学院博士課程在籍（グローバル研究）。本書第3章でも触れた「マヴィ・マルマラ船団事件」（2010年）に強い衝撃を受ける。以降、ローカル、またグローバルに重要な役割を演じているムスリムの市民社会、とりわけパレスチナで活動するトルコの市民社会組織を研究中。

臼杵　陽（USUKI, Akira　うすき・あきら）　中東・イスラーム研究。日本女子大学文学部・同大学院文学研究科教授。日本中東学会会長（2011〜12年度）。『世界史の中のパレスチナ問題』（講談社現代新書、2013）、『シオニズムの解剖—現代ユダヤ世界におけるディアスポラとイスラエルの相克』（監修、人文書院、2011）、『大川周明—天皇とイスラームのはざまで』（青土社、2010）など著書多数。

木村真希子（KIMURA, Makiko　きむら・まきこ）　本書第7章共訳者。インドのジャワーハルラール・ネルー大学で社会学博士号取得。インド北東部の研究を続ける傍ら、アジアの先住民族支援活動に携わる。現在、市民外交センター副代表、津田塾大学准教授。

中野憲志（NAKANO, Kenji　なかの・けんじ）　編者紹介を参照。

長谷部貴俊（HASEBE, Takatoshi　はせべ・たかとし）　1973年福島県生まれ。学生時代は国内の外国人労働者支援に取り組む。イギリス、イースト・アングリア大学大学院修士課程で農村開発を専攻。シャンティ国際ボランティア会（1999〜2005年）を経て、2005年6月より日本国際ボランティアセンター（JVC）勤務。アフガニスタン東京担当を経て、2008年1月よりアフガニスタン現地代表を兼任し現地での事業運営と政府への提言活動を行う。2012年6月よりJVC事務局長。

平山　恵（HIRAYAMA, Megumi　ひらやま・めぐみ）　明治学院大学国際学部教員・同大学国際平和研究所所員。NGO「懐かしい未来」副代表。世界保健機構（WHO）、「アーユス」等複数のNGO、フリーター、筑波大学での勤務を経て現職。国内ではまちづくりや日雇い労働者問題、海外では健康課題を中心とした社会開発分野で声を聴くことに重きを置く調査を行う。「人を踏みつけない、まともな日本に戻すことが

編者紹介

中野憲志（NAKANO, Kenji　なかの・けんじ）

大阪市生まれ。先住民族・第四世界研究。外交・安保政策批判、市民社会変容論。先住民族／マイノリティの自己決定権を擁護する観点から、西洋近代国家モデルに内在する人種主義と官僚統治批判をライフワークとする。

著訳書に、『大学を解体せよ』（現代書館、2007）、グスタボ・エステバほか『学校のない社会への招待』（現代書館、2004）、『グローバル化に抵抗するラテンアメリカの先住民族』（共編著、現代企画室、2004）、『マヤ先住民族—自治と自決をめざすプロジェクト』（共編著、現代企画室、2003）、『グローバル時代の先住民族—「先住民族の 10 年とは何だったのか」』（共編著、法律文化社、2004）など。

現在、『クーデタとテロル、サンバと「百年の孤独」—ユナイティド・フルーツ社の興亡に読む、中米・カリブの植民地支配の記憶』（仮）を構想・執筆中。

終わりなき戦争に抗う
中東・イスラーム世界の平和を考える10章　（検印廃止）

2014年 3 月11日　初版第 1 刷発行

編　者　中野憲志
発行者　武市一幸

発行所　株式会社 新評論

〒169-0051 東京都新宿区西早稲田3-16-28
http://www.shinhyoron.co.jp

TEL 03（3202）7391
FAX 03（3202）5832
振替 00160-1-113487

定価はカバーに表示してあります
落丁・乱丁本はお取り替えします

装幀　山田英春
印刷　フォレスト
製本　中永製本所

ISBN978-4-7948-0961-2
Printed in Japan